기이한 이야기

poco
a
poco 01

기이한 이야기

메이 싱클레어

옮긴이
송예슬

만복당

차례

그들의 불이 꺼지지 않는 곳

과수원에는 아무도 없었다. 해리엇 리는 철문을 열어 조심스럽게 들판으로 나갔다. 그리고 빗장걸이에 빗장을 소리 없이 밀어 넣었다.

들판으로 나 있는 넓은 비탈길은 과수원 문에서 딱총나무 아래 울타리 계단으로 이어졌다. 바로 그곳에서 조지 웨어링이 그녀를 기다리고 있었다.

이후 여러 해 동안 조지 웨어링을 떠올릴 때면 딱총나무 꽃의 달콤하고 강렬한 와인 향이 해리엇의 코끝에 되살아났다. 여러 해 동안 딱총나무꽃 내음을 맡을 때마다 그녀 눈앞에는 시인 같기도, 음악가 같기도 한 조지 웨어링의 아름답고

부드러운 얼굴과 검푸른 눈동자와 윤기 나는 올리브 갈색 머리칼이 생각났다. 그는 해군 대위였다.

어제 조지가 청혼했을 때 그녀는 이를 받아들였다. 하지만 그녀의 아버지는 아니었다. 그녀는 곧 떠나는 조지에게 그 소식을 알리고 잘 다녀오라는 인사를 전하러 가는 길이었다. 그가 탈 배는 내일 출항할 예정이었다.

조지는 기대에 한껏 부풀어 있었다. 두 사람의 행복을 무언가 가로막거나 원치 않는 일이 벌어지리라고는 꿈에도 생각하지 못한 채.

"뭐라서?" 조지가 물었다.

"말이 전혀 안 통해. 아빠는 허락하지 않으실 거야. 우리가 너무 어리대."

"난 작년 8월에 스무 살이 됐는데." 그는 억울한 투였다.

"난 9월에 열일곱이고."

"벌써 6월인걸. 우린 이제 다 컸어, 정말로. 그래서 얼마나 더 기다리란 거야?"

"3년."

"약혼까지 3년이겠지. 아, 이러다 죽을지도 몰라."

해리엇은 조지의 마음을 달래려고 두 팔로 그를 감쌌다.

두 사람은 입을 맞췄다. 입술 사이로 딱총나무꽃의 달콤하고 강렬한 와인 향이 섞여들었다. 그들은 나무 아래 가만히 서서 서로를 꽉 껴안았다.

야생 겨자가 노랗게 흐드러진 들판 너머에서 마을 시계탑이 일곱 시를 알렸다. 탑 꼭대기에서 종이 댕그랑 울렸다.

"그만 가봐야 해." 해리엇이 말했다.

"에이, 조금만 더. 5분만 더 있자."

조지가 그녀를 품에 꼭 안았다. 5분이 지나고, 또 5분이 지났다. 그러고 나서야 그는 역으로 빠르게 내달렸다. 해리엇은 눈물을 참으며, 천천히, 들판 길을 따라 걸었다.

"석 달 후면 돌아오잖아. 석 달만 참으면 돼."

하지만 그는 영영 돌아오지 않았다. 그가 탄 알렉산드라호 엔진에 문제가 생긴 것이었다. 해리엇은 3주 후 지중해 연안 지방으로 내려갔다. 마음속에 조지를 묻은 채.

해리엇은 이제 언제 죽든 상관없다고 말하곤 했다. 그 사람 없이는 살 수 없으니 조만간 죽게 되리란 것은 꽤 확실했다.

그렇게 5년이 흘렀다.

*

공원에는 한쪽 끝에서 끝까지 너도밤나무가 두 줄로 심겨 있고 그 사이로 넓은 길이 하나 나 있었다. 중앙에 서면 길이 오른쪽과 왼쪽으로 갈라져 십자가 모양을 이뤘는데, 오른

쪽 끝으로 가면 기둥과 삼각형 박공지붕이 그리스 신전풍인 하얀 벽토를 바른 파빌리온*이 한 채 나왔다. 왼쪽 길 끄트머리의 정문과 쪽문은 공원의 서쪽 출입구였다.

파빌리온 안쪽 돌의자에 앉아 있던 해리엇은 쪽문으로 들어서는 스티븐 필포츠를 단번에 알아보았다.

그는 그녀에게 파빌리온에서 만나자고 연락해왔다. 자신이 지은 시를 낭독할 때 그는 언제나 그곳을 선택했다. 하지만 시 낭독은 핑계였다. 해리엇은 그가 무슨 말을 할지 알고 있었다. 그리고 자신이 무어라 대답할지도.

파빌리온 뒤편 수풀에 딱총나무꽃이 피어 있었다. 해리엇은 조지 웨어링을 떠올렸다. 그가 어느 때보다도 가까이에서 살아 숨 쉬는 것만 같았다. 이런 그녀가 스티븐과 결혼한다고 해서 그에게 신의를 다하지 않는다고 말할 수는 없었다. 그녀의 또 다른 일부는 분명 스티븐을 사랑했다. 다만 스티븐이 조지의 자리를 차지하는 식은 아니었다. 그녀는 기묘한 방식이지만 온 마음을 다해 스티븐을 사랑했다.

하지만 저 멀리 문이 열리고 그가 너도밤나무 아래 길을

---

* 정자처럼 비를 피하거나 휴식할 수 있게 본 건물 바깥에 만들어진 부속 건축물.

지나 자신에게 다가올 때 그녀는 팽팽히 당겨진 줄처럼 몸을 떨었다.

해리엇은 스티븐을 사랑했다. 그의 야윈 몸집과 어둠과 누르칙칙한 창백함을, 지적인 열정으로 빛나는 검은 두 눈을, 이마에서부터 검은 머리칼을 쓸어넘기는 손짓을, 발에 날개라도 달린 것처럼 발뒤꿈치를 들고 걷는 특유의 걸음걸이를.

그가 그녀 옆에 앉았다. 그의 손이 떨리고 있었다. 그녀는 기다리던 순간이 다가오고 있음을 느꼈다. 마침내 그 순간이 온 것이다.

"둘만 보자고 한 건, 긴히 할 말이 있어섭니다. 뭐라 말을 꺼내야 할지……."

해리엇은 벌어진 입술 사이로 얕은 숨을 삼켰다.

"내가 시빌 포스터 양 이야기를 했던가요?"

해리엇이 말을 더듬었다. "음, 아뇨, 스티븐. 그런 적이 있나요?"

"뭐, 일부러 숨긴 건 아닙니다. 확실히 해둬야 했으니까. 나도 어제야 들었거든요."

"듣다니요?"

"포스터 양이 나를 받아줬습니다. 아, 해리엇, 끔찍하게 행복한 감정이 무언지 아십니까?"

해리엇도 그 감정을 알고 있었다. 조금 전까지는. 그가 그 말을 꺼내기 직전까지는. 그녀는 돌처럼 차게 굳은 채로, 그가 쏟아내는 황홀의 말들과 축하를 건네는 자신의 목소리를 들었다.

10년이 흘렀다.

*

해리엇 리는 메이다 베일에 있는 작은 집 응접실에 앉아 기다렸다. 2년 전 아버지가 세상을 떠난 후로 그녀는 줄곧 그 집에 살았다.

해리엇의 마음은 초조했다. 오스카 웨이드가 오기로 약속한 네 시까지 얼마나 남았는지 확인하느라 자꾸만 시계로 눈이 갔다. 어제 그를 그렇게 돌려보냈으니 오늘 그가 찾아올지는 알 수 없는 일이었다.

그녀는 이제야, 그를 어제 그렇게 돌려보냈을 때 오늘 다시 들르겠다는 것을 왜 말리지 않았나 자문했다. 왜 그랬는지는 확실치 않았다. 어제 그에게 한 말이 진심이었다면 그를 다시 받아주어서는 안 되었다. 다시는.

그녀는 제 뜻을 숨김없이 전했다. 진실을 외면할 수 없는 자의 격정으로 고양되어 의자에 꼿꼿이 앉아 있는 자신의 모습과 부끄러운 마음에 그녀 앞에서 고개를 떨군 오스카의 모습이 그녀 눈앞에 다시 떠올랐다. 그럴 수 없다고, 정말 그럴 수 없다고 되뇌던 목소리의 떨림이 그녀 안에 되살아났다. 그도 틀림없이 알았을 것이다. 무엇으로도 해리엇의 마음을 돌이킬 수 없으며 자신에게 아내가 있다는 사실을 그녀가 결코 잊지 못하리란 것을, 자신이 뮤리얼에 대한 생각을 끝내 떨쳐낼 수 없으리란 것을 말이다.

하지만 그는 도리어 역정을 냈다. "그렇지 않소. 다 끝난 일입니다. 체면 때문에 같이 사는 것뿐이에요."

해리엇은 대단히 위엄 있는 태도로 침착하게 말했다. "그렇다면 우리는 그 체면을 위해 그만 만나야 해요. 제발 가세요."

"진심입니까?"

"네. 다시는 보지 말아요."

그렇게 그는 낙담한 마음을 안고 돌아갔다.

충격에 겨운 그가 넓은 어깨를 꿋꿋이 펴는 모습이 해리엇의 눈에 선했다. 그가 측은했다. 그녀는 자기가 필요 이상으로 모질게 굴었다는 생각이 들었다. 이제 그 사람도 어디에 선을 그어야 하는지 알았을 텐데 두 사람이 보지 말아야 할 이유가 무엇이지? 어제까지만 해도 그 선은 그다지 분명하지 않았다. 오늘 그녀는 여태껏 그가 그녀에게 했던 말들을 잊으라고 그에게 부탁할 작정이었다. 잊고 나면, 두 사람은 아무일 없었던 것처럼 친구로 지낼 수 있을 것이다.

이제 네 시였다. 삼십 분이 흘렀고, 또 다섯 시가 되었다. 찻잔을 끝까지 비운 그녀가 마음을 비우려는데 다섯 시 반에서 여섯 시 사이 즈음에 오스카 웨이드가 찾아왔다.

오스카 웨이드는 지금껏 수차례 그랬던 것처럼 절제되고 조심스럽고 차분한 걸음걸이로 들어와 흐트러짐 없이 행동했고 은근히 거만한 태도로 넓은 어깨를 들썩였다. 마흔 살쯤 된 그는 크고 건장한 체격에 군살이 없고 목이 짧았다. 이목구비는 반듯하고 잘생겼으나 크고 각진 얼굴과 그 얼굴을 뒤덮은 홍조 때문에 돋보이기는커녕 작고 밋밋해 보였다. 바짝 깎은 적갈색 턱수염은 튀어나온 윗입술  에서부터 곤두서 있었다. 작고 얕은 적갈색 눈은 절박하면서도 어딘가 동물적이었다.

해리엇은 그가 없을 때 그에 대해 생각하기를 좋아했지만 정작 그가 눈앞에 나타나면 매번 조금씩 놀라곤 했다. 외모만 보았을 때 그는 그녀의 이상형과 거리가 멀었다. 조지 웨어링과 스티븐 필포츠와는 너무나도 달랐다.

그가 자리에 앉아 그녀를 마주했다.

어색하게 이어지던 침묵을 깨고 오스카 웨이드가 말했다. "뭐, 해리엇 당신이 와도 된다고 하지 않았습니까." 그는 해리엇에게 책임을 전가하려는 모양이었다. "날 용서했다고 생각했소." 그가 말했다.

"아, 그럼요, 오스카. 나는 당신을 용서했어요."

그러자 그는 자기와 함께 밖에서 저녁 식사하는 것으로 그 마음을 보여달라고 청했다.

해리엇은 그래야 하는 이유를 알 수 없었지만 일단 집을 나섰다.

그는 그녀를 데리고 소호에 있는 레스토랑에 갔다. 오스카 웨이드는 사치스럽다고 할 만큼 미식을 즐기는 사람으로 어떤 요리도 대충 고르는 법이 없었다. 그녀는 그의 그런 사치스러움을 좋아했다. 그에게서는 쩨쩨한 구석을 찾아볼 수 없었다.

식사가 끝났고, 상기된 모습과 어색한 침묵이 그의 생각을 말해주었다. 하지만 그는 그녀를 정원 문 앞까지만 바래다주고 돌아갔다. 생각을 달리 한 것이다.

해리엇은 기뻐해야 할지 아쉬워해야 할지 헷갈렸다. 처음에는 누려 마땅한 지고의 행복을 만끽했다. 하지만 그 후 몇 주 동안은 통 기쁘지 않았다. 그녀가 오스카 웨이드를 포기한 것은 그를 그렇게까지 원치 않았기 때문이었다. 하지만 지금은 그를 포기했기 때문에, 맹렬하고 고집스럽게 그를 갈망하게 되었다. 이상형과 딴판이었음에도 그 사람 없이는 살 수 없게 되었다.

해리엇은 그와 식사를 하고 또 했다. 나중에는 슈네블러 레스토랑의 내부를 보지 않고도 기억할 정도였다. 금박 장식을 입힌 하얀 벽 패널, 하얀 기둥, 기둥머리의 금빛 나선형 잎사귀 장식, 발밑에 보드랍게 깔린 파란색과 진홍색의 터키산 카펫, 치마에 달라붙는 두툼한 진홍색 벨벳 쿠션, 무수히 많은 하얀 원형 테이블의 반짝거리는 은 식기와 유리잔까지 그녀는 전부 다 기억했다. 일그러지고 휘둥그레지는 손님들의 붉은빛, 하얀빛, 분홍빛, 흙빛, 잿빛, 누런빛 얼굴들, 음식을 넣고 오물거릴 때 씰룩이는 입술들, 주름진 붉은색 갓에 싸여 그들을 내리비추는 구불구불한 필라멘트 전구들까지도. 와인에 물드는 물처럼 붉은 조명에 물든 짙은 공기 속에서 모든 것이 일렁였다.

그리고 상기된 채 식사하는 오스카의 얼굴이 떠올랐다. 그가 테이블 멀찍이 몸을 젖혀 곰곰이 침묵에 잠길 때면 해리엇은 어김없이 그의 생각을 감지했다. 그가 처진 눈꺼풀을 치켜들 때 그녀는 자신에게 고정된 그의 눈빛이 무언가를 궁금해하고 고민하고 있음을 알아차렸다.

해리엇은 이 관계의 결말을 예감했다. 그녀는 조지 웨어링과 스티븐 필포츠를, 그리고 속아 넘어간 자신의 인생을 돌이켜보았다. 그녀는 오스카를 선택한 적도, 그를 그렇게까지 바란 적도 없었다. 하지만 그가 그녀에게 자신을 강요했기에 그녀는 그를 떠나보낼 수 없는 처지가 되고 말았다. 조지가 죽은 후로 오스카처럼 그녀를 사랑해준 남자는 없었고 앞으로도 그럴 것이었다. 그녀는 낙심하여 자신에게서 멀어질 오스카를 생각하면 그에게 미안해졌다.

그녀는 그가 깨닫기 전부터 이 관계의 결말을 확신했다. 다만 그 일이 언제 어디서 어떻게 일어날지는 알지 못했다. 그건 오스카에게 달려 있었다.

그 일은 두 사람이 비밀 객실에서 식사하던 어느 날 저녁

말미에 일어났다. 그날 그는 북적이는 레스토랑의 열기와 소음을 못 견디겠다고 했다.

그녀가 먼저 붉은 카펫이 깔린 가파른 계단을 올라 2층 층계참에 있는 하얀 문으로 들어갔다.

이후로도 두 사람은 짜릿하고 은밀한 모험을 종종 되풀이했다. 슈네블러 레스토랑의 위층 방에서 만날 때도 있었지만, 가정부가 외출한 날에는 그녀가 메이다 베일의 자기 집에서 직접 그를 맞이했다. 다만 그것은 위험한 일이었으므로 자주 있어서는 안 되었다.

오스카는 이루 말할 수 없이 행복하다고 했다. 해리엇은 그다지 확신이 서지 않았다. 이 감정은 분명 사랑이었다. 지금껏 그녀가 경험해본 적 없고 늘 꿈꿔왔던, 그토록 굶주리고 목말라 하던 사랑. 그런데도 그녀는 만족스럽지 않았다. 그녀는 언제나 그 이상의 무엇, 올 것 같다가도 번번이 오지 않는 신비로운 천상의 황홀함 같은 것을 바랐다. 오스카에게는 질색하게 만드는 무언가가 있었다. 하지만 그녀는 이미 그를 연인으로 받아들였기에, 그 무언가가 일종의 천박함이라는 사실을 차마 인정할 수 없었다. 그래서 애써 다른 면을 생각하며 그것을 외면했다. 그에게 있는 좋은 면들, 이를테면 관대함과 강인함, 엔지니어링 사업을 일군 경영 수완에 초점을 맞춰 자신의 선택을 정당화하려 했다. 그녀는 그가 자기 회사에 그녀를 데리고 가서 거대한 발전기를 자랑하더라도 군말하지 않았다. 자기가 읽은 책들을 그녀에게 권하는 것도 그러려니

했다. 그런데 그는 그녀가 대화하려고만 하면 어김없이, 그러려고 만나는 게 아니라고 타일렀다.

"시간이 없어요. 소중한 순간을 그렇게 낭비하면 쓰나."

그녀는 뜻을 굽히지 않았다. "대화도 못 하면 뭔가 단단히 잘못된 거죠."

그는 성가셔했다. "남자는 대화라면 다른 남자들과 실컷 할 수 있는데 여자들은 그걸 참 몰라주는 것 같습니다. 이렇게 아쉽게 만나서야 되겠습니까. 우리는 같이 살아야 해요. 그 방법뿐이에요. 나도 그러고는 싫습니다만, 가정을 깨트려 뮤리얼을 비참하게 만들고 싶지는 않아서."

"그 여자는 신경 쓰지 않을 거라면서요."

"가정과 자기 자리를 지키고 자식들을 보살피는 것에는 신경을 쓰지요. 아이들의 존재를 잊었나 보군요."

그렇다. 그녀는 그의 아이들을 잊고 있었다. 뮤리얼의 존재도 잊고 있었다. 오스카가 아내와 자식들 그리고 가정이 딸린 남자라는 사실을 깜빡한 것이다.

오스카에게는 계획이 있었다. 10월에 그의 장모가 뮤리얼과 함께 지내러 오면 그는 집을 비울 작정이라고 했다. 그가 파리로 떠나고 나면 해리엇이 그가 있는 곳으로 가면 되었다. 그는 사업 출장이라고 둘러댈 생각이었다. 거짓말은 아니었다. 그는 정말로 파리에 사업체를 두고 있었으니까.

그는 리볼리가街에 있는 호텔 방을 예약했다. 두 사람은 그곳에서 2주를 묵었다.

사흘 동안 오스카는 해리엇에게 푹 빠져 지냈다. 해리엇도 마찬가지였다. 침대에 누워 있을 때 그녀는 조명을 켜서 곁에 잠든 그를 물끄러미 바라보았다. 잠은 그를 아름답고 순결한 존재로 바꿔 놓았다. 그의 천박함에 근사하고 부드러운 천 조각을 덮어씌웠고, 그의 입매를 부드럽게 만들었고, 그의 두 눈을 완벽하게 가려주었다.

그런데 엿새째 되던 날부터 서서히 염증이 나기 시작했다. 그리고 열흘째 되던 날의 저녁, 해리엇은 오스카와 함께 몽마르트르에서 돌아오는 길에 왈칵 울음을 터트렸다. 왜 그러냐는 질문에 그녀는 생피에르 호텔이 소름 끼치도록 꼴 보기 싫어 도저히 참을 수 없노라고 북받쳐 대답했다. 상냥하게도 오스카는, 마음이 들뜬 후에 찾아오는 피로 때문이라며 그녀의 상태를 설명했다. 그녀는 자신의 사랑이 오스카의 것보다 순수하고 숭고하기에 비참한 것이라고 믿으려 부단히 애를 썼다. 하지만 그녀는 순전히 지루함 때문에 눈물이 났다는 것을 처음부터 똑똑히 알고 있었다. 해리엇은 오스카와 사랑에 빠졌지만, 그 남자로 인해 지루함을 느꼈다. 오스카 역시 해리엇과 사랑에 빠졌지만, 그녀로 인해 지루함을 느꼈다. 막힌 공간 안에서, 매일매일, 두 사람은 서로에게 실로 대단한 지루함을 안겨주었다.

2주가 다 지나갈 즈음 해리엇은 애초에 그를 사랑하기는 했던 것인지 의심하기에 이르렀다.

*

해리엇의 열정은 런던에 돌아오고 한동안 되살아났다. 파리라는 공간이 주었던 부자연스러운 긴장감에서 벗어난 두 사람은, 기질상 자신들의 로맨스는 일상적 모험으로 이뤄진 예전 생활에 더 잘 어울린다고 자신들을 설득했다.

그러다 조금씩 위기감이 생겨났다. 두 사람은 언제 들킬지 모른다는 위험과 마주하며 끊임없는 공포 속에 살았다. 그들은 처음 좋았던 시절에는 신경도 쓰지 않았던 가능성을 상상하며 서로를 괴롭혔다. 두 사람의 관계가 이토록 지독한 위험을 감수하면서까지 지켜낼 것인가를 비로소 자문하게 된 듯했다. 여전히 오스카는 자유의 몸이 되면 그녀와 결혼하겠노라고 단언했다. 어쨌거나 자신의 마음은 흔들림이 없다고 했다. 하지만 그녀는 생각했다. 내가 정말 그와 결혼하게 될까? 결혼은 생피에르 호텔의 생활을 꼼짝없이 반복하는 짓이었다. 그렇다면, 그와 결혼하지 않는다고 했을 때, 과연 그와의 사랑을 유지할 수 있을까? 이는 따져볼 문제였다. 어쩌면 그가 자유의 몸이 아닌 것이 다행인지도 몰랐다. 이내 그녀는 이런 의심이 병적이며 부적절하다고 혼자 결론 내렸다.

어느 날 저녁 오스카가 만남을 청해왔다. 그는 해리엇을 찾아와서는 뮤리얼이 아프다고 했다.

"많이 아픈가요?"

"안타깝게도 그렇습니다. 늑막염이라더군요. 폐렴으로

번질지도 모르고. 며칠 지켜보면 경과를 알 수 있을 겁니다."

끔찍한 공포가 해리엇을 사로잡았다. 뮤리얼이 늑막염으로 죽을지도 모른다니, 뮤리얼이 죽으면 그녀는 오스카와 결혼해야 했다. 오스카가 마치 생각을 꿰뚫어 보듯 의미심장하게 그녀를 쳐다보았다. 해리엇은 그도 자신과 같은 생각을 하고 있으며 마찬가지로 겁에 질려 있음을 눈치챘다.

뮤리얼은 건강을 되찾았다. 하지만 한 번 위기를 느낀 두 사람은 깨달은 바가 있었다. 이제 뮤리얼의 목숨은 두 사람 모두에게 몹시도 귀중해졌다. 뮤리얼은 두 사람이 두려워하면서도 아직 용기 내어 거부하지 못하는, 영원한 결혼 생활을 가로막아주는 존재였다.

깨달음 후에 찾아온 것은 이별이었다.

그것은 오스카로부터 시작되었다. 해리엇의 집 응접실에서 두 사람이 함께 앉아 있던 어느 날 저녁이었다.

"해리엇, 내가 진지하게 정착을 생각하고 있다는 걸 알고 있나요?"

"정착이라면, 뭘 말하는 거죠?"

"가엾은 뮤리얼과 다시 잘 지내는 것이겠지요…… 우리의 이 시답잖은 관계가 영원할 수는 없다고 생각해본 적 없습니까?"

"그만두고 싶군요?"

"돌려 말하지 않겠습니다. 제발, 솔직해집시다. 끝났으면 끝난 겁니다. 점잖게 마무리합시다."

"알겠어요. 날 버리겠다는 거잖아요."

"그렇게 말하는 건 너무 잔인해요."

"잔인하지 않은 방법이 있기는 한가요? 이 모든 게 잔인한걸요. 원하는 걸 다 이룬 당신이 끝내 가정을 포기하지 못하리란 걸 알았어야 했는데. 이제 내게는 이상도, 일말의 환상도 남아 있지 않아요. 당신은 당신이 원치 않는 모든 걸 파괴했어요."

"내가 원치 않는 것?"

"순수하고 아름다운 부분. 내가 원하던 것 말이에요."

"적어도 나는 솔직했어요. 당신이 꽁꽁 싸매 놓은 그 썩어 빠진 것보다 더 순수하고 아름다웠다 이 말입니다. 당신은 위선자예요, 해리엇. 난 아니었어요. 이제 와서 행복하지 않았다고 말한다면 당신은 정말 위선자요."

"난 행복한 적이 없어요. 단 한 순간도. 늘 뭔가가 빠져 있었다고요. 당신이 그걸 주지 않았으니까. 어쩌면 주지 못했거나."

"그래. 내가 그만큼 고상하지 못했다 이거지." 그가 코웃음 쳤다.

"맞아요. 그리고 나까지 그렇게 만들었어요."

"아, 당신은 당신이 원하는 걸 얻은 후로는 줄곧 무척이나 고상했습니다."

"내가 원하는 거라고요? 세상에나." 그녀가 언성을 높였다.

"원하는 게 뭔지 알기나 했다면 말이지요."

"내가, 원하는, 거라뇨." 그녀는 신랄한 투로 그가 한 말을 또박또박 되풀이했다.

"솔직하면 어디 덧납니까? 사실을 직시하자 이겁니다. 난 당신에게 끔찍이도 반했었어요. 당신도 내게 반했었지, 한때는. 그러다 서로에게 질렸고 그렇게 끝이 난 겁니다. 그래도 그동안은 우리가 좋은 시간을 보냈단 걸 당신도 인정하는 게 어떻겠습니까."

"좋은 시간이라고요?"

"나에게는 좋았습니다."

"당신에게나 그랬겠죠. 당신에게 사랑은 한 가지 의미뿐이었으니까. 당신은 높고 고결한 것까지 몽땅 그 수준으로 끌어내렸어요. 우리에게 달랑 그것만 남을 때까지. 당신의 사랑은 그런 거였어요."

20년이 흘렀다.

*

먼저 세상을 떠난 쪽은 오스카였다. 헤어지고 3년 뒤의 일이었다. 그는 어느 날 저녁 뇌졸중으로 황망하게 가버렸다.

해리엇은 그의 죽음에 크게 안도했다. 그가 살아 있는 동안에는 완벽하게 안전할 수 없었다. 그러나 이제 그녀의 비밀을 아는 사람은 이 세상에 없었다.

하지만, 처음 쇼크로 쓰러졌을 때 해리엇은 죽은 오스카와 어느 때보다 가까워지게 되었다고 생각했다. 여태껏 자신이 그와 가까워지는 것을 얼마나 원치 않았는지는 기억나지 않았다. 그녀는 20년이 지나기 한참도 전에, 그와 가까웠던 적이 아예 없다고 자신을 설득한 터였다. 그녀가 오스카 웨이드 같은 사람을 알았다니, 도무지 믿기지 않았다. 두 사람의 불륜에 관해 말하자면, 해리엇 리가 그런 짓을 저지를 여자라고는 그녀 자신도 상상할 수 없었다. 슈네블러 레스토랑과 생 피에르 호텔은 그녀의 과거에서 두드러진 이미지가 아니었다. 해리엇의 기억은, 그것을 기억하기로 했을 때의 얘기겠지만, 현재의 고결하다는 평판과 불편하리만치 충돌했다.

쉰두 살의 해리엇은 메이다 베일의 성모 마리아 교회에서 사역하는 클레멘트 파머 신부의 벗이자 조력자였다. 그녀는 그의 교구에서 여성 부제로 일하며 부제복을 입고 다녔다. 성직복과 평상복 중간쯤 되는 가운과 망토, 보닛과 베일, 십자가와 묵주, 그리고 성스러운 미소까지 영락없이 부제였다. 또 그녀는 비행 소녀를 위한 메이다 베일과 킬번 보호 시설의 간사이기도 했다.

스티븐 필포츠의 야위고 금욕적인 모습을 닮은 클레멘트 파머가 사제복에다 가두리 장식이 달린 백의를 입고서 제의실에서 걸어 나올 때, 설교단을 오를 때, 제단 난간에서 두 손을 들고 축도를 읊을 때, 해리엇은 짜릿함을 느꼈다. 그가 건네는 성체를 받을 때는 황홀했다. 그의 서재에서 문을 닫고 둘만 있을 때는 고요한 행복을 맛봤다. 모든 순간이 엄숙한 거룩함으로 충만했다.

그러나 그 또한 그녀가 죽어가는 순간에 비하면 하찮았다.

해리엇은 검은 십자가에 매달린 상아색 그리스도 조각상 아래 침대에서 깜박깜박 졸고 있었다. 머리맡 작은 탁자에 놓여 있던 대야와 약통은 마지막 의식을 위해 치워진 상태였다. 신부는 방 안을 조용히 돌아다니며 양초들과 기도서와 성체를 차렸다. 그리고 그녀 머리맡에 의자를 끌고 가 앉은 다음 설핏 잠든 그녀가 깨어나기를 기다리며 자리를 지켰다.

해리엇이 갑자기 잠에서 깨어났다. 그녀의 두 눈이 그에게 고정되었다. 순간 제정신이 퍼뜩 들었다. 그녀는 죽어가고 있었다. 그리고 그 사실로 인해 그녀의 존재가 클레멘트 파머에게 더없이 중요해졌다.

"준비되었습니까?" 그가 물었다.

"아직요. 무서워요. 무섭지 않게 해줘요."

클레멘트가 일어나 제단 위 양초 두 개에 불을 붙였다. 그리고 벽에 걸린 십자가를 침대 발치에 기대 세워두었다.

해리엇은 한숨을 쉬었다. 그녀가 바란 것은 그런 게 아니었다.

"이제 무섭지 않을 겁니다." 그가 말했다.

"죽은 다음은 무섭지 않아요. 신부님도 잘 아실 걸로 생각해요. 처음에만 고통스럽겠죠."

"마지막 순간에 무엇을 생각하는지가 죽은 다음의 첫 순간을 결정할 겁니다."

"고해를…… 해야겠지요." 그녀가 말했다.

"그리고 나면 성체를 모실 겁니다. 그다음부터는 오직 하느님과 예수 그리스도만을 생각하세요…… 자매님, 이제 고해할 수 있으시겠습니까? 준비는 끝났습니다."

해리엇은 마음속으로 과거를 거슬러 오르다 그곳에서 오스카 웨이드를 발견했다. 그리고 망설였다. 오스카 웨이드와 있었던 일도 털어놓아야 하나? 순간 그럴 수 있겠다는 생각이 들었지만, 곧바로 그럴 수 없을 것 같았다. 그럴 수 없었다. 괜한 짓이었다. 지난 20년 동안 그 사람은 그녀의 삶에서 빠져 있었다. 아냐. 오스카 웨이드와의 일은 고해하지 않을 것이다. 어차피 고해할 죄는 그것 말고도 더 있으니까.

그녀는 신중히 할 말을 골랐다.

"세상의 아름다움에 너무 집착했어요…… 우리 불쌍한 소녀들을 긍휼히 여기지도 못했네요. 그 아이들이 저지른 죄가 너무나도 싫었거든요…… 또, 하느님을 생각해야 하는 순간에, 사랑하는 사람들을 자주 생각했어요."

다음으로 그녀는 성체를 모셨다.

"이제, 아무것도 두려워 마십시오." 그가 말했다.

"두렵지 않을 거예요. 신부님이 제 손을 잡아주신다면."

그가 해리엇의 손을 잡았다. 그녀는 눈을 감은 채 한참을 가만히 누워 있었다. 이윽고 그녀가 뭔가를 중얼거리기 시작했다. 그가 그녀에게로 가까이 몸을 굽혔다.

"이게 죽음이군요…… 끔찍할 줄 알았는데. 행복…… 행복해요."

경외감에 홀리듯 그가 스르르 손을 풀었다. 해리엇이 힘없이 울음을 터트렸다.

"아, 저를 놓지 말아요."

그의 손에 다시 힘이 들어갔다.

"하느님을 생각하십시오. 십자가만을 바라보세요."

"그렇게 하면, 제 손을 놓지 않으실 거죠?" 해리엇이 속삭였다.

"놓지 않겠습니다."

그는 해리엇이 마지막 고통에 몸부림치며 손을 비틀어 빼낼 때까지 그 손을 붙들었다.

*

해리엇은 자신이 숨을 거둔 방에 한동안 머물렀다.

이 상황은 익숙하면서 낯설었고 조금은 불쾌하기까지 했다. 제단, 십자가, 불 켜진 양초들은 아주 끔찍한 일이 있었음을 암시했으나 그 일이 구체적으로 무엇이었는지 해리엇은 기억하지 못했다. 그 사물들이 침대 위 시트로 덮인 시체와 관련되어 있다는 것은 기억이 났지만 어떤 식으로 관련된 것인지는 모호했다. 그녀는 시신을 자신과 연결 지어 생각하지는 않고 있었다. 간호사가 들어와 수의를 입힐 때 해리엇이 보았던 시신은 중년 여인의 것이었기 때문이다. 현재 그녀의

방이 그녀 눈앞에서 갈라지기 시작하더니 바닥과 가구와 천장이 기둥째
뜯겨나가 사방으로 어지럽게 내동댕이쳐졌다.

몸은 서른두 살 젊은 여인의 것이었다.

해리엇의 마음속에는 과거도 미래도 없고 뚜렷하고 일관된 기억이랄 것도 없었다. 무엇을 해야겠다는 생각도 존재하지 않았다.

그때, 갑자기, 방이 그녀 눈앞에서 갈라지기 시작하더니 바닥과 가구와 천장이 기둥째 뜯겨나가 사방으로 어지럽게 내동댕이쳐졌다. 그것들은 온갖 각도로 비스듬히 기울어졌고, 서로 가로지르고 겹쳐지면서 원근감을 무시한 채 투명하게 뒤섞였다. 마치 유리 너머 공간이 반사상과 뒤섞이는 것처럼.

침대와 시트로 덮인 시체가 어디론가 미끄러져 사라졌다. 그녀는 아직 제자리에 붙어 있는 문 옆에 서 있었다.

문을 열고 나가자 누리끼리한 회색 벽돌과 연석軟石으로 만들어진 건물 밖이었다. 옆에는 슬레이트 지붕을 쓴 첨탑이 우뚝 솟아 있었다. 해리엇은 불현듯 정신이 들어 그것을 알아보았다. 그것은 메이다 베일의 성모 마리아 교회였다. 오르간 소리가 희미하게 들려왔다. 그녀는 문을 열고 슬며시 안으로 들어갔다.

갇힌 시공간으로 돌아오자 기억의 일부분이 되살아났다. 고딕풍 모서리 장식이 달린 소나무 의자, 초콜릿색 스텐실* 무늬를 입힌 회색 벽과 기둥, 신도석 통로에 고리 대형으로

---

* 종이나 금속판 등에 원하는 무늬대로 구멍을 낸 다음 그 구멍에 물감이나 잉크를 채워 넣어 장식하려는 표면에 무늬를 찍어내는 기법.

걸린 조명들, 촛불이 켜진 중앙 제단, 윤을 내 반짝이는 황동 십자가가 눈에 익었다. 이러한 사물들은 지금 그녀를 사로잡은 이미지에 맞춰져 어쩐지 영속적이면서도 현실적이었다.

해리엇은 자신이 왜 그곳에 왔는지 알고 있었다. 예배는 끝난 후였다. 성가대는 성가대석에서 물러나고 없었다. 성구 관리인이 제단 앞에서 촛불을 끄고 있었다. 그녀는 중앙 통로를 지나 설교단 아래 익숙한 자리로 갔다. 그리고 그곳에서 무릎을 꿇고 두 손으로 얼굴을 감쌌다. 손가락 틈새로 곁눈질하면 왼편으로 북쪽 통로 끄트머리에 있는 제의실 문이 보였다. 그녀는 가만히 그곳을 지켜보았다.

오르간석에 앉은 연주자는 엄숙한 두 화음의 진동이 완전히 멎을 때까지 건반을 길게 누르며 퇴장 성가를 느리고 감미롭게 연주했다.

드디어 제의실 문이 열리고 검은 사제복 차림의 클레멘트 파머가 나타났다. 그는 그녀가 무릎 꿇고 있는 신도석 바로 앞을 가까이, 아주 가까이 지나쳤다. 그리고 빈자리에 우두커니 섰다. 그는 그녀를 기다리고 있었다. 그는 무언가를 말하려 했다.

해리엇이 일어나 신부에게로 걸어갔다. 그는 계속 그녀를 기다렸다. 그녀에게 길을 터주지도 않고 그 자리에서 꿈쩍도 하지 않았다. 그녀는 가까이, 어느 때보다도 가까이, 그의 형체가 한눈에 들어오지도 않을 만큼 바짝 그에게로 다가갔다. 고개를 들어 눈앞의 그를 유심히 보았을 때, 발견한 것은 오스카 웨이드의 얼굴이었다.

오스카는 가만히, 소름 끼치게 가만히 서서, 그녀의 길을 바로 앞에서 가로막고 있었다.

해리엇은 뒷걸음질 쳤다. 그의 들썩이는 어깨가 그녀를 뒤쫓았다. 그는 몸을 앞으로 굽혀 두 눈으로 그녀를 덮쳤다. 그녀는 입을 벌려 비명을 질렀으나 아무 소리도 나오지 않았다.

해리엇은 그가 따라올까 봐 무서워 움직일 수조차 없었다. 그의 들썩이는 어깨에 공포를 느꼈다.

바깥쪽 통로의 조명이 하나씩 차례로 꺼지기 시작했다. 다음은 중앙 통로의 조명이 꺼질 차례였다. 모든 불빛이 사라졌다. 도망치지 않으면 무시무시한 어둠 속에서 그와 단둘이 갇히고 말 것이다.

그녀는 몸을 돌려 책 선반을 찬찬히 더듬어 가며 북쪽 통로로 갔다.

뒤돌아보았을 때, 오스카 웨이드는 그곳에 없었다.

그러다 문득 오스카 웨이드가 이미 죽었다는 사실이 떠올랐다. 그러니까, 그녀가 본 것은 오스카가 아니라 유령이었다. 오스카는 죽었다. 그것도 17년 전에. 해리엇은 영원히 그에게서 안전했다.

*

교회 계단으로 나오자 길이 달라져 있었다. 그녀가 기억하던 길의 모습이 아니었다. 그녀가 서 있는 쪽의 지면이 살짝 솟아 있었고 무언가로 덮여 있었다. 위에는 아치형 구조물이 이어졌다. 길쭉한 화랑의 형태로 한쪽은 반짝거리는 진열창이 에워쌌고 다른 쪽은 높은 회색 기둥이 일렬로 서서 거리와 경계를 이루었다.

해리엇은 리볼리가의 회랑을 따라 걷고 있었다. 앞쪽으로 거대한 회색 기둥의 돌출된 가장자리가 보였다. 생피에르 호텔의 입구였다. 유리 회전문이 빙그르르 돌아가며 그녀를 맞이했다. 그녀는 기둥 사이 아치 아래로 매혹적인 자태의 회색빛 로비를 지났다. 낯이 익었다. 왼편에는 와인 빛이 감도는 매끈한 적갈색의 수위실이, 오른편에는 마찬가지로 와인 빛이 감도는 매끈한 적갈색의 데스크가 있다는 것을 그녀는 이미 알고 있었다. 그녀는 회색 카펫이 깔린 넓은 계단으로 곧장 걸음을 옮겼다. 철창이 둘린 수직 공동空洞을 따라 끊임없이 꺾고 꺾이는 계단을 오르고, 승강기의 격자문을 지나, 낯익은 층계참에 다다랐다. 그리고 한쪽 끝의 침침한 창문에서 빛이 들어오고 있는 낯선 잿빛의 긴 복도에 들어섰다.

바로 그 장소에서 공포가 해리엇을 덮쳤다. 성모 마리아 교회에서의 기억은 더 이상 남아 있지 않았기에, 그녀는 자신이 시간을 거슬러 왔다는 것을 자각하지 못했다. 모든 시공간이 지금 이곳에만 존재했다.

해리엇은 왼쪽, 왼쪽으로 가야 한다는 것을 알았다. 하지만 그곳, 꺾이는 모퉁이에 창이 나 있고 모든 복도의 끝인 바로 그곳에, 무언가가 있었다. 도망치려면 다른 길로 가야 했다.

하지만 다른 쪽 복도는 막혀 있었다. 텅 빈 벽이었다. 그녀는 다시 계단 머리를 지나쳐 왼쪽 복도로 향했다.

창가 모퉁이에서 그녀는 오른쪽으로 길게 난 잿빛 복도를 따라갔고, 다시 오른쪽으로 몸을 틀어 간이 협탁 위 종야등이 탁탁 소리를 내며 타고 있는 모퉁이를 돌았다.

세 번째로 들어선 복도는 어둡고 비밀스러웠으며 불길했다. 때 묻은 벽과 복도 맨 끝의 뒤틀린 문이 낯익었다. 천장에서 한줄기 조명이 날카롭게 내리꽂혔다. 문에 달린 숫자 107이 그녀 눈에 들어왔다.

어떤 일이 벌어졌던 곳이었다. 해리엇이 안으로 들어가면 그 일은 다시 반복될 터였다.

닫힌 문 너머에서 오스카 웨이드가 그녀를 기다리고 있었다. 그의 인기척이 느껴졌다. 그녀는 몸을 내밀어 열쇠 구멍에 귀를 갖다 댄 채 안쪽에서 나는 소리에 집중했다. 절제되고 조심스럽고 차분한 발소리가 들렸다. 그 소리가 침대에서 문가로 다가오고 있었다.

해리엇은 몸을 돌려 달음질쳤다. 무릎이 풀려 휘청거렸지만 멈추지 않고 황급히 긴 잿빛 복도와 계단을 되돌아갔다. 뒤쫓아오는 그의 발소리를 들으며, 사냥꾼을 피해 숨을 곳을 찾는 짐승처럼, 그녀는 계속 도망쳤다.

회전문이 그녀를 잡아채 바깥 거리로 내보냈다.

　지금 해리엇의 상태에서 이상한 점이 바로 이것이었다. 시간이 존재하지 않는다는 것. 한때 시간이란 게 있었다는 사실이 어렴풋이 기억나기는 했지만 그게 어떤 것이었는지 그녀는 까마득히 잊은 후였다. 무언가 벌어지고 임박해 있음을 알고는 있으나 그 일이 벌어지는 장소에 의해서만 그것을 파악했고 자신이 지나치는 공간을 통해서만 그것의 흐름을 가늠했다.

　해리엇은 곧 생각했다. 다시 돌아가서 그 일이 벌어지지 않았던 장소로 간다면 어떨까.

　더 뒤로 돌아간다면…….

　이제 그녀는 양옆으로 잔디가 넓게 깔린 하얀 길을 따라 걷고 있었다. 갈퀴 자국이 길게 남은 언덕들이 오른쪽과 왼쪽에 굽이굽이 솟아 있었고 그 주변으로 실안개가 어른거렸다.

　길은 푸른 골짜기 앞에서 끊겼다. 앞에는 강을 지나는 곡선 모양의 다리가 놓여 있었다. 다리 너머로 높다란 회색 정원 담벼락이 보였고, 그 너머로 우뚝 솟은 회색 집의 쌍둥이 박공지붕이 보였다. 담벼락 정면에 둥근 돌을 얹어 놓은 돌기둥 사이로 높은 철문이 서 있었다.

　이제 그녀는 블라인드가 쳐진 넓고 낮은 방에 와 있었다. 그녀는 널찍한 침대 앞이었다. 그녀 아버지의 침대였다. 침대 정중앙에 하얀 시트로 덮인 시체가 일자로 누워 있었다. 아버지의 시신이었다.

시트 자락은 위로 향한 발가락에서 정강이 방향으로, 또 높은 코끝에서 턱 방향으로 늘어져 있었다.

그녀는 시트를 걷어 올려 죽은 자의 가슴께에 고이 접어 내려놓았다. 그런데 그녀가 본 얼굴은 오스카 웨이드의 것이었다. 그의 얼굴은 잠의 순결함, 죽음이라는 지고한 순결함에 빠져 고요하고 부드러웠다. 그녀는 차갑고 무자비한 환희를 느끼며 홀린 듯 그 얼굴을 물끄러미 바라보았다.

오스카는 죽었다.

해리엇은 생피에르 호텔 방에서 그녀 옆에 이렇게 누워 있던 그의 모습을 떠올렸다. 등을 대고 누워 두 손을 포개 허리를 감싼 채로 입을 반쯤 벌리고서 넓은 가슴을 오르락내리락하던 모습. 그가 죽었다면 그런 일은 다시 일어날 수 없었다. 그녀는 안전했다.

죽은 자의 얼굴이 께름칙해 다시 가리려던 순간, 그녀는 그의 몸이 가볍게 들썩거리면서 규칙적으로 오르내리고 있음을 깨달았다. 그녀가 시트를 위로 바짝 끌어당기자 그 아래 있던 두 손이 발작을 일으키듯 버둥대기 시작했고, 넓은 손가락 끝부분이 시트 바깥으로 튀어나와 시트를 부여잡고 끌어내렸다. 그의 입이 벌어지고 두 눈이 번쩍 뜨였다. 고통과 공포에 사로잡힌 표정으로 그의 얼굴이 그녀를 응시했다.

죽은 자가 상체를 일으켜 앉았다. 그의 눈은 그녀의 눈을 뚫어져라 바라보았다. 그렇게 그와 그녀는, 서로의 두려움에 사로잡힌 채, 잠시 우두커니 있었다.

그렇게 그와 그녀는, 서로의 두려움에 사로잡힌 채, 잠시 우두커니 있었다.

해리엇은 벌떡 일어나 몸을 돌려 방 밖으로, 집 밖으로 뛰쳐나갔다.

문가에 선 그녀는 어느 길로 가야 오스카에게서 벗어날 수 있을지 몰라 주변을 살폈다. 오른쪽으로 가서 다리를 건너 언덕을 오른 다음 야트막한 들판을 지나면 리볼리가의 회랑과 호텔의 끔찍한 회색빛 복도가 나왔다. 왼쪽 길을 따라가면 마을이었다.

여기서 더 뒤로 돌아간다면 그녀는 오스카에게서 벗어나 안전해질 것이다. 죽은 부친의 침대 옆에 서 있던 그녀는 젊었지만 아주 젊지는 않았다. 그녀는 그때보다 더 젊었던 시절의 장소, 그때 그 공원으로, 너도밤나무 사잇길과 그 갈림길 끝의 하얀 파빌리온으로 되돌아가야 했다. 그녀는 방법을 알았다. 마을 끝자락으로 가면 좌우 양쪽으로 뚫린 길이 나왔고 그 위쪽으로 공원 벽이 서 있었다. 남쪽 출입구가 바로 그 위에, 좁은 길을 내려다보고 있었다.

해리엇은 마을을 통과해 서둘러 그곳으로 달려갔다. 굿이어 씨네 농장의 긴 회색 헛간을 지나고, 식료품 가게를 지나고, 노란색 건물과 '퀸스 헤드'라고 쓰인 파란 간판을 지나고, 하나 있는 어두운 창문이 담쟁이덩굴에 가려진 우체국을 지나고, 교회와 주목이 심긴 교회 뜰을 지나, 그녀는 푸른 잔디에 우아한 검은 문양을 만들어놓은 남쪽 출입구로 향했다.

그런데 이 모든 풍경은 얇은 유리처럼 일렁이는 공기막 뒤편에 숨어 비현실적으로 나타났다. 그러더니 점점 자라나 그녀를 지나쳐 멀어져갔다. 어느새 그녀 눈앞의 길과 공원 벽은 우중충한 흰색 건물들이 들어선 런던의 거리로 변해 있었다. 남쪽 출입구는 유리로 된 슈네블러 레스토랑의 반회전문으로 바뀌었다.

*

해리엇은 활짝 열린 유리문을 통해 레스토랑으로 들어갔다. 하얀색과 금색의 패널 벽, 하얀 기둥과 금빛 나선형 잎사귀 장식이 붙은 기둥머리, 반짝거리는 하얀 원형 테이블, 기계적으로 움직이는 손님들의 상기된 얼굴들까지, 내부 광경은 현실을 빼닮았다는 점에서 그녀에게 큰 충격을 주었다.

해리엇은 거역할 수 없는 충동에 이끌려 구석진 곳의 테이블로 걸어갔다. 그곳에 어느 남자가 홀로 앉아 있었다. 그의 입과 턱과 가슴은 테이블 냅킨에 가려 보이지 않았다. 일자로 삐져나온 냅킨 모서리 위의 얼굴도 불분명했다. 드디어 그가 냅킨을 내렸을 때, 해리엇이 본 것은 오스카 웨이드의 얼굴이었다. 그녀는 저항할 힘도 없이 무거운 발걸음으로 그에게 다가갔다. 그녀가 자리에 앉자 테이블 너머 그가 그녀에게로 몸을 내밀었다. 피가 쏠려 붉어진 그의 얼굴에서 온기가 느껴졌다. 축축한 속삭임에서 와인 향이 풍겼다.

"올 줄 알았습니다."

그녀는 그와 함께 말없이 음식을 천천히 먹고 마셨다. 그렇게 곧 있을 끔찍한 순간을 늦췄다.

끝내 두 사람이 일어나 서로를 마주 보았다. 크고 육중한 그가 그녀를 내려다보았다. 그 힘의 진동이 그녀에게까지 느껴질 정도였다.

"갑시다, 어서." 그가 말했다.

해리엇은 앞장서서 미로 같은 테이블 사이를 느릿느릿 지나갔다. 뒤에서 오스카의 절제되고 조심스럽고 차분한 발소리가 들렸다. 그녀 앞에 붉은 카펫이 깔린 가파른 계단이 나타났다.

해리엇은 방향을 틀었지만 오스카가 그녀를 돌려세웠다.

"어딘지 알지 않습니까." 그가 말했다.

맨 위 층계참에 다다르자 낯익은 하얀색 문이 나왔다. 모슬린 블라인드로 가려진 길쭉한 창문들, 오스카의 머리와 어깨를 그로테스크하게 비추는 벽난로 선반 위 금박을 입힌 거울, 그 양옆으로 토실토실한 팔다리에 아랫도리에는 화환을 두른 아기 모양의 하얀 도자기 한 쌍도 낯이 익었다. 테이블 옆 칙칙한 카펫에 아무렇게나 생긴 얼룩과 칸막이 뒤편에 낡아 빠진 허름한 소파도 마찬가지였다.

두 사람은 불안해하고 경계하면서, 마치 우리에 갇힌 짐승처럼 서로를 피해 원을 그리며 방 안을 맴돌았다.

그리고 마침내 우뚝 멈춰 섰다. 오스카는 창가에, 해리엇은 문가에, 방 길이만큼의 거리를 둔 채.

"이렇게 피한다고 소용없어요. 우리가 저지른 일에 다른

그들의 불이 꺼지지 않는 곳　　　　　　　　　　　41

결말은 있을 수 없으니까." 그가 말했다.

"하지만 이미 다 끝난 일인걸요."

"거기선 끝났겠지만 여기선 아닙니다."

"영영 끝났다고요. 영원히 끝난 일이에요."

"아닙니다. 다시 시작될 겁니다. 그리고 계속, 계속되겠지."

"아, 안 돼. 아니에요. 그것만은 안 돼요."

"다른 방법은 없어요."

"안 돼요. 그럴 수 없어요. 우리가 얼마나 서로를 지루해 했는지 기억 안 나요?"

"기억? 나라고 다시 당신과 함께 있고 싶은 줄 압니까? 그렇지만 우리는 그러기 위해 여기 있는 겁니다. 우리는 그래야만 해요. 반드시."

"아냐, 아니야. 나갈래요, 당장."

해리엇이 문을 열려고 몸을 돌렸다.

"나갈 수 없습니다. 문은 잠겼으니까."

"오스카, 대체 왜 이러는 거예요?"

"늘 이랬잖아요. 기억 안 납니까?"

해리엇이 다시 문 앞으로 가 문고리를 흔들고 두 손으로 문을 쾅쾅 쳤다.

"해리엇, 소용없는 짓이에요. 지금 나가 봤자 다시 돌아오게 될 겁니다. 한 시간 정도는 늦출 수 있겠지만, 불멸의 세계에서 그게 다 무슨 소용이겠습니까?"

"불멸이라고요?"

"그걸 위해 우리가 여기 있는 겁니다."

"죽어서 불멸에 관해 이야기하게 되다니…… 아…….."

두 사람은 괴이하고 소름 끼치는 춤을 추듯, 천천히 방을 가로질러 서로에게 저절로 끌려갔다. 끔찍한 이끌림을 피해 두 사람의 머리가 어깨 뒤로 젖혀지고 고개가 돌아갔다. 두 사람의 팔이 극심한 저항을 느끼면서도 마지못해 느리게 올라갔다. 그들은 무거운 짐을 떠받드는 것처럼 고통스러워하며 서로를 향해 팔을 뻗었다. 그들의 발이 질질 끌려갔다.

갑자기 해리엇의 무릎이 맥없이 풀렸다. 그녀는 눈을 질끈 감았다. 어둠과 공포 속에서 그녀의 온몸이 그의 앞에 무너져 내렸다.

*

끝이었다. 해리엇은 도망쳐 나와 더 뒤로, 공원의 너도밤나무 사잇길로, 오스카가 와본 적 없으며 결코 그녀를 찾지 못할 장소로 가고 있었다. 남쪽 출입구를 지나자 기억이 순식간에 젊고 선명해졌다. 리볼리가와 생피에르 호텔의 기억은 지워졌다. 슈네블러 레스토랑과 계단 꼭대기 방의 기억도 사라졌다. 그녀는 젊은 시절로 돌아갔다. 서쪽 출입구 반대편의 파빌리온에서 스티븐 필포츠를 기다리던 해리엇 리였다. 지금 그녀는 가냘픈 몸으로 커다란 너도밤나무들 사이 풀밭을 지나고 있었다. 젊은 시절의 생기가 그녀 안에 되살아났다.

두 사람은 괴이하고 소름 끼치는 춤을 추듯,
천천히 방을 가로질러 서로에게 저절로 끌려갔다.

해리엇은 좌우로 갈라져 십자가 모양을 이루는 길의 한 가운데에 이르렀다. 오른쪽 길 끝에 하얀 그리스 신전 같은 건물이 서 있었다. 건물의 박공지붕과 기둥들이 나무와 대조를 이뤄 빛을 발했다.

해리엇은 파빌리온 안쪽 자리에 앉아 스티븐이 들어설 쪽문을 바라보았다.

드디어 문이 열리고, 산뜻하고 젊은 그가, 발뒤꿈치를 들고 바삐 걷는 특유의 걸음걸이로, 너도밤나무 사이를 스치듯 지나 그녀에게로 다가왔다. 그녀는 그를 맞이하러 자리에서 일어났다. 그녀가 외쳤다.

"스티븐!"

그 사람은 스티븐이었다. 해리엇은 그가 다가오는 것을 분명 보았다. 하지만 파빌리온 기둥 사이에 서 있는 사람은 오스카 웨이드였다.

이제 그녀는 과수원 문에서 울타리 계단으로 비탈진 들판을 따라 걷고 있었다. 더, 더 뒤로, 딱총나무 아래서 젊은 조지 웨어링이 그녀를 기다리던 그곳으로. 딱총나무꽃 내음이 들판을 지나 그녀에게로 풍겨왔다. 젊은 시절의 달콤하고 순수한 설렘이 입가와 몸 안에 감돌았다.

"조지, 오, 조지!"

길을 따라 걸으면서 해리엇은 분명 조지를 보았다. 하지만 딱총나무 아래서 그녀를 기다리고 있는 사람은 오스카 웨이드였다.

"해리엇, 도망쳐도 소용없다고 말하지 않았습니까. 어디로 가든 결국에는 내게로 오게 되어 있어요. 어디서든 날 볼 수밖에 없어요."

"여긴 어떻게 왔어요?"

"파빌리온에 갔던 것처럼. 또 당신 아버지 방에, 당신 아버지가 죽어간 침대에 갔던 것처럼 여기에 왔습니다. 왜냐면 내가 그곳에 있었으니까. 나는 당신의 모든 기억에 존재해요."

"내 기억은 잘못이 없어요. 어떻게 당신이 아버지와 스티븐과 조지 웨어링의 자리를 차지할 수 있죠? 어떻게 당신이?"

"그야 내가 그 자리를 전부 차지했으니까."

"그럴 리가. 그들을 향한 내 사랑은 결백해요."

"날 향한 사랑도 그것의 일부였습니다. 당신은 과거가 미래에 영향을 미친다고 생각하지요. 그런데 미래가 과거에 영향을 미친다고는 정말 단 한 번도 생각해본 적이 없습니까? 당신의 결백함, 당신의 죄는 이미 거기서부터 시작되었습니다. 당신은 결국 이렇게 될 운명이었어요."

"여기서 나갈래요." 해리엇이 말했다.

"그럼 이번에는, 내가 당신과 함께 가겠습니다."

울타리 계단과 딱총나무와 들판이 해리엇에게서 멀리 떠내려갔다. 그녀는 남쪽 출입구와 마을을 향해 공원의 너도밤나무 길을 지나고 있었다. 그녀는 오른쪽에 심긴 나무들에 바짝 붙어 가만히 움직였다. 왼쪽 나무들 아래서 그녀와 함께 움직이는 오스카 웨이드의 인기척이 느껴졌다. 그는 그녀와 발을 맞춰 한 걸음 한 걸음, 나무 한 그루 한 그루를 지나쳤다. 어느새 그녀의 발밑에 회색빛 바닥이 펼쳐졌고 오른편에는 회색빛 기둥이 일렬로 나타났다. 두 사람은 나란히 리볼리 가를 지나 호텔로 향했다.

이제 두 사람은 우중충한 하얀 침대 끄트머리에 함께 앉아 있었다. 두 사람은 무거운 팔을 양옆에 축 늘어뜨린 채 서로를 피해 고개를 떨궜다. 두 사람의 격정이 견딜 수도 도망칠 수도 없는 불멸의 지루함이 되어 그들을 짓눌렀다.

"오스카, 언제까지 이래야 해요?"

"나도 모릅니다. 지금 이것이 영원의 순간인지, 순간의 영원인지 나도 모르겠군요."

"언젠간 끝나겠죠. 삶은 영원하지 않잖아요. 우리도 언젠가 죽을 테니까."

"죽음? 우리는 이미 죽었어요. 이게 뭔지 정말 모르겠습니까? 당신이 어디에 있는지 모르겠어요? 이것이 죽음입니다. 우린 죽었어요, 해리엇. 지옥에 갇혀 있단 말입니다."

"그래요. 여기보다 끔찍한 곳은 없을 거예요."

"이게 끝이 아니에요. 우리는 아직 정말로 죽었다고 할 수 없어요. 서로 외면하고 달아날 삶이 우리 안에 남아 있는 한, 그러니까 각자의 기억으로 도망칠 수 있는 한 말이지요. 하지만, 가장 멀리 있는 기억으로까지 거슬러 가게 되면, 그 너머에 아무것도 없게 되면, 그래서 지금 이 기억밖에 남지 않게 되면 그때는…… 마지막 지옥에 갇히면 더는 달아날 수

그들의 불이 꺼지지 않는 곳

없을 겁니다. 어떤 길도, 통로도, 열린 문도 찾지 못할 거고. 서로를 찾으러 주위를 둘러볼 필요도 없을 테지요. 죽음의 마지막에 이르면 우리는 잠긴 저 문을 나가지도 못하고 이 방에 함께 갇히게 되는 겁니다. 이곳에서 영원히 함께, 신도 우리를 갈라놓지 못할 만큼 아주 빠르게 한 몸이 되겠지요. 하나의 육체와 영혼이 되어 똑같은 죄를 영원히 반복하게 될 겁니다. 영혼이 육체를 혐오하고 육체는 영혼을 혐오하고, 당신과 나는 서로를 혐오하면서."

"왜죠? 도대체 왜?" 해리엇이 울부짖었다.

"그게 우리에게 남은 전부니까. 당신의 사랑은 그런 거였소."

*

어둠이 내려와 방을 완전히 집어삼켰다. 해리엇은 양옆으로 플록스와 참제비꽃과 루피너스가 높은 울타리를 이루고 있는 정원 오솔길을 걷고 있었다. 꽃들은 그녀보다도 키가 컸다. 꽃송이들이 그녀 머리 위에서 흔들리고 까딱였다. 기다란 줄기는 힘껏 잡아당겨도 꺾이지 않았다. 그녀는 작디작은 존재였다.

그녀는 이제 안전하다고 혼자 되뇌었다. 아주 멀리까지 거슬러 와서 다시 어린아이가 된 것이었다. 그녀는 아무것도 모르는 천진난만한 유년기에 와 있었다. 어린아이가 되어 루

피너스 줄기보다 작아졌다는 것, 어떠한 기억도 없고 아무것도 모르는 천진난만한 존재가 되었다는 것은 안전하다는 뜻이었다.

오솔길은 주목 울타리를 지나 밝고 푸른 잔디밭으로 그녀를 이끌었다. 잔디밭 한가운데 얕은 원형의 연못이 있었고 노란색, 하얀색, 보라색의 작은 꽃들이 피어난 암석정원이 그 주위를 감쌌다. 올리브 갈색의 연못에서 금붕어가 헤엄을 쳤다. 금붕어가 자신에게로 헤엄쳐 오더라도 그녀는 안전할 것이다. 하얀 비늘로 덮인 나이 많은 금붕어가 그녀에게로 먼저 다가와 물 밖으로 뻐끔 거품을 만들 때도.

잔디밭 아래쪽에는 쥐똥나무 울타리가 있었고 중간에 과수원으로 이어지는 넓은 길이 나 있었다. 해리엇은 그곳에서 무엇을 보게 될지 짐작했다. 과수원에는 그녀의 어머니가 있었다. 어머니는 두 팔로 그녀를 들어 안고서 사과나무에 달린 단단하고 빨간 열매들을 가지고 그녀와 놀아줄 것이다. 그녀는 가장 깊숙한 곳의 기억에까지 다다랐다. 그 너머에는 아무것도 없었다.

과수원 담벼락에는 철문이 하나 있었다. 그 문은 들판으로 이어졌다.

그런데 무언가가 변해 있었다. 그 무언가가 그녀를 두렵게 만들었다. 철문이 아니라 잿빛으로 된 문이었다.

해리엇은 그 문을 열고 생피에르 호텔의 마지막 복도로 들어섰다.

징표

1

내가 아는 완벽하게 사랑스러운 여인은 단 한 명, 내 형제의 아내였던 시슬리 던바다.

시누이와 올케가 꼭 서로를 좋아하는 사이인 것은 아니며 시슬리가 보기에 나의 가장 훌륭한 점은 도널드의 누이라는 사실이겠으나 내게는 그녀의 주변 조건이 하나도 중요하지 않았다. 시슬리는 존재만으로 완벽했으니까.

하지만 도널드는, 모든 던바 가문 사람들처럼 너무 스코틀랜드인다워서 문제인 사람이다. 그리하여 감정을 느끼더라도 체면을 차리느라 안 그런 척하는 것이다. 추측하건대 연애 시절의 그는 그래도 어느 정도 감정을 표현했을 것이다. 엄밀히 말해 그때의 그는 진짜 자신의 모습이 아니었으니까. 결혼하고 난 후로는 시슬리에게 사랑한다고 말하느니 차라리 죽어버리고 말았을 것이다. 하지만 시슬리는 그런 말을 듣고 싶어 했다. 말로 표현하지 않아도 그녀가 알았을 거라고? 도널드를 모르고 하는 소리다. 그가 자신의 애정을 숨기려고 얼마나 기상천외한 노력을 기울이는지 당신은 상상조차 할 수 없을 것이다. 그에게는 상대방을 무시하고 잘못을 지적하고 기대를 무너뜨리기를 즐기는, 내 생각에 스코틀랜드인의 특징인 듯한 별난 구석이 있다. 도널드는 상대방이 자신에게 무얼 바라는지 알고 나면 일부러 그 행동을 하지 않고도 남을 사람이다. 그리고 하얀 크리스털처럼 투명한 나의 올케는 바라는 것을 좀처럼 숨기지 못했다. 그리하여 도널드는, 말했다시피, 그런 그녀를 매번 '갖고 놀았다'.

또한 도널드는 자기 아내가 얼마나 위중한지를 정확히 몰랐던 것 같다. 알고 싶어 하지도 않았다. 게다가 그는 집필 중이던 『사회경제학의 발전』을 마무리하느라(참고로 그 책은 아직도 마무리하지 못했다) 정신이 팔려 우리 모두가 목도한 그것을 미처 보지 못했다. 가엾고 가냘픈 그녀의 목숨이 꺼져가고 있다는 것, 시슬리가 살날이 얼마 남지 않았다는 것을 말이다.

물론 그는 마지막 몇 달간 두 사람이 각방을 써야 했던 이유가 그녀의 병세 때문임을 알았다. 두 사람이 결혼한 첫해였고, 그가 여전히 그녀를 맹렬히 사랑하던 때였다.

나는 도널드를 이해하려고 할 때마다 이 두 가지 사실을 유념한다. 참으로 용서하기 어려운 그의 매정함과 괴팍함이 바로 거기서 비롯되었으니 말이다. 지금까지도 나는, 가엾고 가냘픈 시슬리가 잘못을 저지르기라도 한 것처럼 그녀를 모질게 대하던 도널드의 모습을 떠올릴 때면, 시슬리의 천진난만함이 그녀를 조금쯤 성가신 존재로 만들었던 것이라고 나 자신을 설득해야 한다.

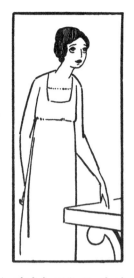

시슬리는 도널드가 서재에서 책을 읽거나 글을 쓸 때 어째서 더는 자신을 곁에 두려 하지 않는지 이해하지 못했다. 몸도 성치 않은데 거부당한다는 것이 그녀에게는 지독히도 잔인한 일이었던 듯했다. 그도 그럴 것이, 아프기 전까지는 늘 난롯가 의자에 앉아서, 행여나 도널드를 방해할까 봐 숨소리도 조심해가며 몇 시간씩 말없이 책을 읽거나 자수를 놓곤 했기 때문이었다. 아프게 된 후로 시슬리는 이제 조금은 자기 마음대로 해도 괜찮지 않을까 생각했던 것이다.

설마 도널드가 자신의 감정을 일일이 설명했을 것이라 생각하는지? 그는 그러지 않았다. 그것은 그의 감정일 뿐, 그는 그에 관해 말하려 들지 않았다. 그는 남들이 이해하지 못한다고 해서 그걸 일일이 설명하는 사람이 아니었다.

바로 그것, 서재에서 그와 함께 있고 싶다는 올케의 바람이, 그녀가 죽기 바로 전날 두 사람이 크게 다툰 이유였다. 그와 더불어, 조지 메러디스*에게서 선물 받았다는 이유로 아무도 못 건드리게 할 만큼 그가 애지중지하던 문진이 문제였다. 그 문진은 붓칠과 도금으로 꾸며진 설화석고雪花石膏** 석가모니상을 얹은 황동 덩어리였다. 그리고 '애정을 담아, 조지 메러디스가 도널드 던바에게'라고 새겨져 있었다.

도널드는 그 문진을 끔찍이도 아꼈는데, 아마 그 물건이 대단한 인물과의 친분을 보여주기 때문이었던 듯하다. 이런 까닭에 가족들 사이에서 그 물건은 징표라는 짓궂은 이름으로 통했다.

문진은 도널드의 책상 위 그가 팔꿈치를 내려놓는 자리 근처에 놓였다. 바로 옆에 잉크병이 있어 하얀 석가모니상에는 잉크 한두 방울이 묻어 있었다. 이날 저녁 우리 둘이 있던 서재에 시슬리가 들어와서는 나가지 않고 버티며 도널드를 성가시게 했다. 그녀는 괜히 징표를 집어 들더니 핑곗거리 삼아 그걸 닦기 시작했다.

이날 다툼 이후에 시슬리는 죽었다.

다툼은 도널드가 그녀에게 역정을 내는 것으로 시작되었다.

"문진을 들고 뭐 하는 거요?"

---

* 19세기 영국 빅토리아 시대의 시인이자 작가로 주지주의를 표방한 난해한 작품들로 유명함.
** 반투명한 알맹이의 미세한 덩어리로 되어 있는 석고. 질이 좋은 것은 장식용 조각재로 쓴다.

"잉크 자국만 좀 닦으려고요."

사랑스러운 그녀의 모습이 지금도 내 눈앞에 선하다. 그녀는 분홍빛 혀끝으로 손수건 모서리를 적신 다음 그걸로 석가모니상을 문질렀다. 그가 버럭 소리치자 그녀의 두 손이 떨리기 시작했다.

"내려놓지 못하겠소? 내 물건에 손대지 말라고 했을 텐데요."

"당신이 여기에 잉크를 묻혔잖아요." 그녀가 대꾸했다. 시슬리가 마지막으로 한번 더 그것을 문지르던 순간, 그가 위협적인 몸짓으로 자리에서 일어났다.

"내려놓으시오."

그리하여, 가엾은 시슬리는 그것을 내려놓았다. 그러다 그만 그의 발치에다 그것을 떨구고 말았다.

"어머나!" 그녀가 비명을 지르며 황급히 몸을 숙여 그것을 주웠다. 겁에 질린 그녀가 눈물이 그렁그렁 맺힌 큰 눈으로 그를 바라보았다.

"부러지진 않았어요."

"퍽이나 고맙구려." 그가 퉁명하게 말했다.

"너무해요! 당신이 아끼는 걸 부러뜨리느니 차라리 죽고 말지."

"당신이 계속 참견했다가는 부러지는 건 시간문제일 테지요."

더는 참을 수 없어 내가 끼어들었다. "그렇게 윽박지르지

"내 물건에 손대지 말라고 했을 텐데요."

좀 마. 올케한테 안 좋은 거 알잖아. 그러다 다시 안 좋아지면 어쩌려고."

그러자 도널드도 이내 이성을 되찾았다.

"미안하오." 그가 말했다. 하지만 전혀 미안하지 않은 목소리였다.

"미안하면 여기 있게 해줘요. 쥐죽은 듯이 있을게요." 그녀가 고집을 부렸다.

"안 되오. 그건 곤란해요. 여기서 당신과 함께 일할 수 없어요."

"헬렌과는 같이 있잖아요."

"당신은 헬렌이 아니니까."

"도널드 말은, 나는 자기가 사랑하는 사람이 아니란 뜻이에요."

"내가 쓸모없다는 뜻이겠죠. 나도 알아요. 나는 저이 원고를 깔고 앉아 눌러주지도 못하는걸요. 저이는 나보다 저 망할 문진을 더 아낀답니다."

"아무래도 이건, 조지 메러디스 선생이 준 선물이니까."

"난 누구의 선물도 아니란 거군요. 나는 제 발로 왔다 이거죠."

시슬리의 말에 도널드의 심보가 다시 고약해졌다. 그는 그녀를 괴롭히기로 작정했다.

"그게 그리 비싸진 않았을 겁니다." 그가 말했다. "참고로 그 문진은 존재 자체로 대단히 값지다는 점을 짚고 넘어가고 싶군요."

이 말을 끝으로 도널드는 자리를 떴다.

"어디 가는 거래요?" 시슬리가 내게 물었다.

"자기가 생각해도 면목이 없나 봐요." 내가 말했다. "오, 시슬리, 그냥 해달라는 대로 해주지 그래요? 원래 저런 사람인 거 알잖아요."

"싫어요!" 그녀가 격정적인 투로 대답했다. "나는 모르겠어요. 저이가 어떤 사람인지 정말 모르겠어요."

"그래도 도널드가 당신을 사랑한다는 것쯤은 알고 있겠지요."

"별난 방식으로 그걸 보여준다고 해야겠네요. 하는 거라곤 기죽이고 소리 지르고 지적질하는 것밖에 없잖아요. 이놈의 낡아빠진 문진이 뭐길래!"

그녀는 말하면서도 문진을 계속 어루만졌다. 마치 살아 있는 존재를 다루듯 설화석고 석가모니상을 쓰다듬었다.

"석가모니상도 참 불쌍하지. 내가 계속 쓰다듬으면 정말 이게 부러질까요? 아니었으면 좋겠는데…… 헬렌, 나는 저이가 진심으로 아끼는 걸 아프게 하니 차라리 죽어버릴 거예요. 정말로요. 그런데도 저이는 날 이렇게 아프게 하네요."

"어떤 남자들은 아끼는 존재에게 기어코 상처를 준답니다."

"저이가 날 아낀다는 걸 알 수만 있으면 상처받아도 괜찮아요. 헬렌, 그걸 알 수만 있으면 나는 뭐든 다 바칠 수 있어요."

"알 수 있을 것 같은데요."

"아뇨! 몰라요!"

"언젠가는 알게 될 거예요."

"절대 아니에요! 저이는 말해주지 않을걸요."

"스코틀랜드인이잖아요. 그런 말을 했다가는 죽어버릴지도 몰라요."

"그럼 내가 알 방법이 없는걸요! 설령 내일 죽는다 하더라도 모른 채 죽고 말겠죠."

그리고 그날 밤, 그녀는 정말 아무것도 모른 채 죽었다.

정말 아무것도 몰랐기 때문에 죽어버린 것이다.

2

우리는 그녀에 관해 이야기하지 않았다. 그런 건 도널드답지 않았다. 말을 하거나 듣는 것이 그를 아프게 했다.

도널드는 갈수록 침울해졌으나 짜증을 돋우던 존재가 사라진 후였으므로 짜증을 내는 일은 적었다. 그는 시슬리 생각을 떨쳐내려 다른 남자가 주색에 빠지듯 일에 몰두했으나 이미 일에 흥미를 잃은 눈치였다. 그는 더 이상 일에 애정을 느끼지 않았다. 애정보다는 혐오에 가까운 맹렬함으로 일에 덤벼들었다. 그는 저녁을 먹기 전 한 시간 짧게 산책하러 밖에 나가는 것을 제외하고는 낮과 기나긴 밤의 대부분을 서재에 틀어박혀 보냈다. 머지않아 그가 모든 자연적 충동을 억누르

고 틀에 박힌 습관대로 살아가는 존재가 되리란 것을 짐작할
수 있었다.

나는 지루하기 짝이 없는 틀에서 그를 끄집어내려 했으
나 소용없었다. 그도 노력해보았으나 첫 시도만으로 기진맥
진하여 다시 제자리로 돌아갔다.

그래도 도널드는 나와 함께 있는 것을 좋아했다. 나는 집
안일과 정원 가꾸기를 하고 남은 시간을 전부 그의 서재에서
보냈다. 아마도 그는 그녀를 죽음에 이르게 한 다툼이 벌어진
곳에 홀로 남는 것을 원치 않았던 듯하다. 다툼의 원인인 징
표는 그의 책상에서 치워지고 없었다.

그리고 그에게 그녀를 떠올리게 하는 모든 물건도 어디

론가 자취를 감췄다. 죽음이 죽음의 흔적을 감추고 있었다.

그녀가 좋아하던 의자만은 계속 남아 난롯가 자리를 지켰다. 그것은 시슬리 의자였다. 앉을 수 없는데 그녀의 것이라 부르는 게 맞는지 모르겠지만. 나와 그는 서로 모른 척 무언의 약속에 따라 그 자리를 항상 비워두었다.

우리는 그곳에서 몇 시간이고 말없이 함께 있곤 했다. 그 시간에 그는 일을 했고, 나는 책을 읽거나 바느질을 했다. 나는 생전 시슬리가 그토록 들어오고 싶어 했으나 매몰차게 거절당했던 그 방에서, 나처럼 그도 그녀의 존재를 느끼는지 차마 묻지 못했다. 그가 무엇을 느끼고 느끼지 않는지는 알 수 없었다. 도널드의 얼굴은 무겁고 음울한 가면이었고, 책상 앞에 구부린 등은 그를 숨기는 벽이었다.

나는 살면서 두 번, 이러한 존재를 느끼고 심지어 본 적이 있다. 아마도 양친 모두에게서 하일랜드 켈트족의 핏줄을 물려받았거니와 모친에게도 나와 같은 기묘한 능력이 있었기 때문이리라. 보나 마나 도널드는 나의 히스테리컬한 상상력을 탓할 것이었으므로 그에게는 이런 말을 아예 꺼내지도 않았다. 게다가 그는 무언가를 느끼거나 보더라도 스스로 인정하지 않을 것이 뻔했다.

환영의 등장은 언제나 죽음의 전조였으며(시슬리의 죽음은 그러한 경고 없이 찾아왔다) 매번 찰나의 순간이었음을 밝히는 바이다. 또한, 그 순간의 나는 분명 또렷하게 깨어 있었으나 사람들에게는 자고 있었거나 꿈을 꾸었다고 말하는 편

도널드에게로 향해 있는 그녀의 얼굴은,
생전에 그랬던 것처럼 갈망과 호기심 어린 표정을 하고서
그가 감춘 비밀을 알아내려 그의 얼굴을 유심히 살피고 있었다.

이다. 이상한 점은 내가 겁먹거나 놀라지 않는다는 것이다.

시슬리를 처음 본 그날 저녁에도, 나는 놀라거나 겁먹지 않았다.

초가을 땅거미가 지던 여섯 시 무렵에 나는 난롯가 옆 내 자리에 앉아 있었다. 도널드는 등불을 들고 방문 밖 어둠으로 사라지기 전까지 내 왼편의 안락의자에서 평소처럼 파이프를 피웠다.

나는 방 안에 있는 시슬리의 존재를 무척 강하게 느끼고 있었기에 고개를 들어 오른편 의자에 앉아 있는 그녀를 보았을 때 반쯤은 기쁘면서 느닷없이 성스러운 고통을 느꼈다.

그녀의 환영은 살과 피로 이뤄진 것처럼 온전하고 생생했다. 그녀가 죽었다는 사실을 몰랐더라면 진짜 시슬리가 내 앞에 있다고 생각했을 것이다. 그녀는 나를 보고 있지 않았다. 도널드에게로 향한 그녀의 얼굴은, 생전에 그랬던 것처럼 갈망과 호기심 어린 표정을 하고서 그가 감춘 비밀을 알아내려 그의 얼굴을 유심히 살피고 있었다.

나도 도널드를 보았다. 한쪽 입꼬리에 파이프를 걸쳐 놓아 턱이 살짝 내려앉아 있었다. 흡연에 몰두한 그의 표정은 무거웠다. 내가 본 것을 그는 보지 못했음이 분명했다.

과거에 보았던 환영들이 순식간에 사라진 것과 달리, 시슬리의 환영은 꽤 오래 머물렀고 처음부터 끝까지 도널드만을 바라보았다. 도널드가 몸을 살짝씩 움직이고, 상체를 앞으로 숙여 벽난로 선반에다 파이프 재를 털어내고, 한숨을 쉬고 기지개를 켠 다음 몸을 돌려 방을 떠날 때까지, 환영은 자리를 지켰다. 그리고 그의 뒤에서 문이 닫힌 후에야, 서서히 꺼져간다기보다 전등 스위치를 끈 것처럼 순식간에 환영도 사라졌다.

다음 날 저녁, 그다음 날 저녁에도, 나는 똑같은 장소에서 똑같은 표정으로 도널드를 바라보는 환영을 보았다. 그는 여전히 그것을 알아차리지 못했다. 하지만 불편하게 한숨을 쉬고 기지개를 켜는 것으로 보아 무언가를 느끼는 것 같기는 했다.

아니, 나는 두렵지 않았다. 오히려 기뻤다. 알다시피 나는 시슬리를 사랑했으니까. '가엾기도 하지. 드디어, 드디어 들어왔구나. 이제는 원하는 만큼 있어요. 그 사람은 당신을 쫓아낼 수 없어요.' 하고 나는 생각했다.

처음 몇 번은 내가 말한 대로 그녀를 보았다. 고개를 들면 의자에 앉아 있는 그녀의 환영을 발견하는 식이었다. 그러다 도널드가 방을 나가면 환영도 바로 사라졌다. 그러고 나면 나는 다시 혼자였다.

하지만 내가 점차 그 존재에 익숙해지면서, 아니, 어쩌면 그 존재가 내게 익숙해지고 내가 자기를 두려워하기는커녕 반긴다는 것을 깨우치면서, 그 존재가 나를 믿고 안심하게 된 듯했다. 그리하여 나는 그 존재의 모든 움직임을 감지하게 되었다. 나는 그 존재가 현관을 지나 서재로 들어오는 것과 곧장 자신이 원하는 자리로 가 몸을 작게 웅크리고 앉아서 흡족해하는 것을 보았다. 거부당할 줄 알았지만 아무 일도 일어나지 않자 마음이 다 풀린 모양이었다. 하지만 여전히 행복해하지는 않았다. 도널드를 바라보는 표정에서 그것을 알 수 있었다. 그 점은 결코 변함이 없었다. 그녀가 생전 겪었던 것처럼 그는 지금도 속내를 알 수 없는 사람이었다.

시슬리의 환영을 예닐곱 번 볼 때까지도 나는 그 존재의 등장을 둘러싼 비밀을 이해하지 못했다. 그 존재의 움직임은 불가사의했고 아무 목적이 없어 보였다. 분명한 사실은 두 가지였다. 그 존재는 도널드에게 볼일이 있었다. 그가 나가면 바로 사라졌고 나만 있을 때는 한 번도 찾아오지 않았으니 말이다. 또 그 존재는 언제나 불빛이 켜지기 전 그가 아무것도 안 하고 앉아만 있는 이 시간에만 서재를 찾아왔다. 도널드가 그 존재를 전혀 인지하지 못했음은 분명했다.

그런데 가끔은 나도 모르는 사이에 그 존재가 그의 곁에 머물고는 했다. 그의 책상 위에 놓인 물건이나 책, 서류 따위가 아주 멀리는 아니지만 조금씩 제자리에서 벗어난 적이 한 번 이상 있었으니 말이다. 그럴 때 그는 날 보고 자기 물건에 손을 댔느냐고 물었다.

"거짓말하는 게 아니라면 내가 착각한다는 소린데. 나는 맹세코 그 종이들을 여기 왼쪽에 놓아두었어. 그런데 지금은 여기에 없단 말이지."

한 번은, 놀랍게도, 시슬리가 다가와 그가 찾고 있는 물건을 그의 손 아래에 슬며시 밀어 넣는 광경을 내 두 눈으로 똑똑히 보았다. 그러자 그는 "어라, 나, 나는 정말 맹세한다고"

라고 얼버무렸다.

이제 그 존재는 마음의 안정을 찾았거나 그게 아니면 마침내 목표를 정한 듯 방 안을 규칙적으로 돌아다니기 시작했다. 그 존재는 확실히 이유와 목적을 가지고서 움직였다.

그 존재는 무언가를 찾고 있었다.

하루는 저녁이 되어 우리 모두 각자 자리를 차지하고 앉았다. 도널드는 말없이 자기 의자에, 나는 내 의자에, 그리고 그 존재는 무언가를 궁금해하고 기다리는 듯한 태도로 자기 의자에 앉아 있었다. 바로 그 순간 날 바라보는 도널드와 눈이 마주쳤다.

"헬렌, 뭘 그렇게 보고 있어?"

나는 화들짝 놀랐다. 언제라도 내 시선이 무심결에 그 존재로 향할 수 있음을 깜빡하고 있었던 것이다.

나는 말을 더듬었다. "내, 내가 그랬어?"

"응. 아니면 다행이고."

나는 그의 말뜻을 알아차렸다. 그는 내가 시슬리 의자를 바라보는 것이 마음에 걸렸던 것이다. 내가 그녀 생각을 하고 있음을 그는 알고 싶어 하지 않았다. 나는 눈앞의 환영이 보이지 않게 바느질감 위로 고개를 수그렸다.

바로 그때 그 존재가 일어나 벽난로 앞 양탄자를 지나쳤다. 그리고 도널드의 무릎 앞에 멈춰 서서 그를 뚫어지게 살폈다. 분명 무언가 의미심장했다. 그 존재가 손을 뻗어 그를 만졌다. 도널드는 한숨을 쉬며 자세를 고쳐 앉을 뿐이었다.

그는 아무것도 보거나 느끼지 못하고 있었다.

이윽고 그 존재가 내게로 몸을 돌렸다. 그녀가 내 존재를 알은체한 것은 이때가 처음이었다. 그 존재는 애원하는 표정으로 내게 달려들었다. 생전 그녀가 도널드 때문에 어쩔 줄 몰라 하며 내게 도움을 호소하던 때 짓던 애원의 표정과 똑같았다. 동시에 내 머릿속에서 갑작스럽고 다급한 충동이 일면서 저절로 세 글자가 나타났다. 그 글자들이 울부짖는 소리가 귓가에 들리는 듯했다.

"말해 줘, 말해 줘!"

나는 그제야 그 존재가 무엇을 원하는지 깨달았다. 그 존재는 그에게 보여지고 느껴지기를 원했다. 그리고 그럴 수 없다는 사실에 고통스러워하고 있었다.

그러다 내 눈에는 자신이 보인다는 것을 알았고 날 이용하면 그에게 가닿을 수 있겠다고 생각한 것이다.

나는 이때까지도 그 존재가 찾아온 목적을 어림짐작할 뿐이었다.

내가 입을 뗐다. "내가 뭘 보고 있느냐고 물었지. 내가 거짓말했어. 나는 시슬리의 의자를 보고 있었어."

그 이름에 도널드가 움찔했다.

나는 말을 이었다. "왜냐면, 네가 어떻게 느끼는지는 모르겠지만, 나는 올케가 항상 저기 있다고 느끼거든."

그는 말이 없었다. 그러더니 내가 불러일으킨 기억의 무게를 떨쳐내려는 듯 자리에서 일어나 벽난로 선반에 등을 대고 날 향해 섰다.

시슬리의 환영은 자기 자리로 돌아가 예전처럼 도널드에게 시선을 고정했다.

나는 그의 경계심을 허물어 그 존재가 들을 수 있게 그에게서 어떤 말을 끌어내야겠다고, 그 존재가 이해할 수 있는 신호를 줘야겠다고 마음먹었다.

"도널드, 올케에 대해 입을 다물고 있는 게 꼭 좋은 일이고 배려일까?"

"배려라고? 누구한테?"

"무엇보다 너 자신한테겠지."

"날 끌어들이지 마."

"그럼 나한테라고 하자."

"그게 도대체 무슨 상관이길래?" 그의 목소리는 매정하고 한껏 날이 서 있었다.

"상관이 있지. 잊었나 본데, 난 올케를 아꼈어."

그는 침묵했다. 적어도 그녀를 향한 나의 애정을 존중해 준 것이다.

"하지만 올케가 바란 건 그게 아니었어."

그 말이 그를 아프게 했다. 그가 속으로 긴장하는 것이 느껴졌다.

"있지, 도널드. 나는 올케에 대해 생각하는 게 좋아." 나는 계속 말했다.

잔인한 짓이었지만 어쨌든 나는 그를 반드시 무장 해제

시켜야 했다.

"실컷 생각해도 좋아. 그 얘기를 꺼내지만 않는다면."

"말하지 않는 건 우리 모두에게 안 좋을 텐데."

"나한테 안 좋더라도 상관없어. 헬렌, 나는 그녀 얘기를 할 수 없어. 그러고 싶지 않아."

"시슬리한테는 나쁘지 않을 수도 있잖아?"

"시슬리한테?"

그의 마음이 동요하는 것이 보였다.

"그래. 만약 올케가 늘 저기에 있다면 말이야."

"무슨 말이야, 저기라니?"

"여기, 이 방에 있다고. 올케가 여기 있는 것 같은 느낌을 지울 수 없다고 내가 말했었잖아."

"아, 느낌, 느낌이라. 나한테 그런 소리 말라니까!"

그가 벌컥 화를 내며 방을 나갔다. 그러자 그녀의 불꽃도 순식간에 없어졌다.

나는 속으로 생각했다. '시슬리에게 이렇게까지 상처를 주다니!' 옛날 일이 되풀이되고 있었다. 내가 그의 경계심을 깨부숴서 그의 진심을 그녀에게 보여주려 했으나, 결국에는 그가 우리 두 사람을 물리치고 벌주었다. 나는 이제야 그녀가 찾아온 이유를 깨달았다. 시슬리는 도널드가 자신을 사랑하는지 알고 싶어 돌아온 것이다. 죽음으로도 꺼지지 않는 갈망을 품고서, 확신을 얻으러 돌아온 것이다. 그리고 늘 그랬듯, 나의 어설픈 참견이 그를 더욱더 매정하고 완고하게 만들었다. 나는 속으로 생각했다. '도널드가 그녀를 볼 수만 있다면! 하지만 그녀를 계속 밀쳐내기만 하면 평생 볼 수 없을 거야.'

그래도, 그녀가 저기 있다는 것을 그가 믿게 된다면……

나는 다음번에 시슬리의 환영을 보면 그에게 말하리라 다짐했다.

다음 날 저녁, 그리고 그다음 날 저녁에도 그녀의 의자는 비어 있었다. 그녀가 저번에 들은 말 때문에 상처를 받아 오지 못하는 것이라고 나는 혼자 결론을 내렸다.

그런데 사흘째 되던 날 저녁, 자리에 앉기도 전에 나는 그 존재를 보았다.

그 존재는 신경이 곤두서서 사방을 경계하는 태도로 앉아 있었는데, 평소처럼 도널드를 보는 것이 아니라 방을 둘러보고 있었다. 잃어버린 무언가를 찾는 것처럼.

내가 말했다. "도널드, 지금 이 방에 시슬리가 있다고 하면 믿을래?"

"그게 말이 돼?"

"안 되지. 하지만 나는 지금 널 보듯이 그녀를 보고 있어."

그녀의 환영이 일어나 그의 옆으로 움직였다.

"지금 바로 네 옆에 서 있어."

환영은 다시 움직여 이번에는 책상으로 갔다. 나는 몸을 돌려 그것의 움직임을 뒤따랐다. 환영은 손바닥으로 책상 위를 쓸면서 물건 하나하나를 뒤적였다. 거기 있다고 생각하는 무언가를 찾는 것이 틀림없었다.

나는 또 말했다. "지금 네 책상 앞에 있어. 뭔가를 찾고 있네."

환영은 당황하고 괴로운 기색으로 물러섰다. 그러더니 느닷없이 책상 서랍을 소리 없이 여닫으며 한 칸씩 헤집기 시작했다.

내가 말했다. "아, 이제는 서랍을 열려고 해!"

도널드가 자리에서 일어났다. 그는 환영이 서 있는 자리를 보는 것이 아니었다. 불안과 일종의 두려움에 사로잡혀, 그는 나를 뚫어질 듯 바라보았다. 열렸다 닫히는 서랍을 미처 보지 못한 것도 그 때문인 듯했다.

환영은 필사적으로 무언가를 찾고 있었다.

서랍의 맨 아래 칸은 굳게 잠겨 있었다. 환영은 그것을 잡아당기고 흔들다가 당황하여 뒤로 물러섰다.

"잠겼네." 내가 말했다.

"뭐가?"

"맨 아래 칸이."

"헛소리 마! 말도 안 돼."

"아냐, 그렇다니까. 열쇠를 줘. 아이참, 도널드, 열쇠를 달라니까!"

그는 어깨를 으쓱했다. 하지만 자기 주머니에 든 열쇠를 의식하지 않을 수 없었고, 결국 어린애 비위를 맞추듯 조금 짓궂은 손짓으로 내게 열쇠를 건넸다.

내가 서랍 칸을 열어 끝까지 당기자, 보이지 않게 한구석에 처박힌 징표가 나왔다.

시슬리가 죽은 날 후로 본 적 없는 물건이었다.

"누가 이걸 여기 넣었어?" 내가 물었다.

"내가."

"이걸 찾고 있었나 봐." 내가 말했다.

나는 징표를 손바닥 위에 올려놓고 그에게 내밀었다. 마치 그것이 그녀를 보았다는 증거인 것처럼.

"헬렌, 상태가 많이 안 좋구나." 그가 심각한 투로 말했다.

"그렇게 생각해? 네가 이걸 왜 숨겼는지 모를 만큼 안 좋진 않아. 네가 올케보다 이 물건을 더 아낀다고 올케가 생각해서잖아."

"내 앞에서 그때 이야기를 꺼내겠다는 거야? 헬렌, 정말 어딘가 단단히 잘못된 모양이다."

"어쩌면 그럴지도 모르지. 어쩌면, 나는 그저 시슬리가 뭘 원했는지 알고 싶은 것일 수도 있고. 도널드, 올케를 사랑하기는 했어?"

이제 시슬리의 환영은 보이지 않았지만 내가 그를 유도하는 동안 그 존재가 가까이, 아주 가까이에서 떨고 있는 것이 느껴졌다.

"사랑했느냐고? 미치도록 사랑했어! 시슬리도 그걸 알았고."

"몰랐어. 알았다면 지금 여기 있지 않았을 거야."

그는 몸을 돌려 벽난로 선반 옆의 자기 자리로 돌아갔다.

나는 그를 뒤따랐다.

"이제 어떻게 할 거야?" 내가 말했다.

"뭐를?"

"이걸 어떻게 할 건데?"

내가 징표를 그에게로 내밀었다. 그는 혐오와 증오로 똘똘 뭉친 눈빛으로 그걸 노려보며 뒷걸음질 쳤다.

"어떻게 하냐니? 그 망할 물건이 내 아내를 죽였어! 그러니 이렇게 해야지."

그가 내 손에서 그 물건을 낚아채 온 힘을 다해 벽난로 석대에다 내동댕이쳤다. 석가모니가 조각조각 부서져 잿더미에 파묻혔다.

도널드는 짧게 신음 섞인 울음을 내뱉었다. 그가 양팔을 벌리며 앞으로 걸어 나왔을 때, 나는 시슬리의 환영이 그 안으로 미끄러져 안기는 것을 보았다. 환영은 잠시 그렇게 그의 품에 안겨 있다가, 갑자기, 우리가 보는 앞에서, 빛나는 덩어리, 깜박이는 불빛이 되어 그의 발치에 무너져 내렸다.

그리고 끝내 그것마저 사라졌다.

3

나는 그 존재를 다시 보지 못했다.

도널드도 마찬가지였다. 나는 얼마간의 시간이 지나도록

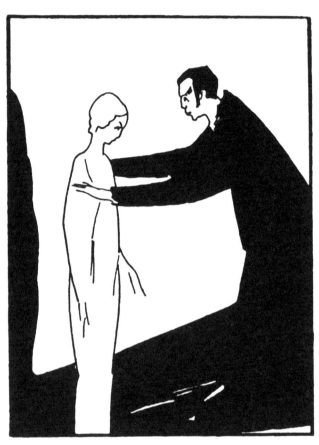

그가 양팔을 벌리며 앞으로 걸어 나왔을 때,
나는 그녀의 환영이 그 안으로 미끄러져 안기는 것을 보았다.

이 사실을 알지 못했는데, 어쩌다 보니 우리 두 사람 모두 그때 이야기를 하지 않고 지냈기 때문이다. 먼저 이야기를 꺼낸 쪽은 도널드였다.

우리는 11월의 어느 저녁 서재에 함께 앉아 있었다. 도널드가 느닷없고 생뚱맞게 말을 꺼냈다.

"헬렌, 이제는 시슬리가 아예 보이지 않아?"

"응. 전혀!"

"이제 오지 않는 걸까?"

"뭐 하러 오겠어? 여기 찾아온 목적을 이뤘는데. 알고 싶던 것을 알았잖아."

"그게, 뭐였는데?"

"뭐긴, 네가 자기를 사랑한다는 거지."

그의 눈에 묘하고 유순한 그리움의 눈빛이 스쳤다.

"그녀가 그것 때문에 왔다는 거지?" 그가 말했다.

크리스털의 결점

poco
a
poco

1

그가 오는 금요일이었다. 만약 그가 오기로 마음을 먹었다면 말이다. (애거사는 실망하기 싫어 이렇게 생각했다). 그가 올지 안 올지는 처음부터 그가 선택하도록 해두었다. 반드시 금요일이어야 하는 것은 아니었으나 그는 항상 금요일에 왔다. 도망칠 수 있는 유일한 때였기 때문이다. 그가 애거사 버럴에게 한 말에 따르면 도망치더라도 별 탈이 없는 때가 그날뿐이었다. 도망칠 수 없으면 그는 진즉에 무너지고 말았을 것이다. 애거사는 그의 행동을 '문제들'로부터의 도피라고 불렀으나 진짜 문제는 그의 아내 벨라뿐임을 알았다.

성미가 포악하고 고약한 사람(가엾은 벨라가 지금 꼭 그러했다)과 결혼해 산다는 것은 로드니 래니언 같은 남자에게는 파멸을 의미했다. 벨라와 10년을 함께 산 로드니의 신경은 예전 같지 않았다. 그가 주말을 따로 보내지 못하면 무너지고 말리란 것은 오래전부터 당연하게 여겨졌다. (벨라도 이 점은 이해해주었다). 로드니는 자기 아내가 가하는 고통과 압박을 견디지 못했을 것이다.

물론 벨라는 자기 남편이 주말 대부분을 애거사 버럴과 함께 보내는 줄은 몰랐다. 이 점은 모르는 편이 나았다. 다행히도 벨라는 둔감한 편이었다. 젊고 정신이 온전하던 시절에도 무엇이 남편의 마음을 사무치게 자극하는지 좀처럼 눈치채지 못했었다. 그리하여, 참으로 다행스럽게도, 벨라는 애거사 버럴의 정체를 깨닫지 못했다. 벨라는 애거사에게서 별다른 인상을 받지 않았노라고 말하곤 했다. 이는, 로드니의 표현에 따르면, 애거사를 아예 보지 않은 것과 같았다. 그러니 뭐라 콕 집어 말할 수 없이 특별한 로드니와 애거사의 정신적 유대 관계가 벨라의 눈에 들어올 리 없었다.

출발 직전이 되어서야 로드니가 애거사에게로 도망칠 수 없는 상황이 생기고는 했기에, 기별 없이 그가 오지 않는 때도 더러 있었다. 로드니는 올 수 있을 때 오면 되었다. 로드니는 언제나 마을 여인숙이나 인근 농장에 방을 빌렸고 애거사의 집에서는 자신을 위해 마련된 공간에 머물렀다. 그곳은 그에게 평화로운 은신처였다.

애거사는 따로 준비할 필요가 없었다. 늘 준비되어 있었기 때문이다. 마음속으로 준비만 마치면 무언가를 연습하거나 정리하거나 처리하지 않아도 어느새 로드니가 가장 내밀한 방에 들어와 있는 듯했다. 그 전에 애거사는 자신을 가다듬었다. 발가벗은 채 몸을 털어냈고 로드니를 위해 구석구석 닦아냈다. 애거사는 정결해야 했다. 로드니가 왔으면 하는 욕망으로부터 정결해야 했고, 자신이 그를 오게 만들 수 있다는 생각으로부터 정결해야 했다.

행여 그런 생각에 빠져들었다가는……

하지만 애거사는 그걸 깨우친 후로 단 한 번도 그런 생각에 빠져든 적이 없었다. 굉장한 사건 이후로 언제든 로드니 래니언을 오게 만들 수 있게 되었다는 사실, 초능력이랄지 으스스하고 불가해한 선물이랄지, 뭐가 되었던 간에 놀라운 힘이 자신에게 생겼다는 사실을 깨우친 후로 말이다.

애거사는 그 능력이 얼마나 필연적이고 어김없이 작동하는지를 점차 또렷하게 이해했다. 그것의 의미를 생각하면 조금 무섭기까지 했다. 그것의 의미란, 두 사람이 떨어져 있으며 그래야만 하는 상황에서도 애거사가 로드니 몰래 그에게 가닿을 수 있다는 뜻이었다.

그렇다면 그녀가 그의 행동까지 조종할 수 있다는 걸까? 생각만으로도 섬뜩했다.

애거사에게 이보다 섬뜩한 일은 없었다. 로드니를 조종하려 들지 않은 것은 애거사가 로드니와 특별한 관계를 맺은 비결이자 핵심이었다. 반면 벨라는 자기 안에 존재하는(존재하는 것이 틀림없는) 기이한 마력을 이용하여 참으로 비극적이게도 로드니를 조종하려 들었고, 끝내는 성공했다. 로드니를 조종하려 드는 것은 애거사가 저지를 수 있는 최후의 배반이자 부정이었으며, 로드니에게는 애거사의 매력을 망치는 원인이 되었을 것이다. 애거사는 로드니를 벨라에게서 도망치게 해주는 탈출구였다. 하지만 애거사는 언제나 가장 내밀한 곳의 문까지 활짝 열어놓아 로드니가 몸을 숨기러 와서도 언제든 자신에게서 벗어날 수 있도록 해두었다.

하지만 애거사의 생각이 그를 조종하고 그에게 달라붙어 그를 한곳에 가둘 수 있는 거라면…….

가능한 일이었지만 애거사는 그러고 싶지 않았다. 진심이었다. 자제력은 그녀가 지닌 매력과 능력의 핵심이자 비결이었다. 애거사는 자제력을 아주 정교하게 갈고닦아 무엇이든 억누를 수 있었으며, 그렇게 마음을 흐트러트리는 모든 감정과 생각을 몰아낼 수 있었다. 모든 걸 몰아내 마음의 공간을 통째로 비울 수도 있었다. 특별한 능력이 생겼다는 생각이 마음을 흐트러트릴라치면 그 생각을 틀어막기만 하면 되었다.

지금 애거사는 로드니에 관한 생각과 그가 왔으면 하는 소박하고 순수한 희망을 틀어막고 있었다. 극도의 정교함과 섬세함을 발휘하여 애거사는 로드니에게 일말의 기대도 걸지 않았다.

행동을 조종하는 식으로 능력을 '작동'시키는 것이 영 께름칙하기는 했지만 정당하고 고결하고 떳떳하게 그걸 써먹을 수도 있기는 했다. 능력은 애초에 그런 식으로 애거사에게 왔다. 앞서 그녀는 스무 번쯤 로드니가 건강해지도록 능력을 작동시켰다. (비웃음을 사기 싫어 로드니에게 말하지는 않았지만).

애거사에게 능력이 생기기 이전의 로드니는 벨라로 인한 신경증으로 인해 늘 아파하고 괴로워했다. 겁에 질린 애거사가 보기에 로드니는 언제나 벼랑 끝에 서 있는 사람 같았다. 그러나 이제 애거사는 이렇게 생각하고는 했다. '저 사람을 좀 봐!'

로드니가 돌연 놀랍게 회복한 것은 애거사의 능력이 어떻게 작동했는가를 대놓고 보여준 첫 사건이었다. 애거사가 처음부터 무작정 그에게 자신의 능력을 시험한 것은 아니었다. 그 전에 일단 자신에게 스무 번쯤 능력을 시험하여 아무 문제가 없음을 확인한 터였다.

하지만 결과가 일정하려면 과정도 한결같아야 했다. 애거사는 자신의 능력과 로드니에게(딱한 그의 사정에) 집중하기 위해, 주변 친구들의 표현대로, 얼마 전부터 '모든 관계를 단절'했다. 버킹엄셔로 내려간 애거사는 가장 가까운 역까지 3마일을 걸어야 하는 체스 골짜기 새럿 엔드에 작고 외딴집을 한 채 구했다. 그렇게 그녀는 지름이 반 마일쯤 되는 세상에 자신을 가뒀다. 언덕이 북쪽으로 하나, 남쪽으로 하나 솟아 있었고, 두 언덕 사이로 평평한 풀밭과 강물, 하얀 농로가 펼쳐졌다. 동쪽과 서쪽은 언덕 사이 골짜기로 굽이를 이루었고 농로 양 끝에 달린 문으로 막혀 있었다. 새럿 엔드는 순수한 곡선의 땅, 여린 색깔과 옅은 그늘의 땅이었다. 겨울에는 회색빛 나무들과 누런 들판, 백악*으로 뒤덮여 창백한 언덕의 땅이었다. 4월에는(지금은 4월이었다) 은빛과 초록빛으로 빛나는 땅이기도 했다. 밖으로 나가다 보면 좁은 길이 나왔는데 그 너머 대로의 흔적은 보이지도 들리지도 않았다.

반 마일쯤 되는 골짜기 마을에는 집이 두 채뿐이었다. 하나는 애거사의 집, 다른 하나는 우드먼의 농장 가옥이었다.

백악 언덕을 깎아다 놓은 것처럼 새하얀 애거사의 집은 남서쪽을 향해 있었다. 거기서 올려다보이는 골짜기 맞은편에는 앙상한 너도밤나무 한 그루가 언덕에 살짝 몸을 걸친 채 정상을 향해 일직선으로 가지를 뻗쳤다. 나무 아래에는 연한 황갈색의 쟁기질 된 땅이 헐벗은 채로 측면 비탈을 이루었다. 들판 너머 농장 가옥은 애거사의 집이 있는 동쪽을 향해 있었다. 어두침침하고 군데군데 잿빛으로 바란 붉은 벽돌의 가옥은 몸체도 창문도 납작했다. 문 양옆으로 창문이 두 개씩 있고 그 위로 다섯 개가 나란히 달려 총 아홉 개의 창문이 들판 너머 작고 하얀 집을 응시했다. 좁고 평평한 농로가 두 집을 이어주었다.

여인숙이 만실일 때 농장을 찾는 로드니를 빼면 우드먼

---

* 백악계에서 나는 백색이나 담황색의 부드러운 석회질 암석.

의 농장 가옥에는 아무도 얼씬하지 않았다. 동쪽 어귀 안쪽에 터를 잡은 애거사의 집은 농장 가옥과 함께 고립과 소외를 나누었다. 1마일도 떨어지지 않은 곳에 보이지도 들리지도 않는 이웃 마을이 두 곳 있어 애거사에게 필요한 것을 공급해주었다. 이보다 더 안전하게 은둔하고 단절되기란 불가능했다. 게다가 이 고독의 땅에서 일직선으로 15마일만 가면 런던이었기에 로드니 래니언이 찾아오기도 어렵지 않았다.

로드니가 오기로 했다면 도착해야 할 새벽 두 시가 되었다. 애거사는 정원 문의 빗장이 달깍 열리기를 기다렸다. 마지막 순간의 기대쯤은 아무 힘도 발휘하지 못했다. 어차피 지금이면 로드니가 메릴본에서 열두 시 삼십 분 기차를 탔거나 타지 않은 후였다. (애거사는 이렇게나 사리 분별을 할 줄 알았다). 따라서 애거사는 마지막 순간에 이르러서는 위험하고도 지독한 기쁨을 자신에게 허락했다.

정원 문이 달깍 열리고 발걸음 소리가 들리기 시작한 순간(기대를 품어봤자 이미 늦어버린 순간), 애거사는 자신에게 생긴 예지 능력을 더욱더 확신했다. 그녀는 처음부터 로드니가 오리란 것을 알았다. 로드니를 만날 때마다 그녀는 그가 정말 괜찮아졌는지, 아니면 이번에는 대단한 낭패를 보고 말았는지가 늘 궁금했다. 참기 힘든 기쁨은 이내 긴장감으로 변했고, 능력이 이번에도 작동했는지 로드니의 얼굴을 보고 확인하고 싶다는 강렬한 욕망으로 또다시 바뀌었다.

"좀 어때요? 잘 지내셨나요?" 하얀 집 안으로 들어오자마

로드니를 만날 때마다 그녀는 그가 정말 괜찮아졌는지,
아니면 이번에는 대단한 낭패를 보고 말았는지가 늘 궁금했다.

자 그녀의 손을 와락 붙든 로드니에게 그녀가 물었다.

"아주 잘 지냈습니다." 그가 대답했다. "지난번 당신을 만난 이후로 쭉 그랬어요."

"아, 나를 만난 후로 그러셨다고요." 애거사는 자신과의 만남이 대수롭지 않은 일임을 그가 알아주기를 바라는 투로 답했다.

애거사는 로드니를 보며 확신했다. 그는 눈에 총기가 돌았고 제 나이보다 젊어 보였다. 깔끔한 구릿빛 얼굴은 한때 고뇌로 짙어져 그녀를 속상하게 했던 주름살의 흔적을 지워 낸 후 당당했던 옛 모습을 되찾았다.

"당신을 만나면 언제나 좋아져요." 그가 말했다.

"나도 그래요. 내게도 얼마나 좋은지 아시겠지요."

숨을 고르며 애거사를 바라보던 로드니는 정말 안다고 생각했다. 뽀얗고 부드러운 그녀의 얼굴, 청순한 몸의 윤곽, 비밀을 품은 두 눈, 무슨 색깔이라고(그걸 색깔이라고 말할 수 있다면) 형용할 수 없는 눈동자를 새삼스레 감상하고, 머리부터 발끝까지 사랑스러운 그녀의 모든 것을 음미하면서, 로드니는 정말 그렇다고 생각했다. 하얀 가르마에서 뻗어 나온 새까만 머리칼은 뭐랄까, 파도 아니면 날개 같달까?

한때 애거사의 얼굴에서 로드니의 마음을 이루 말할 수 없게 자극하고 움직인 것은 애처로운 주름살에 숨겨진 공포의 표정이었다. 공포는 그가 애거사에게서 가장 두려워하는 것, 어떻게든 그녀와 멀리 떨어트려 놓고 싶은 것, 그녀의 얼굴에서 몰아내고 싶은 것이었다. 그런데 얼마 전부터 공포의 흔적을 찾아볼 수 없었다. 아직 태어나지 않은 채 도사리는 공포의 기운마저 찾아볼 수 없었다. 애거사의 얼굴에 드리운 애처로운 그늘이 사라진 것이다. 위로 올라간 눈꼬리와 아름다운 입꼬리는 날개에 의해서라고밖에는 설명할 수 없었다. 애거사의 표정에 담긴 감정은 기쁨, 그게 아니면 평화보다 생기 있고 확신에 찬 무언가였다.

로드니는 애거사가 새럿 엔드에 머물면서 자신과 편히 자주 만나게 된 덕분에 공포를 잊은 것이라 생각했다. 그런데도 그녀를 바라보는 그의 입에서는 다시 한숨이 새어 나왔다.

한숨 소리를 들은 애거사가 얼른 물었다. "벨라는 좀 어때요?"

로드니의 얼굴이 놀랍게 밝아졌다. "굉장해요. 아주 많이 나아졌어요. 나를 속이는 게 아니라면 아내는 무척 잘 지내고 있어요. 지난주 내내 어찌나 천사 같던지."

영문을 모르고 감탄하는 로드니의 표정을 보며 애거사는 무슨 일인지를 짐작했다. 자신의 능력이 놀랍고 불가사의한 방식으로 작동했음을 보여주는 사건이 또 벌어진 것이다. 애거사는 로드니에게 가닿다가 벨라와도 이어진 것이 분명했다. 이로써 애거사는 무궁무진한 능력의 가능성에 눈을 떴다. 로드니를 본래의 모습으로 되돌리는 것쯤은 그리 대단할 일이라 할 수 없었다. 하지만, 벨라가 일주일 내내 천사 같았다는 것은 본모습도 아닐뿐더러 지금껏 한 번도 그런 적 없는 모습으로 그 여자를 바꿔놓았다는 뜻이었다.

로드니가 다음에 꺼낸 말은 뜬금없었다.

"그런데 당신, 들통나고 말았더군요."

뭐가 들통났다는 것인지 애거사는 잠시 고민했다. 혹시 그녀의 비밀이? 하지만 로드니는 여태껏 아무것도 눈치채지 못했고 이제 와 그걸 알았을 가능성도 희박했다. 애거사와 만나면서 자신이 나아졌다고 믿고 있으니 그가 그녀의 비밀을 알고 있을 리 없었다.

물론, 다른 비밀도 있었다. 바로 그가 그녀를 만난다는 것. 하지만 애거사는 애초에 둘의 사이를 비밀이라 여긴 적이 없었고 비밀에 부쳐야 한다고도 생각하지 않았다. 비록 만날 때는 대단히 조심하기는 했지만 말이다. 둘의 관계를 인정하지 않을 벨라만 빼면 누구라도 로드니가 애거사를 만나러 다닌다는 사실을 알 수 있었다. 로드니가 하려는 말은 그것이었다.

"들통나다니요?" 애거사가 되물었다.

"아직 아니라면 곧 그렇게 될 겁니다."

"내가 새럿 엔드에 사는 게 들통난다는 말이에요?"

"그렇게 말할 수도 있겠군요. 실은 조금 전 기차역에서 파월 부부를 만났어요." (애거사는 안도의 한숨을 내쉬었다).

"이 근처 농장에 방을 잡았다고 하더군요."

"어느 농장이요?"

로드니는 기억하지 못했다.

"우드먼의 농장이던가요?" 애거사가 묻자 그가 대답했다.

"실은 조금 전 기차역에서 파월 부부를 만났어요."

"맞습니다. 바로 그 이름이었어요. 어디에 있는 농장입니까?"

"정말 몰라서 하는 소리예요? 당신이 묵는 농장이잖아요."

로드니는 몰랐다고 했다. 그리고 그것을 이제야 알았다는 사실에 무척 불쾌해했다. 애거사는 살짝 당황스러웠다. 이 근처에 있는 거라곤 우드먼의 농장뿐인 것을. 농장 가옥은 애거사와 로드니를 응시하고 감시했다. 두 사람이 언제 나가고 들어오는지를 지켜보았고 로드니의 존재를 알았다. 아예 중요하지 않은 것은 아니지만, 어쨌거나 파월 부부도 농장 가옥에 도착하고 나면 둘의 관계를 알게 될 터였다.

애거사는 별일 아니라는 듯한 표정을 지어 보였다. 애거사와 로드니는 묘하고 낯선 불안을 느끼며 말없이 서로를 바라보았다.

애거사가 먼저 입을 열었다. "그 사람들이 알면 좀 어때요?"

"글쎄, 나는 당신이 사람들에게 말하지 않을 줄 알았습니다."

애거사는 억울한 마음에 얼굴을 붉혔다. 안 그래도 그녀는 둘의 관계를 비밀에 부쳐야 하는 책임을 전가당하는 것이 늘 억울했었다. 그런데 지금 로드니는 그녀가 줄곧 떨쳐내려 하는 문제를 굳이 끄집어내고 있었다.

"말하다니요?" 애거사가 싸늘하게 물었다.

"새럿 엔드에 관해서 말입니다. 우리끼리만 알기로 한 줄 알았는데."

"아무한테도 말한 적 없어요. 밀리 파월에게는 말했지만."

"이런, 그리 현명한 행동은 아니군요."

"다른 사람한테는 말하지 말라고 당부했어요. 그 여자는 내가 왜 혼자 있고 싶어 하는지 이해하거든요."

"세상에!" 로드니는 애거사가 말도 안 되게 경솔한 짓을 저질렀다고 생각해 경악한 표정으로 그녀를 바라보았다. 그 순간, 그의 마음속 생각이 애거사에게로 곧장 전해졌다. 감춰야만 하고 단둘이서만 알아야 할 비밀이 두 사람 사이에 존재한다는 끔찍한 생각이 노골적으로 전해진 것이다. 로드니는 그것 앞에서 어쩔 줄 몰라 했다. 그는 그 생각을 밀어내지도 치워두지도 못했다. 그 생각은 늘 그의 주변에서 그를 노리고 있었다.

"그럼," (로드니가 애거사를 똑바로 마주했다) "우리 관계는 이제 끝이겠군요."

"아뇨, 안 돼요." 애거사가 격하게 반응했다. "어떻게 그런 생각을 할 수 있어요? 내가 말한 건 다른 문제예요. 내가 하는 다른 일을 말한 거라고요."

"그 여자에게 말하지 않았습니까. 대체 뭘 말한 겁니까?" 로드니가 다그쳤다.

"그야 내가 여기서 하는 일을 말해주었죠. 요양차 여기 있는 거라고요. 밀리는 그런 줄 알아요."

애거사를 잘 아는 로드니는 그제야 만족한 듯 미소 지었다. 하지만, 끔찍하게 노골적인 그 생각은 여전히 가시지 않고 있었다. 그것이 그의 두 눈을 통해 애거사를 보고 있었다.

"그 여자가 정말 그렇게 생각한다고요?" 로드니가 말했다.

"네. 정말이에요."

그는 멈칫하더니 표현을 달리해 다시 물었다.

"그 여자가 모르는 게 확실합니까? 정말 눈치채지 않았다고요?"

로드니는 과연 애거사가 상황의 심각성을 제대로 파악한 것인지 확신이 서지 않았다.

"당신과 나의 관계를 말입니다." 그가 덧붙였다.

"아이참, 당신 이야기는 꺼내지도 않았다니까요. 밀리는 우리 둘이 아는 사이인 줄도 몰라요. 그리고 설령 알더라도……."

말을 멈춘 애거사의 얼굴에 신기한 표정이 드리웠다. 천연덕스러우면서도 어렴풋이 처량하고 복잡미묘한 표정이었다.

애거사는 여태껏 그랬듯 앞으로도 두 사람 사이에 아무것도 없다는 생각을 유념하며 로드니와 만나야 했다. 무언가가 있음을 시인하는 순간 둘의 관계는 끝장날 것이기 때문이었다. 두 사람 모두 인지하고 있는 그 생각을 로드니가 마음속에 품은 채 찾아오는 것을 애거사는 두고 볼 수 없었다. (어찌 그럴 수 있겠는가?)

애거사가 개입하여 비밀스러운 능력을 어느 때보다 이롭게 작동시켜야 할 지점이 바로 여기였다. 애거사와 로드니를 완벽히 안전하게 해준다는 점이야말로 그 능력이 대단한 이유였다. 능력을 작동시켜 로드니의 생각을 건드리기만 하면 그 생각은 사라질 것이다. 로드니의 생각을 조종하기만 하면 가엾은 그가 혼자 못 할 일도 그녀가 대신해줄 수 있었다. 그의 내면에 있는 끔찍한 희망을 억눌러 둘의 관계를 그녀가 바라는 대로 만들 수도 있었다.

"마음에 들지 않습니다." 로드니가 침울하게 말했다. "마음에 들지 않아요."

그의 얼굴에 근심 어린 주름살이 다시 깊어지기 시작했다.

문이 열리고 하녀가 들락거리며 식사를 차리기 시작했다. 하녀가 문을 닫고 나간 것을 확인한 후에 로드니가 입을 뗐다. "내가 여기 오는 것을 저 여자가 이상하게 생각하지는 않을까요?"

"저 아이는 의심하지 않을걸요." 애거사가 웃으며 대답했다. "왜 그런 걱정을 하느라 기분을 망치는 거예요?"

"당신을 위해서입니다. 나야 상관없어요. 내게는 그다지 중요치 않은 문제니까. 다만 나는 당신이 안전했으면 좋겠습니다."

"당신도 참, 나야 안전하답니다." 애거사가 대답했다.

"지금까지는 그랬겠지요. 파월 부부가 당신을 발견하지 못한다면야 앞으로도 그러겠지만."

로드니가 생각에 잠겼다.

"그 사람들 왜 이곳에 오는 걸까요?" 그가 물었다.

"아마도 파월 씨의 건강 때문인 것 같아요."

"예? 이런 외딴곳에?"

"이곳이 내게 도움이 되었다는 걸 알았거든요. 그래서, 참 딱하기도 하지, 파월 씨한테도 도움이 될 거라고 생각하나 봐요."

"그 사람은 어디가 문제랍니까?"

"문제가 심각해요. 그들 말로는 고칠 수 없는 병이래요."

"혹시……?" 로드니가 머뭇거렸다.

"뭔지는 말할 수 없어요. 하지만 당신이 생각하는 그런 게 아녜요. 몸의 문제가 아니거든요."

"나는 전혀 몰랐는데."

"당신은 몰라야 해요. 이미 알고 있던 게 아니라면 앞으로도 계속 몰라야 하고요. 부디 당신은 아무것도 못 들은 걸로 해요."

로드니가 빙긋 미소 지었다. "그래요. 당신은 아무 말도 안 한 겁니다. 됐습니까?"

"내가 당신에게 말한 건, 당신은 입이 무거운 사람이니까 그래요. 또……."

"또?" 로드니가 웃으며 대답을 기다렸다.

"또 그 사람은 신경 쓰지 않아도 괜찮다는 걸 알려주고 싶었어요."

"알겠습니다. 그럼 그 여자는 믿어도 될까요?"

처음에 애거사는 로드니의 말뜻을 바로 이해하지 못했다. 로드니는 괴로움에 빠져 지내는 하딩 파월은 그렇다 치더라도 그의 젊은 아내 밀리를 신경 쓰지 않아도 괜찮은지 묻고 있었다. 밀리가 주변을 관찰하고 상황을 추론하는 능력은 멀쩡할 터였다.

"그 여자가 수상하게 생각하지 않을까요?" 로드니가 덧붙여 물었다.

"우리 관계에 대해서요? 아뇨. 남편을 돌보느라 주변을 살필 겨를도 없는걸요."

"그럼 하딩은?"

"아이참, 그 사람은 온통 자기 문제에 빠져 있다니까요."

그러나 로드니에게는 또다시 불안이 엄습했다.

"그럼, 위험한 사람이 아니란 말이지요?"

그의 말에 애거사가 웃음을 터트렸다.

"위험하냐고요? 세상에, 아니에요! 양처럼 순하답니다."

2

애거사는 생각하고 또 생각했다. 파월 부부가 몰라야 하는 이유가 무엇이지? 안다고 뭐가 달라지길래?

이때까지 애거사는 변수가 생길 수 있다는 생각, 뭐라 콕 집어 말할 수 없이 특별하고 안정적인 자신과 로드니의 관계를 무언가가 건드려 미세하게나마 변화시킬 수 있다는 생각을 거부해왔다. 둘의 관계는 어떠한 것에도 끄떡없었다. 게다가 파월 부부는 무언가를 의심하여 파고드는 사람들이 못 되었다. 지금껏 애거사의 마음은 맑고 진실한 무결점의 크리스털이었다.

능력이 신성하게 작동하기 위해서는 그래야만 했다. 물론 애거사의 마음이 그런 상태를 유지할 수 있는 것은 신성하게 작동하고 있는 능력 덕분이었다. 애거사는 비밀스러우며 형언할 수 없는 능력의 존재 자체가 무결점의 크리스털이자 마법의 원과 같다고, 아니, 하나의 세계와 같아서 안전하고 성스럽게 지키고 싶은 것들을 감싼 마법의 원들을 아우른다고밖에는 상상할 길이 없었다.

애거사는 로드니 래니언과 자신의 주위에다 마법의 원을 그려 넣었다. 아무도 그것을 깨트릴 수 없었다. 두 사람은 초자연적 힘에 의하여 안전했다.

그러나 파월 부부의 등장이 무언가를 바꿔놓았다. 애거사는 그 사실을 인정할 수밖에 없었다. 자신은 그대로였으나 로드니에게 변화가 생긴 것이다. 파월 부부가 일으킨 동요에 휩쓸려 로드니가 어떠한 막을 걷어냈고, 크리스털 같은 애거사의 눈이 외면해온 은근한 기대감 이상의 무언가를 그녀 눈앞에 들이밀었다. 애거사가 로드니에게서 발견한 것은 감춰진 욕망과 의지였다. 그것이 마침내 은신처에서 나와 그녀 앞에서 무시무시한 날개를 펄럭이며 그녀를 괴롭혔다. 그녀 마음속에 은근한 기대감이 없다 한들 로드니의 사정은 달랐다. 그에게 두 사람의 관계는 지금껏 애거사가 단연코 생각해본 적 없으며 생각할 수도 없는 의미를 띠게 된 것인지도 몰랐다. 애거사는 그런 관계를 보고 싶지도, 상상하고 싶지도, 준비하고 싶지도 않았다.

월요일이 돌아오고 로드니가 별말 없이 떠났을 때 애거사는 내심 안도했다. 주중에 파월 부부가 짐 마차와 함께 나타나 농장 가옥에 머무르기 시작했을 때는 반갑기까지 했다. 애거사는 그들 덕에 로드니에 대한 생각을 잠시 잊을 수 있겠다고 생각했다. 파월 부부에게는 다른 걸 잊고 그들에게만 몰두하도록 사람을 사로잡는 구석이 있었다.

애거사는 딱하고 절망적인 파월 부부의 사연에 사로잡히고 몰두하지 않을 수 없었다. 어쩌나 딱하고 절망적인지는 그녀의 벗인 파월 부인의 얼굴을 보자마자 단박에 알았다. 눈에 생기를 잃은 파월 부인은 문턱 너머에서 남편을 살피고 그에게 귀 기울이느라 가뜩이나 작고 밋밋한 꽃 같던 이목구비가 더욱 희미하고 지쳐 보였다.

그렇다. 그녀 남편의 병세는 예전보다 심각했다. 하딩 파월은 하던 일마저 관둬야 했다. (그는 점잖은 증권 중개인이었다). 이제는 문턱을 넘느냐 마느냐의 문제가 아니라고 밀리 파월은 조심스레 털어놓았다. 그런 건 진즉에 넘었다고 했다. 하딩은 보란 듯 문턱을 넘어 끔찍한 내면에 틀어박히고 말았다. 심지가 굳고 조심성 많은 파월 부인은 남편을 밖으로 끄집어낼 여력이 없었다. 이제 그녀도 한계에 다다른 상태였다.

하딩이 지난 몇 년간 어떤 상태였는지는 애거사도 알고

있지 않던가? 하지만 그의 병세는 그때보다 심각했다. 예전과는 비교할 수도 없게 망가졌다. 그래도 이따금 자신의 상황이 얼마나 심각한가를 자각하는 순간이 찾아오고 뭐든 시도하고 노력할 의지가 남았다는 점에서 최악의 지경은 아니었다. 파월 부부는 새럿 엔드에서 지내보기로 했다. 부인의 제안이었다. 부인은 새럿 엔드가 애거사에게 놀라울 만큼 도움이 되었단 걸 알고 있었다. (하지만, 애잔하게도, 애거사가 자기 남편과 같은 처지가 아니며 그렇게 될 가능성도 없음을 알지는 못했다). 게다가 애거사에게는 사람을 끌어당기는 매력이 있었다. 밀리 파월은 애거사와 가까이 지내면 하딩이 나아지리라 믿었다. 애거사에게는 무언가가 있었다. 그게 뭔지는 몰라도 밀리는 느낄 수 있었다. 하딩도 그걸 느꼈다. 애거사에게는 영향력이랄지 마음의 평화를 불러일으키는 묘한 힘이 있었다. 파월 부인은 애거사에게 특별한 비밀이 있는 것 같다고 했다.

부인은 애거사가 개의치 않기를 바랐다. 어차피 애거사가 다칠 일은 없었다. 하딩이 그녀를 해칠 리 없었다. 파리 한 마리 해치지 못하는 사람이니까. 그이가 해칠 수 있는 존재는 자기 자신뿐이었다. 혹시라도 그의 상태가 더 심각해지면 그때는 당연히 새럿 엔드를 떠날 생각이었다. 그때는 정말 어디론가 떠나야 할 것이라고 부인은 서글프게 말했다. 하지만 아직은 아니었다. 아, 정말로 그러했다. 아직 그 정도로 나빠지지는 않았으니까. 부인은 마지막 순간까지 남편 곁을 지킬 작정이었다. 힘이 닿는 마지막 순간까지. 애거사도 이 정도는 이해해주지 않을까?

애거사는 물론 이해했다.

밀리 파월은 늘 그렇듯 애거사에게 잘 보이려는 태도로 하얀 이를 드러내며 간절히 웃어 보인 뒤 말을 이었다. 이러한 이유로 애거사와 가까이 지내고 싶다고 말이다. 하딩의 사정을 헤아려주고 앞으로도 그래 줄 사람이 주변에 없다는 것은 비참했다. 애거사라면 하딩이 자포자기한 상태임을 어느 정도 이해해주지 않을까? 이 점은, 애거사의 존재와 별개로, 파월 부부가 새럿 엔드를 선택한 이유이기도 했다. 새럿 엔드는 사람들의 접근을 피하고 싶거나(이 부분을 설명하는 밀리의 목소리가 조심스러워졌다) 세상으로부터 숨고 싶을 때 찾을 법한 곳이 아니던가? 요즘 들어 하딩은 누군가가 자신에게 접근하려 한다는 생각에 사로잡혀 있었다.

아니, 그건 인간이 아니었다. 인간보다도 고약하고 소름 끼치는 존재였다. 그것이 하딩을 매 순간 뒤쫓았다. 가장 안타까우면서도 딱한 부분은, 하딩이 숨겨달라고 애원하며 자기 아내에게 도움을 청했다는 사실이었다.

그리하여 밀리는 남편을 이곳에 숨겨두었다.

애거사는 아슬아슬한 긴장감 속에서도 용케 공포를 억누르고 있는 벗의 두 눈을 들여다보며 그녀의 비상한 용기에 감탄했다. 애거사는 밀리의 계획을 받아들였다. 밀리가 세운 계획의 대담함에 마음이 움직인 것이다. 애거사는 도움이 필요한 일이 생기거든 언제든 찾아오라며 밀리에게 나직이 말했다.

아, 그리고 정말로 밀리가 찾아왔다. 밀리가 애거사에게 건넨 부탁은, 만일 하딩을 만나게 되어 그에게서 무슨 말을 듣더라도 그가 무사하리라는 믿음을 저버리지 말아 달라는 게 다였다.

애거사는 당연히 그럴 거라고 말했다. 앞으로도 의심하지 않을 생각이었다. 밀리 역시 남편이 위험에 처했다거나 두려워할 이유가 있다고 단 한 순간도 의심해서는 안 되었다.

"여기서는 뭐든 두려워해요. 그게 문제예요." 밀리가 말했다.

"내 말은 그 사람이 어디에 있건 간에 두려워할 이유가 전혀 없다는 얘기예요. 그 사람이 계속 그런 생각에 빠져 살도록 내버려 두면 우리가 어떻게 그 사람을 낫게 할 수 있겠어요? 두려워하지 말아요. 두려워 말아요."

지속적이고 집요한 확신은 애거사가 터득한 능력의 비결이었다.

(그런 비결을 알 리 없는) 밀리는 살짝 걱정스러운 투로 대답했다.

"두려워할 틈도 없는걸요. 그리고 당신이……."

"중요한 건 당신이에요." 애거사가 간곡히 말했다. "당신은 그 사람과 너무 가까워요. 그렇게 붙어 지내는 게 어떤 의미인지 몰라요?"

밀리는 슬프고 힘없이 미소 지었다. (정말로 모른다는 듯이!)

"그게 날 버티게 한답니다. 나는 남편을 보호해야 해요."

"그 사람은 충분히 보호받고 있어요." 애거사가 말했다.

애거사는 이미 그 사람 주위에 마법의 원을 그려 넣고 있었다.

"내가 버틸 때까지는 그러겠죠. 내가 포기하면 그이도 끝장이에요."

"그렇게 생각 말아요. 그런 말도 말고!"

"하지만, 사실인걸요. 아, 세상에! 그이한테는 나뿐이에요."

밀리는 당장이라도 무너져 내릴 것만 같았다. 밀리는 지독히 고독하게 단둘이 남겨진 것이 가장 힘들다고 했다. 사람들은 갈수록 하딩을 피하고 무서워했다.

"나는 무섭지 않아요. 그 사람을 데리고 오세요." 애거사가 말했다.

가냘픈 파월 부인이 "남편을 보러 가겠다"라며 자리에서 일어났다. 그러더니 제자리에서 눈에 띄게 머뭇거렸다. 그녀는 남편을 집 밖으로 데리고 나올 자신이 없었다. 하딩은 나오려 하지 않을 것이다. 그렇다면 애거사가 자신과 함께 그를 보러 가면 되지 않을까?

그렇게 애거사는 하딩을 보러 나섰다.

애거사의 눈에 들어온 농장 가옥의 광경은 놀라웠다. 문은 굳게 닫혀 있었고 건물 정면으로 보이는 아홉 개 창문에 달린 누런 황토색의 흉한 블라인드는 모조리 내려와 있었다.

아홉 개 창문은 모두 파월 부부가 쓰는 방들의 것이었다. 건물은 꼭 죽은 자의 집 같았다.

"이쪽으로 햇볕은 들어요?" 애거사가 물었다. 그러나 묻는 순간 어리석은 질문임을 깨달았다. 아홉 개 창문은 모두 동향이었는데, 두 사람이 걸어올 때 정면으로 비추던 태양은 이미 서쪽으로 저물고 있었다.

밀리가 무심히 대답했다. "아뇨. 아예 안 들어요." 그녀는 다소 뜬금없고 당연한 말을 덧붙였다. "다른 손님들이 못 오게 나머지 방 네 개를 전부 빌렸어요."

"어차피 아무도 안 올 텐데요." 애거사가 말했다.

"그렇긴 하죠. 그래도 혹시 왔다가는……."

정문은 잠겨 있었다. 열쇠는 밀리에게 있었다. 안으로 들어간 후에 밀리는 열쇠를 다시 자물쇠에 넣고 소리 없이 천천히 돌려 잠갔다.

복도에 있는 문들은 모두 굳게 닫혀 있었고 주변은 온통 어두웠다. 밀리가 가파른 계단 아래 왼쪽 문을 열었다.

"그이는 여기 있을 거예요."

정사각형 블라인드를 뚫고 나온 짙은 황토색 빛이 커다란 방을 비췄다. 방은 건물의 끝에서부터 끝까지 이어졌고 서쪽으로 나 있는 세 번째 창문에서 노란빛이 유독 강하게 쏟아졌다. 소름 끼치는 빛이었다. 그 빛이 탁한 갈색의 그림자를 벽에 드리웠다.

하딩 파월은 창문 사이 난로의 검은 화구 앞에 덩그러니

밀리가 가파른 계단 아래 왼쪽 문을 열었다.

앉아 있었다. 의자에 몸을 웅크린 그의 굽은 등은 문턱에 서 있는 두 사람을 향해 있었다.

밀리가 입을 뗐다. "여보, 애거사가 당신을 보러 왔어요."

두 사람이 방에 들어서자 하딩이 의자에서 몸을 돌려 일어났다.

하딩은 고개를 숙이고 있었다. 애거사 눈에 가장 먼저 띈 것은 앞으로 떠밀리듯 힘겹고 느리게 고개를 가누는 하딩의 모습이었다. 그의 두 눈은 깊고 깊은 심연에서 겨우 올라와 그녀를 맞이했다. 그는 독특하고 이국적인 예법을 갖춰 악수할 때 머리를 숙여 인사했다.

하딩은 방이 어두운 것을 사과했다. 그의 태도는 늘 그렇듯 흠잡을 데 없었다. 그가 앓고 있는 병이 그의 가장 빼어난 부분만큼은 건드리지 못했다는 것이 애거사에게는 이상하면서도 안쓰럽게 느껴졌다.

밀리가 창가로 다가가 블라인드를 올렸다. 실내가 환해지자 극도로 예민해 보이는 작고 연약한 하딩의 형체가 드러났다. 그는 쉰 살 언저리였는데도 소년처럼 가냘팠고, 어딘가 불안해 보였으며, 잉글랜드인답게 안색이 어두웠다. 턱은 면도를 해서 말끔했고 입가는 일자로 내려온 콧수염에 가려 보이지 않았다. 눈에서 아래로 이어지는 얼굴의 윤곽과 이목구비는 병들고 허약한 자의 신경과민으로도 파괴되지 않은 균형과 아름다움을 간직하고 있었다. 하지만 짐승의 눈처럼 짙은 두 눈만큼은 겁에 질려 있었다. 쫓기고 있어 경계를 늦출 수 없는, 사냥꾼의 숨죽인 발걸음 소리에 바짝 귀 기울이고 있는 사냥감의 눈이었다. 두 눈 위의 눈썹은 공포에 시달려 잔뜩 일그러져 있었다.

하딩이 아내를 돌아보았다.

"여보, 문은 잠갔어요?" 그가 말했다.

"네. 그렇지만 여보, 여기서는 그럴 필요 없어요."

하딩이 살짝 몸을 떨며 난롯가를 서성였다. 그가 등을 돌렸을 때 밀리는 고통스러운 눈빛으로 그를 지켜보았지만, 그가 다시 몸을 돌려 그녀와 마주했을 때는 환한 웃음으로 그를 맞아주었다.

이내 하딩이 입을 뗐다. 블라인드를 내려도 괜찮을지 두 사람의 의견이 궁금하다고 했다. 그는 아무래도 그래야 할 것 같다고 했다. 그렇지 않으면 발각될 테니까.

밀리가 창문으로 향하는 남편의 팔에 손을 얹었다.

"여보, 잊으셨나요. 여기서는 발각되지 않아요. 그렇죠, 애거사? 여기는 그런 곳이잖아요." 밀리는 애거사에게 도와달라는 눈빛을 보냈다. (밀리는 자신감을 잃고 있었다).

맞아요, 하고 애거사가 맞장구쳤다. "애거사도 그렇대요." 밀리가 말했다.

하딩은 다시 몸을 떨었다. 그러더니 애거사를 바라보았다.

"미안하지만 당신은 모를 겁니다. 당신은 결코 알 수 없어요."

자신의 '계획'에 몰입한 밀리가 끼어들었다.

"하지만 여보, 당신이 그랬잖아요. 여기는 안전할 거라고요."

"내가? 언제 그런 말을?"

"어제요."

"어제? 그랬던가. 하지만 어젯밤에는 한숨도 못 잤는데. 그것에 쫓기느라."

"낯선 곳에 처음 왔을 때는 다들 잠을 설치죠." 애거사가 거들었다.

"여기는 낯설지가 않습니다. 그게 이상해요. 바로 그 점 때문에 잠을 이룰 수가 없습니다. 그것이 있는 곳은 낯설 수가 없어요. 그것이 바로 어젯밤 여기 있었단 얘기지요."

"여보……." 밀리가 말끝을 흐렸다.

"무슨 말인지 당신도 알지 않습니까. 그것이 날 잠 못 들게 합니다. 어젯밤 눈을 붙였더라면 그것이 여기 없다고 안심할 텐데 한숨도 못 잤으니……."

하딩은 가능한 단 하나의 결론에 두 여인이 직접 도달하도록 말을 아꼈다.

애거사와 밀리는 대화 주제를 바꿨다. 블라인드가 쳐진 하딩의 방에서, 그들은 하딩 옆에 앉아 다른 주제에 관해 잠시 이야기를 나눴다. 이따금 그에게 말을 걸면 그는 점잖게 맞장구치거나 중얼거렸고 우아한 손짓을 곁들여 대답했다. 방 안이 완전히 어두워진 후에야 그들은 등불을 켰다. 애거사는 계속 머무르며 파월 부부와 함께 식사했다. 그것이 그녀가

"그것이 있는 곳은 낯설 수가 없어요."

할 수 있는 최선이었다.

아홉 시가 되었을 때 애거사는 자리에서 일어나 하딩 파월에게 작별을 고했다. 하딩은 파리하게 미소 지었다.

"아, 잠을 잘 수만 있다면⋯⋯." 그가 말했다.

"저게 가장 심각한 문제랍니다. 통 잠을 못 자요." 정원문 앞에서 밀리가 말했다.

"자게 될 거예요. 자게 될 거예요." 애거사가 말했다.

밀리는 한숨을 쉬었다. 그러지 않으리라는 것을 잘 알았기 때문이다.

밀리는 자신의 계획이 모두 허사로 돌아갔다고 푸념했다. 계획은 통할 리 없었다.

3

어찌 통할 수 있겠는가? 밀리의 계획은 시답잖았다. 늘 그랬다. 번번이 한낱 먼지로 돌아갔다. 계획 자체가 한낱 먼지였다. 밀리는 공포를 가려보려 안쓰럽고 절박하게 먼지바람을 일으켰고 가엾은 제 남편의 눈에다 그걸 끼얹어도 보았다. 마치 하딩이 자신의 속셈을 꿰뚫어 볼 수 없다는 듯이. 비정상적으로 명료하게 깨어 있는 정신과 집요한 광기로 인하여 하딩이 아무것도 볼 수 없고 대비할 수 없다는 듯이. 하지만 하딩은 망가진 후에도 온전한 기품에 기대어 밀리와 그녀의 계획을 묵묵히 견뎌내는 중이었다. 그게 없었다면 하딩은 버티지 못했을 것이다. 반대로 밀리는 남편이 기품을 잃지 않았기에 제멋대로 계획을 세워도 무사했다.

하지만 하딩이 언제까지 버틸지는 장담할 수 없었다. 하딩이 자기 아내가 올린 블라인드를 다시 내리던 순간에 애거사는 이 사실을 깨달았다. 이제껏 하딩이 그렇게까지 정신 나간 행동을 한 적은 없었다. 애거사는 폭력을 목격한 사람처럼 몸서리쳤다. 하딩이 보인 행동은 그의 빼어난 품위를 무참히 짓밟는 짓이었다. 전혀 그 사람답지 않았다.

밀리가 직전에 꾸민 계획, 그러니까 새럿 엔드로의 도피가 상황을 악화시킨 것은 아닌지 의심이 들었다. 밀리의 계획은 두 사람이 도망쳐다니고 있으며 그래야만 하는 상황임을 더욱 도드라져 보이게 했다. 밀리는 사방이 막힌 골짜기에 제 발로 들어와 블라인드가 쳐진 집안 구석으로, 세상의 끝으로, 한계의 끄트머리로 자신을 내몬 격이었다. 밀리 스스로 그것을 깨닫게 된다면 모든 것이 끝이었다. 그리고 하딩이 그걸 깨닫는 순간에는……

애거사는 하딩을 내버려 둘 수 없었다. (비밀스러운 능력이 생긴) 애거사는 가엾은 밀리의 손에만 하딩을 맡겨둘 수가 없었다. 하딩이 곧 잠을 이룰 것이라고 밀리에게 장담하던 바로 그 순간에 애거사는 그렇게 마음을 먹었다.

밀리의 한숨과 눈빛에 담긴 의미를 애거사는 이해했다. 만일 밀리가 무례한 사람이었다면, 말이야 고맙지만 그래서 그이가 어떻게 잠들 수 있는 거냐고 따져 물었을 것이다. 애거사 또한 괜히 믿음만 심어줄 게 아니라 무언가를 보여주어야겠다 생각했다. 애거사는 반드시 하딩을 잠재워야 했다. 불쌍한 하딩이 그녀의 능력이 베푸는 손길을 간절히 바라고 있었다.

능력이 어떻게 작동하는지에 관하여 애거사는 한 치의 의심도 없었다. 아직 파악하지 못한 부분이 있기는 해도 확신할 수 있었다. 능력을 잠시 멈추고 억제하다 되살리는 실험을 백 번쯤 반복해 얻은 믿음이었다. 확실히 해두기 위해서는 능력이 멎었을 때 어떻게 되는지를 보기만 하면 되었다. 애거사는 그렇게 회의적이고 조심스러운 태도로 자기 자신에게 능력을 시험했다.

하지만 처음부터 그랬던 것은 아니다. 처음에는 자기 자신에게는커녕 능력을 시험한다는 생각 자체를 하지 못했다. 말하자면 그 능력은 굉장한 사건을 통해 불쑥 애거사에게로 왔다. 그녀에게 특별한 힘이 필요하다는 것을 하늘이 알아준 것이다. 그때 그녀는 로드니 래니언을 따라 벼랑 끝까지 내몰려 있었고, 로드니가 벨라로 인해 겪는 고통을 목격하고 예감하게 되어 견딜 수 없는 지경이었다. 결국에 애거사를 망가뜨린 것은 그녀 자신의 직감과 연민이었다. 벼랑 끝에서 애거사는, 로드니의 곁에 있으면서도 그와 단절된 채로, 벨라가 그를 쥐어뜯는 모습을 무기력하게 바라만 보았다. 그들이 서 있던 벼랑으로 말할 것 같으면, 두 사람 모두 뛰어내리지 않은

게 용할 따름이었다.

애거사는 자신을 돕는 손길이 어느 놀라운 미지의 세계에서 왔는지 알지 못했다. 그 힘은 그녀가 맨 밑바닥까지 떨어진 어느 날 밤에 찾아왔다. 애거사는 절대적 항복의 충동에 이끌려 방바닥에 주저앉아 완벽한 애원의 몸짓으로 두 팔을 있는 힘껏 침대 위로 뻗었고, 그대로 눈을 감고서 생각과 감각을 모두 정지시킨 채 암흑으로 빠져들었다. 그리고 마치 기다리고 있었단 듯이, 그 힘이 암흑 속에서 그녀를 발견했다.

그것이 그녀를 발견했다. 애거사는 이 점을 의심치 않았다. 그녀가 먼저 발견한 것이 아니었다. 암흑 속에서 어쩌다 우연히 맞닥뜨린 것도 아니었다. 그 힘이 저절로 작동하여 그녀에게 즉각적으로 경이로운 행복을 가져다주었다는 것. 능력은 그렇게 자신의 존재를 그녀에게 처음 드러냈다.

처음 느꼈을 때의 원초적이고 생경한 감각은 이후로 되살아나지 않았으나 애거사는 갈수록 능력을 장악해갔다. 능력이 작동하는 비결을 알아내어 그것을 통제하고 이지적인 질서에 가깝게 다듬었다. 그것은 여태껏 불가사의하게 억눌려 있던 신비한 힘의 기류와도 같았다. 방해 기류를 전부 차단한 후 접속할 지점을 만들어 작동시키기만 하면 되었다. 말로 표현하기는 어렵지만, 눈과 귀를 닫고 촉각도 닫은 채로 사방을 어둡게 만든 후 내면의 가장 내밀한 곳으로 물러나면 되었다. 그리고 초월에 이를 때까지 어둠 속으로 깊이 파고들어야 했다. 그러고 나면 어디서든 땅속에 묻힌 힘의 근원에 접근하여 아무 방향으로나 기류를 돌릴 수 있었다.

애거사는 로드니 래니언에게 아무런 영향을 주지 않으면서 힘의 기류를 하딩 파월에게로 돌릴 수도 있었다. 그 힘은 측량할 수 없고 소진되지도 않았다.

그녀는 농장 가옥의 가려진 창문을 돌아보았다. 형체 없이 거대한 하딩 파월의 그림자가 노란 블라인드 뒤에서 초조하게 서성였다. 들판 너머 그녀의 집이 어둑한 언덕을 배경으로 말갛고 어슴푸레하게 드러났다. 집은 맑고 선명한 황혼을 받아 물에 씻긴 듯 희맑았다. 그녀의 집은 언제나 사방으로 열려 있었다. 여닫이창은 밤에도 낮에도 양쪽 날개를 활짝 펼치고 있었다. 그리고 지금은 불빛이 모두 켜져 출입구 전체가 황금빛 통로로, 모든 창문이 황금빛 사각 틀로 변해 있었다. 하얀 벽이 가볍게 떨렸고 희미한 모서리들이 정원의 어둠 속으로 삼켜졌다. 그녀의 집은 성스럽게 불타는 빛을 위태로이 담은 껍데기였다.

애거사는 돌연 방향을 틀어 강을 건넌 다음 너도밤나무가 심긴 언덕을 올랐다. 그녀는 생각을 잠재우기 위해 저녁마다 어둠 속에서 언덕을 거닐었다. 너도밤나무들이 우거지면서 생긴 길고 뾰족한 모양의 아치 아래에서 봄의 첫 보름달이 하얀 금빛의 거룩한 자태로 그녀를 내려다보았다. 애거사는 최고로 거룩한 존재를 모신 어둑한 성소를 향해 계속 위로 올라가는 것만 같았다. 정화의 감각이 그녀를 휘감았다. 그 감각은 애정과 연민이 뒤섞인 마음속에서부터 엄숙하고 순수하고 고요하게 생겨났다. 애정과 연민만으로 감당하기에는 실로 엄청났기에 이내 불꽃처럼 솟아올라 반짝하고 사라졌다. 그리고는 파도처럼 불어나 이 세상 어떠한 애정과 연민보다도 거대해졌다. 마치 그녀의 마음이 파도 너울에 올라탔다가 강력한 물살 속으로 휩쓸려 들어간 듯, 연민의 맥박이 숨죽인 파도의 떨림 정도로 희미해졌다. 애거사는 자신이 어떤 상태에 도달했는가를 깨달았다. 능력이 작동하기에 더할 나위 없이 좋은 신성한 경지에 이른 것이다.

너도밤나무 아치가 끝나 언덕 꼭대기에 하늘이 펼쳐지고, 달이 그녀를 붙든 성소를 떠나 하늘에 휘영청 걸린 것을 보았을 때, 그녀는 발걸음을 돌렸다. 그리고 자신의 연약한 존재 자체가 거룩함을 담은 크리스털 그릇인 것처럼, 그래서 땅에 닿기만 해도 부서질까 봐 조심스러워하며, 찬찬히 언덕을 걸어 내려갔다.

4

애거사는 더욱더 조심스럽게, 눈을 반쯤 감고서, 빛이 새어 나오는 자신의 집으로 들어갔다. 방 안의 불을 끈 뒤 어둠 속에서 옷을 벗었다. 그리고 침대에 누워 다리를 뻗고 양팔을 몸에서 약간 떨어뜨려 놓은 채로 살며시 눈을 감았다. 육체에 와 닿는 감촉이 모두 잦아들었다.

숨구멍 하나하나가 넘실대는 어둠을 들이켜는 듯했고 심장 박동과 숨결은 더 큰 진동 속에 묻혀버린 듯했다. 애거사는 그 안으로 가라앉아 계속 밀려드는 어둠의 파도에 뒤덮였다. 가라앉았다가 들어 올려지고 흩어졌다가 다시 단단해지면서, 애거사는 무결점의 크리스털이 되어갔다. 이제 그녀는 마법의 원 한가운데 형언할 수 없는 궁극의 고요함 속에서 균형을 잡고 서 있었고, 죽음과 탄생을, 이 세상 모든 약동과 열정 그리고 소란을 초월했다. 그녀는 하딩 파월을 데리고 와 그 안에 두었다.

목적이 무엇이건 하딩을 데리고 오려면 소환하는 순간에 어둠 속 한 폭의 그림처럼 걸린 하딩의 육체적이고 불길한 형상을 흐트러뜨려 없애야 했다. 그의 육체적 형상이 순식간에 희미해지더니 어둠 속으로 가라앉았다. 이제 남은 그의 육체적 흔적은 하딩 파월이라는 이름뿐이었다. 세 번째 시도 만에 드디어 그의 이름이 지워졌다. 그제야 애거사는 손에 잡히지 않고 감각되지도 않는 끈으로 그를 끌어당겼다. 그녀는 하딩의 가장 내밀한 본질에 무사히 가닿았다. 둘 사이를 가로막고 있던 육체의 벽이 허물어졌다. 마침내 그녀가 그와 이어진 것이다.

애거사는 무혈의 영혼이자 무형의 본질이 된 하딩을 치유의 샘 안에 두었다. 그리고 혼잣말했다. "이제 자게 될 거야. 잠잘 수 있을 거야. 그럴 거야." 그녀는 스르르 잠에 빠져드는 순간에도 그를 놓지 않았다.

하딩은 잠들 것이다. 그녀가 잠을 자는 동안만큼은 그도 무사할 것이다. 잠자는 동안에 벌어지는 일은 놀라운 교감과 구원 이상의 것이었다. 잠은 둘의 관계를 완성하고 봉인했다.

다음 날 애거사는 아침 일찍 농장 가옥으로 건너갔다. 블라인드가 올라가 있었고 문과 창문이 모두 활짝 열려 있었다. 정원 문에서 밀리가 애거사를 맞이했다. 밀리는 애거사를 들판 쪽으로 데리고 나갔다. "드디어 통했어요. 정말 효과가 있더라고요. 꼭 마법처럼 말이에요." 순간 애거사는 혹시 밀리가 무언가를 알고 있었던 것인지, 자신의 비밀을 눈치채고서 남편을 이리로 데리고 온 것인지, 그래 놓고 확실히 알게 되기 전까지 모른 척했던 것인지 의심이 들었다.

"뭐가요?" 애거사가 물었다.

"계획이요. 이 장소가 정말 효과가 있었어요. 남편이 어젯밤 드디어 잠을 잤거든요. 열 시간 내리 잤답니다. 내가 옆에서 쭉 지켜보았으니 확실해요. 그리고 오늘 아침에는, 아, 정말 당신이 직접 봐야 하는데! 멀쩡해졌어요. 그이가 아주 좋아졌다니까요."

"그게 이곳 덕분이라는 거죠?" 애거사가 말했다.

밀리는 아무것도 몰랐다. 아무것도 눈치채지 못한 것이다.

"그럼 뭐겠어요?"

"파월 씨는 어떻게 생각한대요?"

"모르겠대요. 그이도 뭐라고 설명하지를 못해요. 기적이 일어난 것 같대요."

"어쩌면, 그럴지도 모르죠." 애거사가 말했다.

두 사람은 놀라움에 한동안 말을 잃었다.

"그런데 참 이상하죠." 다시 밀리가 말했다. "이렇게나 달라지다니. 처음부터 이랬으면 이해하겠어요. 하지만 처음엔 효과가 없었거든요. 어제 당신도 그 사람을 봤잖아요. 하지만, 장소 때문이 아니라면, 뭘까요? 도대체 뭘까요?"

애거사는 대답하지 않았다. 그녀는 밀리에게 사실대로 털어놓을 생각이 없었다. 말해봤자 믿지 않을 테고 밀리의 의심이 안 좋은 영향을 미칠 수도 있었다. 그렇게 되면 그 힘이 사악하고 파괴적인 면모를 드러낼지도 몰랐다.

"같이 가서 직접 확인해보세요." 밀리는 마치 애거사가 의심을 품기라도 했다는 듯이 말했다.

두 사람은 함께 농장 가옥으로 갔다. 하딩 파월이 정원

문에 기댄 채 서 있었다. 그가 환한 볕을 쬐고 있다는 사실만으로 상태가 얼마나 호전되었는지 알 수 있었다.

하딩은 두 사람이 들어오도록 문을 열어주었고 그들을 향해 웃으며 모자를 살짝 들어 올렸다. 그의 얼굴이 기적의 증거였다. 맑은 혈색이 도는 얼굴에서 병색은 흔적도 찾아볼 수 없었다. 두 눈은 숙면으로 부드러워진 눈썹 아래서 자연스럽고 순수하게 빛났다.

애거사와 밀리가 정원으로 들어오는 동안 하딩은 문가에 서서 강가와 푸른 골짜기, 숲 아래 헐벗은 들판을 감탄하듯 바라보았다. 본디 그에게는 감탄할 줄 아는 대단한 능력이 있었다. (그것은 그가 지닌 진귀한 성격의 일부였다).

"세상에, 이렇게 아름다울 수가!"

그가 밀리를 바라보았다. "물론 내 아내에 비하면 아무것도 아니지만."

그는 애정과 감탄이 섞인 눈빛으로 아내를 보았다. 그 눈빛은 그의 정신이 완벽하게 돌아왔다는 결정적 증거였다.

밀리가 숨을 삼키더니 작게 흐느꼈다. 그녀는 참기 힘든 기쁨을 느꼈다.

하딩이 이번에는 애거사를 보며 그녀가 입은 녹색 원피스에 감탄했다. "정말 좋아 보이십니다."

애거사는 빙그레 미소 지었다. 하딩 또한 정말로 좋아 보였다.

하딩 파월이 정원 문에 기댄 채 서 있었다.

5

애거사는 밤마다 어렵지 않게 능력을 작동시켰다. 그 일은 숨 쉬는 것만큼이나 쉬웠고 정확히는 숨 쉬는 행위 자체였다. 이제 애거사는 로드니에게 그러하듯 하딩에게도 오래 시간을 쏟지 않았다. 감지할 수 없을 만큼 짧은 시간만 들여도 충분했기 때문이다. 밤만 되면 모든 시간이 한꺼번에 움직여 무한히 지속되는 하나의 시간 덩어리로 변하는 듯했다. 그 능력은 시간을 초월한 영역에서 작동했다.

애거사는 능력을 작동시키는 데 긴 시간을 쓰지 않아도 두렵지 않았다. 정말 두려운 것은 그 행위를 깜빡하고 마는 상황이었다. 능력을 멈추었다가는 상황이 예전으로 되돌아가리라는 것을 그녀는 잘 알았다. 하딩은 재발을 견딜 수 있는 상태가 아니었다.

만일 시간의 흐름을 잴 수 있고 힘의 크기를 측정할 수 있다면, 애거사는 로드니 래니언을 놓칠까 봐 두려워했을 것이다. 이제 그녀는 가는 끈 하나로만 로드니를 붙들고 있었다. 그 끈은 다름 아닌 벨라였다. 애거사는 벨라를 통해 능력을 주기적으로 '작동'시켰다. 벨라가 무사하기만 하면 로드니는 걱정할 게 없었다. 그가 고통에 빠질 가능성이 원천적으로 차단된 것이니 말이다. 벨라를 통해 로드니를 조종하는 것은, 애거사가 순수한 목적을 지켜 무결점의 크리스털을 보전할 단 하나의 방법이기도 했다.

이런 점에서 하딩 파월을 향한 애거사의 태도는 숭고했다. 애거사는 초연하고 사사롭지 않게 그를 대했다. 그녀는 하딩 파월을, 그리고 가엾은 밀리를 돕고 싶을 뿐이었다. 누군가를 돕는다는 감각을 이토록 온전하고 압도적으로 느낀 적은 이제껏 없었다. 파월 부부가 애거사의 수고를 알지 못한 채 밀리의 계획이 통했다고만 생각하는 것은, 자만심을 예방해준다는 점에서 의미 있을지 몰라도, 애거사에게는 전혀 중요하지 않았다. 그러나 하딩 파월은 밀리의 계획 덕분이라는 설명만으로는 이 상황을 받아들일 수 없었다. 그는 애거사에게 이런 속내를 털어놓았다.

두 사람은 긴 산책을 마치고 숲 가장자리를 따라 비탈을 내려가는 중이었다. 앞서 그는 숲길을 잘 알고 있을 그녀에게 발이 작은 밀리가 가지 못하는 곳까지 멀리 다녀오자고 청했다. 두 사람은 잠시 멈춰 주변을 둘러보았다. 4월이 지나가고 있었으나, 쟁기질 된 땅은 여전히 헐벗은 채로 때를 기다리고 있었다. 그들이 서 있는 골짜기의 땅은 숲의 섬세하고 연약한 아름다움을 틔워내느라 진이 빠져 우아한 불모의 상태였다. 하지만 아래로 내려가면 골짜기를 뒤덮은 어린잎들이 물결을 이루며 강가까지 흘러넘쳤고, 물과 뭍의 둥그런 경계에서 마지막으로 힘차게 솟아올랐다. 밤새 비가 내려 불어난 강물이 아슬아슬하게 차 있었다. 그토록 충만하게 반짝이고 살아 있는 무언가가 그렇게나 고요할 수 있다는 것이 놀라웠다. 강물은 늪에 고인 물처럼 고요하고 평지처럼 평평했다.

그 순간, 눈속임처럼 순식간에 눈앞의 세상이 달라졌다.

그러나 달라진 것이 아니었다. 모든 사물의 외양과 색깔, 움직임과 고요함은 본래의 리듬과 비율 그대로였으나 한층 부풀려지고 거세졌다. 그것들은 맹렬히 역동하는 정점에 다다랐지만 움직임 못지않게 고요함 또한 강력해졌다. 애거사는 놀라지도 당황하지도 않았다. 그녀의 감각 또한 그에 맞춰 고양되었기 때문이다.

발아래 땅의 실체가 사라진 것이었으나 애거사는 그 찰나의 순간에 자신이 가시적 세계의 진정한 실체에 눈을 뜬 것이라고 이해했다. 눈앞의 세상은 불꽃처럼 생생하고 그윽했으며 크리스털처럼 단단하고 깨끗했다. 평지는 평지로 언덕은 언덕으로 변함없으나 한없이 빛나고 역동하는, 말하자면 무한히 투명한 세상이었다.

애거사는 온 세상이 충만하게 반짝이는 모습을, 홍수처럼 세차면서도 고요한 기쁨에 젖어 살아나는 모습을 목격했다. 반쯤 투명한 생기가 나뭇잎과 풀잎 하나하나에 낯설고도 신성하게 어렸다. 애거사는 곁에 있는 사내에게 이 사실을 말하려다 문득 그가 세상의 아름다움은 볼 줄 알아도 이면의 비밀과 초자연적 빛을 감지할 줄 모른다는 사실을 떠올렸다. 하딩 파월은 초자연적 힘을 믿지 않았다. 그녀가 그에게로 몸을 돌리자 눈앞의 환영은 사라졌다.

하딩은 나중에 또 함께 걸으러 나오자고 했다. 아름다운 풍경을 더 보고 싶다며 말이다. 뒤이어 그는 자신이 건강을 되찾은 일에 관하여 말을 꺼냈다.

"아주 좋아졌습니다. 하지만 도무지 이해가 안 가요. 아내 말로는 이 장소 때문이라는데."

"여기 참 대단한 곳이죠." 애거사가 말했다.

"생각했던 것만큼은 아닙니다. 저희 부부가 이곳에 도착한 이튿날에 저를 보지 않으셨습니까. 이 장소가 이유일 리 없어요."

"저도 그렇게 생각해요." 애거사가 말했다.

"그래요? 그럼 무엇 때문이라고 생각합니까?"

"제 생각에는 당신 안에 무언가가 있는 것 같아요."

"그야 그렇겠지요. 하지만 그게 어쩌다 생겼을까요? 그게 의문입니다. 분명 무언가가 일어났어요. 이상하고 설명할 수 없는 일이 저절로 말이지요. 뭐랄까, 좀 으스스해요. 그런데 실은 제가 이런 기분을 느껴도 되는지 모르겠습니다. 아침에 안 좋은 소식을 들었거든요."

"안 좋은 소식이요?"

"예. 조카딸이 아주 아프답니다. 뇌막염이라는 것 같아요. 누이 가족이 많이 힘들어하더군요. 그런데 나는, 나는 이런 기분이라니."

"너무 괴로워 마요."

"괴롭지 않습니다. 의아할 따름이에요. 참 이상하지요. 물론 안쓰럽고 걱정되기도 하지만, 기분이 이렇게 멀쩡하다니."

"그야 당신이 다 나았으니 그렇죠. 너무 자책하지 말아요."

"아내에게는 아직 말하지 않았어요. 조카딸에 대해서요. 엄두가 안 나더군요. 아내는 겁에 질릴 거예요. 내가 이런 줄은 예상도 못 하고 다시 병이 도질까 봐 걱정할 테지요."

하딩이 말을 멈추더니 애거사를 돌아보았다.

"제가 이 소식을 어떻게 받아들이고 있는지 아내가 알게 된다면 몹시 이상하게 여기겠지요?" 그가 또 말을 멈췄다.

"가장 걱정스러운 부분은 어쨌거나 아내에게 이 소식을 전해야 한다는 겁니다."

"저한테 맡기실래요? 제가 해결할 수 있을 것 같아요." 애거사가 말했다.

"무슨 수로 말입니까?" 그가 물었다.

"그건 신경 쓰지 말아요. 어쨌든 제가 할 수 있어요."

"그래요. 당신이 할 수 없는 일은 없으니까요." 그가 수긍했다.

그렇게 애거사는 밀리에게 자초지종을 전하게 되었다.

애거사는 그날 저녁 자신의 집에서 밀리와 단둘이 있게 되었을 때 말을 꺼내기로 마음먹었다.

"하딩은 책에 빠져 있어요. 예전처럼, 아니 예전보다 더 행복해 보이네요." 밀리가 말했다.

하딩의 그 행복해하는 모습이 밀리를 조금 불안하게 했다. 지금 상태가 오래가지 못할까 봐 그녀는 두려웠다. 그러면서 다시 한번 이곳이 참으로 대단한 장소라고 말했다.

"지금 이 상태가 오래가기를 바란다면 장소 때문이라고

만 생각 말아요." 애거사가 말했다.

"어째서요? 남편은 이곳을 안전하다고 느끼는 것 같아요. 드디어 벗어났거든요. 위험한 것들이 더는 그이에게 들이닥치지 않으니까요."

"오늘 안 좋은 소식을 들었대요."

"애거사, 그게 무슨 말이에요?" 밀리가 겁에 질려 목소리를 낮췄다.

"그 사람 누이가 딸 때문에 걱정이 이만저만이 아닌가 봐요."

"무슨 문제가 생겼는데요?"

애거사는 하딩 파월에게서 들은 바를 빠짐없이 전했다.

"아……." 밀리는 시누이를 생각하며 잠시 말을 잇지 못했다. 그러더니 대뜸 목소리가 커졌다.

"그 애가 죽으면 우리 남편이 다시 병에 걸리겠죠?"

"아뇨, 밀리. 그럴 일은 없어요."

"그럴 거예요. 늘 이런 일이 발단이었어요."

"재발을 막아주는 무언가가 있다면요?"

"그게 뭔데요? 그런 게 어디 있다는 거예요?"

"나는 그런 게 있다고 믿어요. 이 장소 말고 다른 이유가 있다면 어떨 것 같아요?"

"애거사, 도대체 무슨 소리예요?" (고통스러워하는 밀리의 목소리에 약간의 원망이 깔렸다).

애거사는 밀리에게 비밀을 털어놓았다. 정중한 태도에

걸맞은 약간의 수줍음을 곁들여 자신이 아는 것을 전부 다 이야기했다.

밀리는 반신반의했으나 애거사가 구체적인 날짜를 증거로 내밀자 경외심에 사로잡혔다.

"밀리, 당신 남편이 잠든 날 기억하죠?"

"그럼요. 그이도 기적 같다고 했어요."

밀리는 기억을 곰곰이 더듬었다.

그러다 이내 입을 뗐다. "그럼 그게 그것 때문이라고요?"

"나는 그렇다고 생각해요. 만약 내가 손을 떼면(감히 그러지는 않겠지만) 당신도 알게 될 거예요."

"그 힘의 정체가 뭔 것 같아요?"

"아직은 몰라요."

길고 깊던 침묵이 밀리에 의해 깨어졌다.

"그럼 당신은 뭘 하는데요?"

"난 하는 게 없어요. 그 힘은 내 것이 아니랍니다."

"무슨 말인지 알겠네요. 기도는 나도 하는걸요. 나라고 안 했을까 봐서요?" 밀리가 말했다.

"그런 게 아니에요. 당신은 상상도 못 해요. 그 힘은 훨씬, 훨씬 더 대단해요. 말로는 설명할 수 없어요. 내가 하는 게 아니란 것만 알 뿐이에요."

애거사는 밀리에게 비밀을 털어놓은 것이 살짝 후회되기 시작했다.

"밀리, 파월 씨에게는 말하지 말아요. 절대 말하지 않는다고 약속해요."

"알았어요. 그럴게요."

"왜냐면, 알고 있겠지만, 그분은 이런 걸 헛소리라고 생각할 거예요."

"맞아요. 그이가 헛소리라고 생각할 만해요." 밀리가 맞장구쳤다.

"그렇게 되면 그 힘이 제대로 작동하지 않을지도 몰라요."

밀리가 엷게 미소 지었다. "당신이 말하는 '힘'이 뭔지 도무지 모르겠네요. 어쨌거나 그게 뭐든 간에, 당신이 계속 작동시킬 수 있다는 거죠?"

"네, 그런 것 같아요. 물론 내게 달렸다기보다는⋯⋯."

"뭐에 달렸는데요?"

"아주 많은 것들에 달렸지요. 이를테면 진심이라거나 순결 같은 것. 그런 게 아주 중요해서 행여 내가 그렇게까지 순결하지 않으면 어떡하나 겁을 주죠."

이 말에 밀리는 조금 묘한 표정으로 또 한 번 미소 지었다. "어머나, 그런 거라면 겁나지 않아요. 나는 그저, 혹시나 당신이 포기해버리면 어쩌나 싶은? 뭐, 그렇게 될지도 모르잖아요."

"나야 그럴지도 모르죠. 하지만 그 힘을 막을 순 없어요. 밀리, 그 힘을 내 것이라고 생각하면 안 돼요. 만약 내게 무슨 일이 생겨서 내가 포기하게 된다면 당신 남편이 얼마나 상심하겠어요? 그런 생각은 이 장소를 이유로 여기는 것만큼이나 어리석어요."

"그게 뭔지 누구인지 상관없어요." 밀리의 감정이 격해졌다. "그저……." 그녀는 울컥하여 말을 더 잇지 못했다.

애거사는 밀리의 격정이 어디서 비롯되는지 알 수 있었다.

"밀리, 그럼 괜찮다는 거죠? 내가 계속해도 된다는 거죠?"

밀리가 자리에서 일어났다. 그리고 황급히 몸을 돌려 눈물이 흐르지 않게 고개를 쳐들었다.

애거사는 밀리와 함께 회색빛 들판을 지나 농장 쪽으로 갔다. 두 사람은 문 앞에서 걸음을 멈췄다. 밀리가 물었다.

"확실한 거죠?"

"물론이에요."

"그리고 그만두지 않을 거고요?" 벗을 바라보는 밀리의 두 눈이 황혼에 반짝였다. "앞으로도 계속한다는 거죠?"

"당신도 약속해요."

"아…… 뭘요?"

"그 사람이 괜찮아질 거라고 믿으세요."

"오, 애거사, 그이는 위니를 무척이나 아끼는걸요. 만일 그 애가 죽기라도 하면……."

6

아이는 사흘 후에 죽었다. 밀리가 애거사에게 소식을 전

130

하러 왔다.

몹시 충격을 받았다고 했다. 남편에게 이런 일이 벌어지는 것을 밀리는 줄곧 두려워했었다. 하지만 하딩이 보인 반응은 놀라웠다. 밀리는 남편이 이번 일을 무사히 넘긴다면 애거사가 말한 '그 힘'을 믿겠노라고 약속했다.

그리고 하딩은 정말로 이번 일을 무사히 넘겼다. 남편의 정신이 온전하다는 증거를 바라던 밀리에게 그의 행동은 더없이 완벽한 증거가 되었다. 하딩은 런던으로 가 누이를 대신해 모든 일을 처리했다. 다시 돌아왔을 때는 밀리가 위로를 건네면서도 미심쩍어하는 일이 없도록 속내를 허심탄회하게 밝혔다. 가엾은 조카딸이 평생 고통 속에서 살아야 했을 테니 차라리 세상을 떠나 다행이라고 말이다. 그는 정신이 온전한 자가 잔인한 양자택일의 상황을 받아들이듯 덤덤했다.

몇 주가 흘렀다. 이제 하딩은 온전해진 정신에 익숙해져 더는 그것에 감탄하지 않았다.

한편 애거사는 멈추지 않고 능력을 작동시키는 일에 몰두했다. 겁을 내는 밀리 곁에서 덩달아 불안해진 나머지(밀리가 비밀을 알게 되어 가장 안 좋은 점이 이것이었다), 애거사는 하딩 파월을 과하리만치 강하게 붙들었다. 점차 많은 시간을 쏟아부으면서도 그 시간을 감내하는 자신의 처지는 아랑곳하지 않았다. 애거사는 하딩을 놓칠까 봐 겁이 났다. 그를 놓친다면 결과가 끔찍할 것이기 때문이었다. (밀리는 이 점을 애거사에게 끊임없이 상기시켰다).

애거사는 밀리를 위해 견뎠다. 밀리는 애거사를 독려했고, 그녀의 표현을 빌리자면, 애거사를 지속시켰다. 밀리는 애거사를 치켜세우고 그녀의 비밀과 힘을 칭송했다. 밀리는 능력이 어떻게 작동하는지 알 것 같다고 했다. 그 힘은 실로 어마어마하고 무궁무진했다. 어느새 익숙해진 밀리는 그것을 광적으로 믿기 시작했다. 한편으로는 자기 나름의 가설을 세우기도 했다. 밀리와 애거사, 그리고 가엾은 하딩까지 모두가 그 힘에 의존하고 있으며, 애거사가 아니라 그 힘이 기적을 만든다는 것을 밀리도 물론 알았다. 하지만 그들을 이어주는 고리는 결국 애거사였다. 그럼 고리가 사라진 다음에는 어떻게 되는 거지? 애거사는 밀리가 자신을 감시하고 막아 세운다고 느꼈다. 밀리는 기적이 더는 일어나지 않거나 멈춰버릴까 봐 의심했고 못 미더워했으며 자꾸만 염탐하려 들었다. 밀리는 할 수만 있으면 그 힘의 실체에다 손가락을 넣어보고 싶은 심정이었다. 그 힘의 모호함은 밀리를 당황스럽고 언짢게 했다. 이는 원체 그녀의 상상력이 부족하기 때문이었다. 밀리는 확실한 경계를 좋아하고 편안해했으며, 구체적인 생각과 이름과 표현을, 간결하고 명확한 것들을 갈망했다.

그래도 밀리는 그 힘을 계속해서 믿었다. 그녀는 믿어야만 했다. 그녀의 성격으로 보건대 의심을 품었다가는 일을 그르칠 수 있었다.

문제는 애거사가 절묘하게 균형 감각을 발휘하여 로드니 래니언과 하딩 파월을 각각 묶어두어야 한다는 점이었다. 밀리는 더 튼튼한 끈으로 하딩을 묶어두기를, 그게 아니면 끈 개수를 늘려 사방에서 하딩을 꼼짝달싹 못 하게 잡아두기를 애거사에게 강요했다. 갈수록 하딩에게 오랜 시간을 쓰게 되면서부터 애거사는 그를 아무 때나 놓을 수 없게 되었다. 애거사는 자신을 잡아당기는 하딩의 존재로 인하여 로드니를 붙들고 있는 끈이 헐거워질까 봐 두려웠다.

지금까지, 그러니까 파월 부부가 새럿 엔드에 온 지 석 주가 지나는 동안, 애거사는 로드니를 바짝 붙들고 있다고 확신했다. 그에게서 벨라가 잘 지낸다는 소식을 들었으니 말이다. 그 말은 곧 로드니도 무사하다는 뜻이었다. 벨라 말고는 그를 괴롭힐 것이 하나 없었다. 그렇게 애거사는 경이롭게 작동하는 능력을 또 한 번 어렴풋이 확인했다.

금요일이 세 번 지나는 동안 로드니는 오지 않았다.

애거사가 바라던 바였다. (로드니가 마지막으로 방문한 금요일에) 그녀는 크리스털 같은 진심을 담아 그가 더는 찾아오지 않도록 그를 밀어내려 하지 않았던가. 여태껏 그녀는, 스스로 놀랄 만큼 손쉽게, 자신의 진실되고 아름다운 목적을 최고의 상태로 지켜오고 있었다.

그 목적이 이제 와 변질된 것은 아니었다. 오히려 무척 보기 좋게 실현된 셈이었다. 로드니가 정말로 나타나질 않으니 말이다. 애거사는 로드니에게 벨라를, 그리고 벨라에게 로드니를 돌려주었다. 애거사는 흠잡을 데 없이 완벽한 자신의 작품과 마주했을 뿐이다. 능력을 아주 멋지게 작동시켜 로드니를 영영 볼 수 없게 되었다. 문제의 근원을 뿌리 뽑아 그녀를 보고 싶어 하는 로드니의 욕망까지 없애버린 것이다. 이제 두 사람의 관계는 미묘하고도 은밀하게 뒤바뀐 듯했다. 지금까지는 로드니가 애거사를 필요로 했다면, 이제는 애거사가 로드니를, 그것도 비교할 수 없을 만큼 훨씬 더 절실히 필요로 했다. 어쨌거나 로드니에게는 벨라가 있다지만 애거사에게는 로드니 말고 아무도 없었다. 그는 그녀가 아끼는 유일한 존재였다. 지금까지 로드니가 오냐 마냐는 심각하게 신경 쓸 문제가 아니었다. 로드니와 만나는 것은 약간의 육체적 기쁨을 주는 정도였지 어마어마하게 중요한 일까지는 아니었다. 더구나 애거사는 육체적 만족을 느끼지 않더라도 뭐라 콕 집어 말할 수 없는 정신적 유대 관계에 만족했다. 그러나 지금은 그의 육체를 두 눈으로 보고 싶다는 참기 힘든 욕망에 사로잡혔다. 기쁨이 곁에 있을 때는 미처 몰랐었다. 그녀는 자신의 기쁨에 딸린 육체적인 성격을 인정하지 않았으며 그런 감정 때문에 마음의 평온이 흐트러지는 일도 없었다. 하지만 그 기쁨을 떼어놓고 나자 돌연 그것이 그녀에게 달려들어 울부짖었고 애처롭게 달라붙어서는 떨어지려 하지 않았다. 애거사는 지난 한 해와 금요일들을 돌이켜보았다. 육체적 기쁨이 그런 그녀를 따라다니며 애걸복걸했다. 애거사는 앞으로의 날들도 내다보았다. 줄줄이 이어지는 금요일들이 무자비한 행렬을 이뤄 그녀의 작고 초라한 육체적 기쁨을 짓밟았다. 그러자 그녀 안의 욕망이 발끈하여 고개를 쳐들었다. 지금껏 그녀는 로드니 안에 도사리는 '은근한 기대감'을 불안해했었다. 하지만 그것은 그녀의 은근한 기대감에 비하면 아무것도 아니었다.

가끔은 로드니를 보고 싶은 욕망이 어찌나 끈덕진지 스스로 욕지기가 날 정도였다. 그때마다 애거사는 문턱 아래 구덩이로 욕망을 쫓아냈다. 그러면 그것은 몸을 숨겨 지하로 달아났다. 문턱 아래로는 길이 나 있어서 욕망이 로드니에게 가 닿을 수 있었다. 그리하여 애거사는 넷째 주 화요일 밤, 로드니를 붙들고 있던 끈을 아예 잘라내고야 말았다. 애거사는 단한 가닥 줄로도 로드니를 붙들고 있기를 거부했다. 이제 애거사가 붙든 사람은 벨라뿐이었다.

그 주 금요일에 로드니에게서 소식이 도착했다. 벨라는 요즘도 잘 지낸다고 했다. 하지만 로드니는 아니었다. 그는 잘 지내지 못했다. 이유는 알 수 없었다. 아마도 예전에 앓던 병이 도진 듯하다고 했다. 가엾은 벨라가 어떻게 견디는지는 모르겠지만 그녀는 용케 그를 견뎌냈다. 벨라에게는 끔찍이도 안 된 일이었다. 참으로 잔인한 노릇이 아닌가? 자신이 낫자마자 남편의 상태가 나빠지다니.

어쩌면 애거사는 알고 있었을 것이다. 아니, 처음부터 알고 있었다. 한 번 로드니를 붙들어 치유한 이상 그녀에게는 권리가 없었다. 힘이 그녀를 통해 작동하기로 한 이상, 로드니를 놓아줄 권리가 그녀에게는 없었다.

따라서 애거사는 정화와 항복의 과정을 처음부터 되풀이했다. 그런데 이후 과정이 달라져 있었다. 로드니 래니언을 붙들어 치유할 수 있게 크리스털 같은 평온함과 거룩함을 되찾아야 하는 것은 물론, 로드니와 하딩을 동시에 붙들었던 균형 감각까지 회복해야 했다. 그녀는 하딩 역시 놓아버려서는 안 되었다.

로드니와 하딩 모두에게 집중하기란 몹시도 고되었다. 끝까지 버텨 우세를 차지하는 쪽은 하딩이었다. 그렇다. 여지없이 그의 승리였다.

애거사는 예전부터 이런 상황을 각오하고 있었으나 실제로 일어나리라고는 생각하지 못했다. 이런 상황은 그 힘이 선하게 작동한다고 생각하는 그녀의 앎과 정면으로 충돌했다. 애거사는 그 힘의 작동 방식, 침묵과 확신, 그리고 설명할 수 없는 머뭇거림과 회피를 전부 이해한다고 생각했다. 하지만 지고하고 거룩하며 형언할 수 없이 순수한 힘이 하딩에게 우세를 허락하는 상황, 하딩이 힘을 손아귀에 넣고서 로드니 래니언보다 자신에게 유리하도록 힘의 방향을 돌려놓는 동안 그 힘이 그를 묵인하고만 있는(묵인하는 것처럼 보이는) 상황을 애거사는 전혀 예상하지 못했다.

그것이 정말로 하딩을 묵인했다고 애거사가 믿는 것은 아니었다. 그런 일은 있을 수 없었다. 애거사는 이러한 것들을 안다기보다 느꼈다. 지금까지 애거사는 그 힘이 앞으로 무엇을 할지를 놓고 불안한 적이 없었다. 하지만 이제는 두려워졌다. 그 힘이 두려운 것이 아니었다. 가엾은 하딩이 두려운 것은 더더욱 아니었다. (어찌 그럴 수 있겠는가?) 하지만 애거사는 좀처럼 영문을 알지 못한 채 두려움에 떨었다.

두려움에 시달리던 애거사는 끝내 로드니 래니언에게 편지를 보냈다. 로드니가 발길을 끊은 지 다섯째 주에 접어들었을 때였다. (이제 그녀는 몇 주째인지를 세고 있었다). 애거사는 로드니가 좀 나아졌는지, 잘 지내는지 궁금하다고 했다. 그리고 꼭 답장을 달라고 간청했다.

하지만 답장은 오지 않았다.

그 주 밤마다 애거사가 정화 '상태'에 접어들었을 때 우세를 차지한 쪽은 하딩이었다. 그는 그런 '상태'의 암흑 속에서도 눈에 띄는 존재로 각인되기 시작했다. 애거사가 할 수 있는 일이라고는 로드니 래니언의 형상을 하딩의 형상 위에 겹쳐 두어 그걸 가리는 것뿐이었다. 정화의 상태가 완전해졌을 때 가시적 존재는 그 안에 머물 수 없었다. 그런데도 하딩이 거기다 자신의 존재를 각인시켰다는 것은, 그가 얼마나 우세한지를 똑똑히 보여주었다.

하딩의 우세함은 그에게 무척이나 도움이 되어, 밀리의 말에 따르면 이제 그는 일을 다시 할 수 있을 만큼 호전되었다고 했다. 파월 부부는 이곳에 온 지 일곱째 주가 되면, 그러니까 앞으로 열흘 안에 새럿 엔드를 떠날 예정이었다.

밀리는 이 소식을 전하고 또 고백할 것이 하나 있다며 일요일에 애거사를 찾아왔다.

밀리의 얼굴에는 거짓 한 점이 없었다. 그녀의 얼굴은 행복으로 충만해 활짝 만개해 있었다. 그늘도, 이렇다 할 특징도 없는 한 떨기 꽃과 같았다.

밀리는 하지 말아야 했던 일을 저질렀다고 했다. 하딩에게 비밀을 털어놓고 만 것이다.

"어머, 도대체 무슨 생각으로 그런 거예요?" 애거사의 목소리가 평소답지 않았다.

"그게 낫다고 생각했어요." 밀리는 다소 뻔뻔한 성격을 드러내며 대꾸했다.

"그게 낫다고요?"

"숨기는 건 좋지 않으니까요. 그리고 그이도 이상하게 여기기 시작했고요. 그이는 다시 일하고 싶은데 자기가 이곳 덕분에 나았다고 생각해서 돌아갈 마음을 먹지 못했던 거였어요."

"그럼 이제는 자신이 나은 이유가 뭐라고 생각하는데요?" 애거사가 물었다.

"다 당신 덕분이라고 생각하죠."

"내가, 내가 분명 말했잖아요. 그렇게 생각하면 곤란하다고요."

"당신 덕분이라고 생각하는 것만도 대단한 양보인걸요."

"양보라니요?"

"뭐, 초자연적 힘이 들통나는 것보다 낫잖아요."

"밀리, 당신 남편에게 말해서는 안 됐어요. 그게 어떤 피해를 일으킬지 당신은 몰라요. 이미 위험한 일이 벌어졌다 해도 이상하지 않네요."

"어머, 그렇단 말이죠?" 밀리가 의기양양하게 말했다. "당신이 그이를 직접 봐야 하는데."

"파월 씨에게 언제 말했죠?"

"가만 보자, 일주일 전 금요일이었어요." 애거사는 침묵했다. 그리고 곰곰이 생각했다. 일주일 전 금요일부터 하딩은 무시무시하게 우세를 차지하기 시작했다.

"애거사." 밀리가 심각하게 말했다. "우리가 이곳을 떠나더라도 그이를 잊지 않을 거죠? 그이를 놓지 않을 거죠?"

"걱정할 필요 없어요. 이제는 그분이 날 놓아줄는지가 궁금하네요."

"그게 무슨 뜻이에요?" 꽃이 피어나듯 밀리의 얼굴이 살짝 상기되었다.

"당신이 다 말해버렸으니 이제 하딩도 그게 나인 줄 알 테니까요."

"그렇겠죠. 그러라고 그이에게 말한 거예요. 그이가 놓치지 않았으면 해서."

7

여섯째 주가 되도록 로드니에게서는 답장이 오지 않았다. 애거사는 점점 두려워졌다.

이제 그녀는 하딩 파월의 우세함과 집요함이 자신의 두려움과 확실히 관련 있다고 생각했다. 또 그녀는 끈덕지다고밖에 표현할 수 없는 하딩의 집착이 로드니 래니언에게 어떤 식으로든 악영향을 미쳤다고 확신했다. 로드니를 향한 그녀의 욕망은 무시당하고 거부당한 채 지하 구덩이를 오갔다.

로드니는 줄곧 답장이 없다가 그 주, 그러니까 여섯째 주 금요일에 불쑥 찾아왔다.

애거사는 정원 길에 들어서는 로드니를 보고 몸을 피했

다. 하지만 불빛이 방 안의 그녀를 놓치지 않고 비추었기에 로드니는 그녀를 곧장 발견했다. 그는 노크도 하지 않고 열린 문들을 급히 지나 그녀에게로 왔다. 그는 방문을 닫은 후 두 손으로 그녀의 양팔을 붙들었다.

"로드니, 당신의 의지로 오신 건가요, 아니면 내가 당신을 그렇게 만들었나요?" 애거사가 말했다.

"그야 내가 원해서 왔지요. 당신이 날 그렇게 만들 수는 없어요."

"그런가요? 아, 그렇다고 해두죠."

"물론 당신은 그럴 수 있지만 그러지 않았지요. 그리고 내가 이미 왔는데 그런 게 무슨 상관입니까?"

"어디 한 번 봐요."

애거사는 팔을 뻗으면 닿을 거리에 로드니를 세워놓고서 불빛을 그에게 비췄다. 그의 얼굴은 예전처럼 창백하고 지쳐 보였다. 근심 어린 주름살이 군데군데 다시 자리를 잡았고, 입가에는 전에 없던 주름살이 두 줄 패여 있었다.

"아팠군요. 당신 지금 아프군요."

"아뇨. 괜찮습니다. 그러는 당신이야말로 괜찮습니까?"

"나요? 아무 일 없어요. 무슨 일 있어 보여요?"

"겁에 질렸는데."

로드니가 말을 멈추더니 생각에 잠겼다.

"이곳은 당신에게 맞지 않아요. 이런 데 혼자 있어서는 안 돼요."

"아! 로드니, 내가 이곳을 얼마나 아끼는데요. 구석구석 애정이 가요. 그리고 아예 혼자인 것도 아닌걸요."

로드니는 그녀의 말을 듣지 않는 듯했다. 그가 다음에 꺼낸 말은 분명 혼자 생각하다 불쑥 나온 것이었다.

"참, 파월 부부는 아직도 여기 있습니까?"

"여기 계속 머무르고 있어요."

"그 사람들을 자주 만나나요?"

"매일 만나요. 어떤 때는 온종일 같이 있어요."

"이제야 말이 되는군요."

그가 다시 말을 멈췄다.

"내 실수입니다, 애거사. 당신을 그자들과 함께 두는 게 아니었는데. 나도 다 알고 있어요."

"뭐를요?"

"그 남자가 어떤 상태인지, 당신이 어떤 영향을 받았을지 말입니다. 누구라도 영향을 받았을 겁니다."

"나는 괜찮아요. 그 사람은 곧 떠나고요. 이제는 아프지도 않아요. 말짱해졌어요."

"말짱해지다니요? 무슨 수로?"

애거사는 대답을 회피했다.

"그 사람은 여기 온 후로 줄곧 괜찮았어요. 첫날만 빼면 무척이나 잘 지내고 있답니다."

"헌데도 당신은 겁에 질려 있지 않습니까. 걱정하고 있고. 충격적인 일을 겪었거나 부담을 느끼나 본데. 무슨 일입니까?"

"아무것도 아니에요. 그냥 지난주에 당신 때문에 조금 겁이 났어요. 답장이 없었잖아요. 왜 그랬어요?"

"답장할 수 없었으니까요."

"아팠나요?"

"난 멀쩡합니다. 내 상태는 내가 잘 알아요."

"그럼 벨라 때문이에요?"

로드니가 거칠게 웃음을 터트렸다.

"아뇨, 이번엔 아닙니다. 그건 이유가 되지 못해요."

"무슨 이유요?"

"여기 오지 못한 이유 말입니다. 벨라는 잘 지내요. 천사처럼요. 도대체 아내에게 무슨 일이 생긴 건지 영문을 모르겠습니다. 나와는 아무런 관련이 없어요."

"관련 있죠. 그것도 아주 많이. 당신도 천사 같잖아요."

"요즘은 전혀 그렇지 않습니다."

"당신 아내도 이해할 거예요. 이해하고 있어요."

두 사람은 구석에 놓인 소파에 앉아 서로를 바라보았다. 로드니를 바라보는 애거사의 눈에 두려움이 서렸다.

"아내가 이해하든 말든 상관없어요. 나는 그 여자 이야기를 하려는 게 아니니까."

애거사는 말이 없었다. 그녀의 얼굴에 창백한 근심이 드리워지고 두 눈에는 공포가 일렁였다. 로드니에게도 그것이 보였다.

"벨라 때문에 걱정할 것 없습니다. 그 여자는 괜찮아요. 게다가 관심도 없어 보이는걸요."

"관심이라니요?"

"나에 대해서 말입니다."

"관심이 있죠. 있고 말고요!"

"한때는 그랬겠지요. 아니었으면 나와 결혼하지 않았을 테니까. 하지만 이제는 아닙니다. 애거사, 아는지 모르겠지만, 아내에게 다른 남자가 있어요."

"오, 로드니, 그럴 리가요."

"정말이랍니다. 나야 괜찮습니다. 하지만 그 남자는 몇 년을 그렇게 지낸 겁니다. 아내가 다 이야기해주었어요. 아내도 참 안됐지 뭡니까."

로드니가 말을 멈췄다.

"이해할 수 없는 건, 내게 마음도 없으면서 왜 갑자기 천사처럼 구느냐 이겁니다."

"로드니, 당신 아내 마음은 당신에게 있어요. 그 남자와의 관계는 끝났어요. 병치레 같은 거였다고요. 당신 아내가 사랑하는 사람은 당신이에요."

"그렇게 생각합니까?"

"확실해요."

"나는 그렇게 생각 안 해요."

"당신도 그렇게 될 거예요. 알게 될 거예요. 곧 알게 될 거예요."

144

로드니가 이마를 찌푸리며 애거사를 바라보았다.

"딱히 알고 싶지 않습니다. 내게 중요한 건 그게 아니니까요. 당신은 이 상황을 이해하지 못하는군요. 그들의 관계는 끝나지 않았어요. 그저 아내 기분이 좋아진 것뿐이에요. 아내는 나에게 털끝만큼도 관심이 없어요. 관심 있을 리가 없어요. 그보다 더 중요한 건, 나도 아내의 관심을 바라지 않는다는 겁니다."

"바라지…… 않는다고요?"

로드니가 돌연 목소리를 높였다. "세상에, 내가 바라는 건 당신뿐이라고요. 그런데 당신을 가질 수 없어요. 내게 중요한 문제는 그겁니다."

"아니, 아니에요. 당신이 뭘 모르고 하는 소리예요." 애거사가 울먹이듯 말했다.

"나도 다 알아요. 그게 날 힘들게 합니다. 그리고," 그녀를 바라보는 로드니의 목소리가 떨렸다. "그게 당신도 힘들게 하죠. 난 당신을 힘들게 하고 싶지 않아요."

로드니가 애거사를 껴안으려는 듯 불쑥 앞으로 몸을 내밀었다. 애거사는 손으로 그를 저지했다.

"아뇨, 아니에요! 난 괜찮아요. 정말이에요. 그게 문제가 아니에요. 그런 생각은 하지도 말아요."

"다 알고 있어요. 그래서 여기 온 겁니다."

그가 다시 그녀에게 다가갔다. 그리고 버둥대는 그녀의 손을 붙들었다.

"애거사, 안 될 게 뭐 있습니까? 우리라고 왜 안 되나요?"

"아뇨, 안 돼요." 애거사가 괴로워하며 말했다. "그럴 수 없어요. 그래서는 안 돼요. 그런 식으로는. 로드니, 난 그런 걸 바라지 않아요."

"그럼 당신이 원하는 대로 합시다. 거부하지만 말아줘요."

"당신을 거부하는 게 아니에요."

애거사가 자리에서 일어났다. 그녀의 표정이 일순간에 바뀌었다.

"로드니, 깜빡하고 있었네요. 곧 그 사람들이 올 거예요."

"누구 말입니까?"

"파월 부부요. 식사하러 오기로 했거든요."

"미룰 수 없어요?"

"그럴 수야 있지만 그리 좋은 생각은 아니에요. 아마 그들이……."

"이상하다고 생각하겠지요, 그 작자들이."

로드니는 눈에 띄게 이성을 되찾고 있었다.

"애거사, 아무래도……."

"알아요. 그래야죠. 얼른 가보세요."

로드니가 시계를 확인했다.

"지금 가야겠군요. 더 머무를 수는 없어요. 위험한 짓이니."

"알아요." 그녀가 작게 말했다.

"대체 그자들은 언제 떠난답니까?"

"다음 주 목요일에 떠나요."

"그럼 그때는 내가……."

"어서 가세요."

"가보겠습니다."

애거사가 손을 내밀었다.

"차마 만질 자신은 없군요." 로드니가 작게 중얼거렸다. "이제 가보겠습니다. 돌아오는 금요일에 다시 오겠습니다. 그때는 계속 머무를 겁니다."

로드니의 핼쑥한 얼굴을 바라보는 애거사에게는 '싫어요'라고 말할 힘조차 남아 있지 않았다.

8

로드니는 떠났다. 애거사는 마음을 가다듬고 아무 일 없었던 것처럼 파월 부부를 데리러 들판을 가로질렀다.

밀리와 그녀 남편이 농장 문가에 서 있었다. 그들은 지켜보고 있었다. 그렇다. 농장 다리로 강을 건넌 로드니 래니언을 파월 부부가 본 것이다. 농장 다리는 비탈진 들길을 저 멀리 숲의 서쪽과 이어주었다. 그들은 로드니 래니언이 홀연히 나타난 것에 흥미를 느끼는 듯했다. 그가 여기서 무얼 하고 다녀가는지 그들은 궁금해하고 있었다. 파월 부부에게 가까워지는 동안 애거사는 그들에게서 뿜어져 나오는 차갑고 불길하고 적대적인 기운이 자신에게 다가오다 그대로 지나쳐가는 것을 감지했다. 하지만 그 찰나의 감각은 제대로 의식할 겨를도 없이 순식간에 사라졌다.

애거사는 곧장 파월 부부에게 마음을 빼앗겼다. 하딩은 실로 어느 때보다 완벽하게 아름다웠다. 그에게는 애거사가 예상치 못한, 기묘하면서도 초라하리만치 애처롭고 매혹적인 무언가가 있었다. 무엇보다 그의 두 눈, 크고 어두운 야생동물 같은 두 눈에서 그것이 느껴졌다. 하지만 그의 눈빛만큼은 매섭게 자신의 권리를 주장했고, 자신이 애거사와 말할 수 없는 유대감과 공감을 나누는 사이인 체했다. 다른 모든 부분이 연민을 자아내고 있음에도, 바로 그 눈빛이 애거사를 움츠러들게 했다. 하딩도 그의 아내도 로드니 래니언에 관해서는 한 마디 말이 없었다. 과연 그들이 그를 보았던 것인지조차 애거사는 헷갈리기 시작했다.

파월 부부는 함께 보낼 수 있는 시간이 얼마 남지 않았다며 오후 내내 애거사 곁에 머물렀다. 여섯 시가 되어 떠날 채비를 하던 밀리가 애거사를 따로 불러내더니 괜찮다면 잠시 하딩과 있어 줄 수 있겠느냐고 물었다. 그가 애거사에게 할 말이 있다고 했다.

애거사는 하딩에게 숲을 지나 언덕에 다녀오자고 제안했다. 두 사람은 의미심장한 침묵과 어색함 속에 길을 나섰다. 사방이 나무로 둘러싸인 곳에 이르러서야 하딩이 운을 뗐다.

"제가 당신에게 할 말이 있다고 아내가 말했겠지요?"

"맞아요, 파월 씨. 할 말이 뭐죠?"

"뭐, 일단 고맙습니다. 저를 위해 무슨 일을 했는지 알고 있어요."

"미안해요. 당신이 모르길 바랐는데. 밀리가 말할 줄은 몰랐어요."

"아내가 말해서 안 것이 아닙니다."

애거사는 말이 없었다. 그녀는 방금 들은 말뜻을 이해하려 해보았다. 밀리가 비밀을 깨트렸다는 것을 하딩은 당연히 알고 있을 터였다. 그는 자기 아내를 감싸려는 것이었다.

"제 말은" 하딩이 말을 이었다. "아내가 말했건 아니건 상관없다는 겁니다. 저는 이미 알고 있었어요."

"알고 있었다고요……?"

"뭔가 일어나고 있다는 것을 알았어요. 그리고 그건 장소 때문이 아니었습니다. 장소는 아무것도 바꾸지 못해요. 제가 여기저기 옮겨 다니는 건 장소가 뭔가를 변화시키리라는 아내의 바람 때문이지요. 설령 장소가 변화를 만든다 처도, 이곳은, 순전히 개인적인 생각입니다만, 흉측하기만 합니다. 하루도 더는 못 버텼을 거예요."

"그렇군요."

"그런데 뭔가가 벌어진 후로 제가 괜찮아졌어요. 이상한 점은, 왠지 당신이 연루되어 뭔가를 한 것 같은 느낌이 자꾸 들더라는 겁니다. 당신이 먼저 말해주기를 내심 바랐었는데 아무 말도 하지 않으시더군요."

"파월 씨, 아무도 그걸 입 밖으로 꺼내서는 안 돼요. 그리고 말했다시피 저는 당신이 모르길 바랐어요."

"당신이 뭘 했는지는 모릅니다. 아내가 설명해주기는 했지만, 아직도 모르겠어요. 분명한 건 제가 당신을 느꼈어요. 매 순간 느낍니다."

"그건 제가 아니에요. 제발 그렇게 생각 말아주세요."

"그럼 뭐란 말입니까?"

"그러니까 그건, 그건……." 애거사는 말을 뚝 멈췄다. 초자연적 힘을 믿지 않는 이 남자에게는 말해봤자 헛수고였다. "그건 생각의 문제가 아니에요." 그녀는 고민 끝에 이렇게 말했다.

"그럼 믿음의 문제입니까? 저더러 믿으라는 말인가요?"

"아뇨. 믿음의 문제도 아녜요. 그건 앎의 문제예요. 알거나 알지 못하거나 둘 중 하나죠. 당신도 결국엔 알게 되겠지만요. 어쨌거나 그걸 저라고 생각하지는 마요."

"하지만 그러고 싶은걸요. 왜 안 된다는 겁니까?"

애거사가 엄숙하고 창백한 얼굴을 하딩에게로 향했다. 하딩은 애거사의 얼굴에서 막 피어오르는 공포처럼 독특한 표정을 감지했다.

"왜냐면 당신이 위험해질 수 있어요. 아니면……."

하딩의 섬세하고 의심 많은 눈썹이 그녀에게 묻고 있었다.

"아니면 제가요."

"당신이요?" 하딩이 불쌍하게 느껴질 만큼 작게 중얼거렸다.

"네, 제가요. 그보다 더 나쁜 상황이 벌어질 수도 있고요. 위험이 어디까지 뻗칠지는 아무도 몰라요. 당신도 볼 수 있다면 좋으련만. 그럼 당신도 비밀스러운 힘을 발견해서 스스로 작동시킬 수 있을 텐데요."

"저는 혼자서 아무것도 할 수 없습니다. 애거사, 당신이 보라는 대로 보겠습니다. 저를 포기하지만 말아 주십시오."

"그야 당연히 그럴 거예요."

그때 하딩이 우뚝 걸음을 멈추더니 애거사를 바라보았다.

"혹시 그게 당신을 아프게 합니까?"

애거사는 놀라 움찔했다. "아프게 한다고요? 그게 무슨 수로 그러겠어요?"

"아내도 그렇게 말하기는 하더군요."

애거사는 한숨을 내쉬며 혼잣말했다. "밀리, 밀리만 끼어들지 않았어도."

"조금 쌀쌀하지 않나요?" 애거사가 하딩에게 물었다.

"추운가요?"

"네. 그만 돌아가죠."

돌아온 두 사람을 밀리가 농장 다리에서 맞이했다. 밀리는 애거사에게 저녁을 먹고 가라며 부담스럽게 권했다. 밀리의 간청을 여태껏 외면하지 못했던 애거사는 이번에도 파월 부부 곁에 머물렀다.

애거사가 기억하기로, 바로 이날 저녁부터 끔찍한 두려움이 들이닥쳤다. 그녀는 파월 부부 곁에 머무르는 것이 집으로 돌아가라고 말하는 본능을 거스르는 행위임을 알았다. 그 외에는 불길한 예감을 전혀 느끼지 못했다. 식사는 노란 블라인드가 쳐진 길쭉한 방에 차려졌다. 애거사가 하딩 파월을 처음 만난 바로 그 방이었다. 이날 저녁 블라인드는 모두 내려와 있었고 테이블 위의 램프는 기름이 거의 다 떨어져 침침하게 빛을 발했다. 그래도 방 안에는 여전히 일광이 남아 있었고, 바깥 노을이 노란 블라인드를 투과해 고르게 새어 들어오고 있었다. 애거사는 그 빛이 6주 전 보았던 황토색 빛과 똑같다는 인상을 받았다. 하지만 대수롭지 않게 여겼다.

그것이 무엇이었는지 애거사는 알 길이 없었다. 소름 끼치는 황토색 빛은 램프의 불꽃이 선명해지기 시작할 즈음 자취를 감췄다. 애거사는 식사하다 말고 자리에서 일어나 그만 돌아가겠다고 말했다. 하딩이 그녀에게 쾌활히 이야기를 늘어놓고 밀리가 두 사람을 흐뭇하게 바라보던 중이었다. 애거사는 몸이 안 좋고 피곤하다고, 미안하지만 가봐야겠다고 양해를 구했다.

그러자 파월 부부가 힘겹게 자리에서 일어나더니 애거사 옆에 바짝 붙어 섰다. 밀리가 와인 잔을 애거사 입술에 갖다 댔다. 애거사는 고개를 돌리며 힘없이 말했다. "날 보내줘요. 여기서 나가게 해줘요."

하딩이 애거사를 그녀 집까지 바래다주려 했으나 그녀는 극구 사양했다.

"참 이상하기도 하지." 밀리는 문가에 서서 집으로 돌아가는 애거사를 지켜보며 말했다. 애거사는 무언가에 쫓기듯 조심스러운 발걸음으로 거의 뛰다시피 돌아가고 있었다.

하딩은 아무 말이 없었다. 그는 아내를 혼자 남겨둔 채 천천히 집 안으로 들어갔다.

9

애거사는 무슨 일이 벌어지고 있는가를 깨달았다. 그녀는 하딩 파월을 두려워하고 있었다. 그녀 마음속의 두려움이 그에게서 벗어나게 해달라고 울부짖었다.

끔찍하게도 그녀는 벗어날 수 없단 걸 알았다. 눈을 감으면 어두운 벽에 걸린 하딩 파월의 형상이 그녀 앞에 나타났다. 이날 밤에는 로드니의 형상으로 가려보려 해도 가려지지 않았다. 로드니의 형상이 자꾸만 흐릿해져 하딩의 형상이 기어코 모습을 드러냈다. 애거사는 하딩의 존재 자체보다도 그의 형상이 지워지지 않는다는 사실이 더욱더 두려웠다. 그리고 무엇보다 두려움이라는 감정이 두려웠다. 그녀에게 하딩은 무슨 일이 있어도 한없이 연민할 대상이었다. 그런 그를 두려워하다니 불쾌하고 불경했다. 이제 곧 그와 단둘이 있게 될 어둠 속까지 두려움이 따라오도록 내버려 두었다가는 끔찍한 일이 벌어질 터였다. "그 사람을 보지 않는다면 괜찮을 거야." 애거사는 혼잣말했다.

하지만 하딩 파월과 그의 형상, 그리고 그에 대한 애거사의 두려움은, 신성하고 선한 내면의 어둠이 그녀 주위로 물결지어 차올라 그녀를 집어삼키는 동안에도, 어둠 속에서 그녀가 하딩을 붙들어 치유하는 동안에도, 그녀 눈에는 여전히 사랑이 두려움을 뚫고 나와 원기와 순수한 정열을, 또 명명할 수 없는 로드니와 벨라의 본질을 그녀와 이어주는 동안에도, 고집스럽게 남아 있었다. 여태껏 애거사는 자신이 사랑의 힘으로 그들을 붙들고 있는 줄 알았다. 그런데 이제 보니, 여전히 로드니를 사랑하며 하딩에 대해서는 두려움으로 인하여 연민을 대부분 잃었음에도, 애거사가 붙들고 있는 건 로드니가 아니라 하딩이었다.

아침이 되었을 때, 애거사는 하딩이 밤새 방 안에서 자신과 함께였다는, 기억에 가까운 감각을 느끼며 깨어났다. 하딩과 기나긴 교감을 실컷 나누고 난 것처럼 피로가 몰려왔다.

그녀는 자신을 짓누르는 피로를 단숨에 물리쳤다. (여전히 능력은 몸의 감각을 순식간에 지워내도록 '작동'했다). 그녀는 자신의 두려움이 아무런 피해도 일으키지 않았노라고 혼자 되뇌었다. 신비한 힘과 이어져 자신이 그걸 '작동'시키고 하딩을 그 아래 붙들어 치유했다는 감각을 이토록 강렬히 느낀 적은 드물었다. 하딩을 두려워하건 말건 상관없이, 끝내 그녀는 그를 붙들고서 단 한 순간도 놓지 않았다. 그가 여전히 제정신이며 누가 보더라도 의심의 여지 없이 회복되었다는 것이 증거였다.

그러나 애거사는 어제와 같은 날을 되풀이할 자신이 없었다. 차마 하딩을 볼 수 없었다. 그래서 밀리에게 편지를 썼다. 밀리의 걱정이 이만저만이 아니니 먼저 양해를 구하는 편이 나았다. 애거사는 앞으로 자신이 하루 이틀 그들을 보지 못하더라도 밀리가 너그러이 용서해주기를 바랐다. 계속 그 일을 할 수 있으려면(애거사는 이 점을 강조했다) 철저히 혼자여야 했다. 파월 부부가 곧 떠나는 마당에 이러한 결정을 내린 것이 조금은 매정하게 보이기도 하겠지만, 밀리도 알다시피, 애거사가 해야 하는 일은 무지막지하게 중요했다.

밀리는 이해한다고 답장을 보내왔다. 애거사가 원하는 대로 하는 게 당연하다고 말이다. 다만 애거사는 그 힘을 의심하지 말아야 했다. (밀리는 이런 식으로 애거사를 '지속'시켰다). 그 힘이 하딩에게 한 일을 보고도 어찌 그럴 수 있겠는가? 만일 애거사가 의심을 품는다면 하딩에게 무슨 일이 일어나겠는가? 물론 애거사는 자기 자신도 소중히 보살펴야 했다. 만일 그녀가 무너진다면, 그래서 포기하고 만다면, 그녀에게 의지하게 된 가엾은 하딩이 어떻게 되겠는가?

밀리는 남편이 애거사에게 의지하게 된 것이 애거사의 탓이기라도 한 것처럼 편지를 써 내려갔다. 이 세상에서 애거사가 신경 쓸 존재가 하딩 말고 없다는 듯이. 애거사에게는 누구도 무엇도 중요하지 않다는 듯이. 애거사는 밀리가 이렇게 생각한다는 사실에 분개했다. 로드니 래니언 곁에서라면 세상 모든 것이 그녀에게 중요하다는 듯이. 애거사는 사흘 동안 파월 부부를 만나지 않았다.

10

사흘은 평소와 다를 바 없이 흘러갔으나 고통과 공포는 갈수록 커졌다.

무슨 일이 벌어지고 있는지 그녀는 알고 있었다. 얇아지는 자아의 벽 너머에서부터 자신에게로 와 닿으려 하는 하딩 파월의 존재를 그녀는 감지했다.

그녀는 애써 불안을 떨쳐냈다. 터무니없었다. 정신 나간 생각이었다. 그런 일은 일어날 수 없었다. 그녀가 하딩을 붙들고 있는 장소는 평화의 공간, 마법의 원, 무결점의 크리스털 세계가 아니던가.

하지만 불안은 도무지 가시질 않았다. 그럼에도 애거사는 하딩을 계속 붙들었고 놓아주지 않을 작정이었다. 하딩 파월이 아무리 끔찍하고 가차 없이 그녀를 짓누르더라도 그녀는 자신의 명예와 밀리를 향한 애정을 위해 그를 계속 붙들어야 했다.

하딩의 형상이 어둠 속 잔상으로 남아 있다는 것은 하딩이 가장 내밀한 본질로만 그곳에 존재한다는 신호였다. 즉 그의 육체가 거기에 있는 게 아니었다. 애거사는 사흘간 그를 본 적도 없었다. 하딩의 형상은 점차 희미해져 형체 없고 이름도 없이 사방에 만연한 존재가 되어갔다. 애거사의 두려움 또한 형체 없고 이름도 없이 사방에 만연해졌다.

두려움은 늘 그녀 뒤를 따라다녔다. 그녀를 따라 집안 곳곳을 돌아다녔고 문밖으로까지 그녀를 몰고 갔다. 그럴 때 애거사는 미풍에 휘날리는 나뭇잎처럼 초조한 마음을 안고서 불안한 종종걸음으로 정처 없이 배회했다. 가끔은 두려움에 떠밀려 숲으로 이어지는 들판으로 나갔고 농장으로 가는 길을 걷기도 했다. 그러다 다시 두려움에 떠밀리듯 집으로 발걸음을 옮겼다.

넷째 날(파월 부부가 떠나기 전 마지막 주 화요일)이 되었을 때, 애거사는 두려움에 맞서기로 했다. 하딩이 있는 농

애거사는 해가 저물고 땅거미가 지기까지 잠자코 기다렸다.

장으로 갈 만큼의 배짱은 없었지만, 언덕 꼭대기에서라면 두려움도 더는 그녀를 노릴 수 없을 터였다. 밤이 무르익으면 애거사는 언제나 그곳으로 가서 생각을 잠재웠다. 그리고 7주 전에는 바로 그곳에서 하얀 금빛의 거룩한 달에 이끌려 정화를 체험했었다. 그때 그녀는 깨지기 쉬운 무결점의 크리스털이 된 능력을 소중히 간직한 채 돌아왔었다. 하지만 이후로 얼마나 함부로 그것을 다뤘던지! 섬세하고 성스러운 존재를 얼마나 충격과 위험에 몰아넣었던지!

애거사는 해가 저물고 땅거미가 지기까지 잠자코 기다렸다. 완벽한 하루의 완벽한 순간이었다. 나무 위 하늘은 선명한 보랏빛으로 물들었고 대낮보다도 맑았다. 연갈색 땅은 보랏빛 실안개를 덧입었고 그 위를 녹색의 어린 밀잎이 드문드문 덮고 있었다. 언덕에 오르는 방법은 두 가지였다. 하나는 집 앞에 놓인 다리로 강을 건넌 다음 가파른 길에 올라 숲을 일직선으로 통과하는 것이었고, 다른 하나는 완만한 들길로 이어지는 농장 다리를 건너는 것이었다. 애거사는 가파른 숲길을 택했다.

그녀는 다리 위에서 걸음을 멈추고 사방을 둘러보았다. 농장 가옥은 비밀과 시간의 고요함을 품고 있었다. 익히 알고 있는 방의 창가에서 평소보다 이르게 켜진 등불이 기묘하고 희미하게 새어 나왔다. 파월 부부는 그 방에서 저녁 식사를 하곤 했다.

애거사는 계속 걸어가 숲 어귀에 있는 문 앞에 도착했다.

문은 활짝 열려 있었다. 언제인지는 몰라도 하딩 파월이 지나 갔다는 신호였다. 그녀는 멈춰 서서 주위를 살폈다. 얼마 안 있어 숲길을 따라 내려오는 하딩 파월을 보았다.

그가 걸음을 멈췄다. 아직 그녀를 발견하기 전이었다. 하 딩은 녹색 광선이 아직 내리비추는 너도밤나무 아치를 올려 다보고 있었다. 잠잠히 사색에 잠긴 모습으로 보건대 그는 정 신이 온전했고 행복해하고 있었다. 그의 정신은 온전했다. 하 지만, 아니, 그의 정신이 온전한 게 아니었다. 그의 것이 아닌 그녀의 온전한 정신이 그에게 들어간 것이었으니까. 그걸 빼 고 나면 그는 텅 빈 껍데기일 뿐이었다. 하딩 파월은 그녀 안 에 있었다. 지금까지 애거사는 어둠 속에서만 그를 사무치게 느꼈다. 그녀의 두려움은 눈에 보이지 않는 하딩의 존재가 어 둠 속에서 저지를 짓에 대한 불안에서 비롯된 것이었다. 그런 데 이제 혐오에 가까워진 그녀의 두려움은, 실제 하딩 파월을 향한 감정으로 변해 있었다. 하딩 파월의 영혼이 그러했듯 그 의 육체마저 애거사를 뒤쫓기 시작한 것이다.

이윽고 하딩이 애거사를 발견했다. 그리고 망설임 없이 그녀에게 다가왔다. 애거사는 언덕의 동쪽 경사를 따라(그녀 가 서 있는 자리를 기준으로는 왼쪽으로 1야드쯤) 내달려 그 를 따돌렸다. 그녀는 구석에 몸을 웅크린 채로 하딩이 강가로 이어지는 완만한 비탈을 내려가는 모습을 지켜보았다. 몸을 일으켜 앞으로 나아가 보니, 하딩이 가까운 쪽의 강변을 따라 걷다 농장 다리를 건너는 모습이 눈에 들어왔다.

애거사는 확신했다. 자신이 숲 어귀에 있는 문으로 되돌아가 언덕을 오른 다음 무성한 덤불 사이로 길을 내 숲의 서쪽 끝에 다다르기까지 걸린 시간은 12분에서 15분 남짓이었다고 말이다. (지금껏 숱하게 다녀본 길이었다). 이제부터는 농장 다리로 이어지는 비탈진 들길을 쭉 따라 걸으면 되었고, 아니면 숲 가장자리의 수풀길을 따라 걷다 집 앞 다리로 이어지는 짧은 일직선 길을 통해 집에 도착할 수도 있었다.

그녀는 하딩 파월이 도착했을 농장과 멀찍이 떨어져 움직일 수 있도록 짧은 일직선 길을 택했다. 지금 그녀가 있는 곳에서는 툭 튀어나온 숲 모퉁이가 시야를 가려 언덕 내리막과 그 아래 평지가 보이지 않았다.

숲 모퉁이를 돌자 눈앞에 별안간 골짜기의 전경이 펼쳐졌다. 머릿속이 뜨겁게 소용돌이쳤다. 어찌나 맹렬하게 휘몰아치는지 몸이 휘청거릴 정도였다. 뒤이어 메스꺼움 같은 이상한 감각이 스쳐 지나갔다. 그녀를 관통한 감각이 시신경을 가득 메워 더없이 끔찍한 착란을 일으켰다. 풀과 어린 옥수수 잎의 푸르름, 그 생생한 생명의 색채는 난폭하고도 끔찍했다. 그것 자체로 혐오스러운 것은 물론 그 안에 담긴 의미는 훨씬 더 혐오스러웠기에 저절로 몸서리가 쳐졌다.

한때 애거사는 지금 서 있는 바로 그곳에서 황홀한 고양감을 체험했었다. 그때는 모든 나뭇잎과 풀잎이 반쯤 투명한 생기로 신성하게 빛났고, 그녀 몸속의 신경 하나하나가, 또 그녀의 존재 전체가, 만물의 생명에 깃든 기쁨으로 충만했었다.

하지만 지금 그녀가 겪는 감각은 (정확히 설명할 수는 없지만) 정반대의 고양감이었다. 그것은 말로 표현할 수 없는 공포이자 두려움이었다. 만물의 생명에 깃든 공포와 두려움. 애거사는 역겨움을 적나라하게 드러낸 세상을 바라보았다. 그녀는 신성함을 전혀 알지 못하며 초자연적 힘을 부인하는 자의 시선으로 주위를 두리번거렸다. 하딩 파월의 영혼이 이제 그녀의 것이 되고 말았다.

하딩이 사납고 가차 없이 애거사에게 들이닥친 것이다.

숲의 경계를 이루는 울타리 바깥에서 끔찍한 소리가 들려왔다. 광기가 덜 서린 자에게는 들리지 않기에 끔찍한 소리였다. 무언가 자꾸만 움직이면서 괴상하게 전율하고 우글대고 타닥거리는 희미한 소리, 쉬지 않고 한없이 교묘하게 사람을 성가시게 하는 소리, 괴로워하고 움찔거리는 소리. 보이지 않는 존재들이 세상에 나오려고 꿈틀대는 소리, 태어나지 않은 애벌레의 소리, 소멸을 향해 기어가고 몸부림치는 존재들의 소리. 애거사는 자신이 보고 듣는 것의 정체를 알고 있었다. 그것은 썩어 문드러진 생명이 동요하는 소리였다. 어린 옥수수 잎을 보고도 그녀는 그 안에 있는 사악한 생명의 위압과 열정에 벌벌 떨었다. 공포를 자아내는 생명을 품은 나무들이 가지를 뻗쳐 그녀를 위협했다. 그 아래 역겨운 풀밭에서 대지는 온통 혐오스러운 것들로 들끓었다. 시퍼렇고 창백한 강물은 괴물처럼 끈적한 점액을 느리게 흘려보냈다.

애거사는 모퉁이를 도는 찰나의 순간에 이 모든 것을 인지했다. 그것들은 이내 고요함 속으로 침잠해 흐릿해졌다. 그녀는 그것들을 하나의 장면으로 인식했다. 그 속에서는 그녀의 공포만이 움직이며 그녀를 뒤쫓았다. 나뭇잎이 바스락대고 풀잎이 부드럽게 스러지고 겁먹은 새들이 우는 소리의 틈새로, 애거사는 자신을 쫓던 공포가 떠나가는 소리를 들었다. 그것은 그녀 뒤에 있는 울타리 건너편으로 이동했다. 애거사는 그것이 자신을 지나쳐가도록 가만히 멈춰 섰다. 그러자 그것도 우뚝 멈추더니 애거사를 기다리기 시작했다. 겁에 질린 새 한 마리가 가냘픈 날갯짓을 하며 울타리에서 날아올랐다. 그리고 새가 날아오른 자리에 하딩 파월이 있었다.

하딩은 조금 전 애거사가 몸을 숨겼던 것처럼 울타리 아래서 몸을 웅크리고 있었다. 그의 얼굴은 소름 끼쳤지만 조금 전 그녀를 지나친 공포만큼은 아니었다. "하딩! 하딩!" 그녀는 무자비하게 자신을 쫓는 보이지 않는 존재를 피해 하딩에게 도움을 청했다.

하딩이 일어섰다. (애거사는 그가 일어서는 모습을 보았다). 그런데 애거사가 그의 이름을 부르는 순간 그의 실체가 사라지더니 이름 없고 이름 붙일 수도 없는 무형의 존재로 바뀌었다. 탁한 갈색 먼지 같은 것이 황혼처럼 투명하게 공중을 떠다녔다. 그것은 거대하지만, 눈에 보이지 않는 공포 덩어리에서 갈라져 나온 파편이었다. 공포의 파편은 그녀에게서 멀어져가다 언덕 위 연기로 사라졌다. 이제는 파편을 낳은 공포 덩어리가 그녀를 쫓기 시작했다.

겁에 질린 새 한 마리가 가냘픈 날갯짓을 하며 울타리에서 날아올랐다.

애거사는 몸을 숙인 채 그것을 낳은 숲에서 벗어나기 시작했다. 그것에 쫓겨 허겁지겁 들판을 내달리는 그녀의 발아래에서 어린 옥수수 잎들이 무참히 짓밟혔다. 그녀는 달아나면서 골짜기에 울려 퍼지는 목소리를 들었다. 놀라움과 애원이 뒤섞인 목소리가 노래하듯 그녀를 부르고 있었다.

"애거사— 애거사—왜—달아나는—거예요?"

밀리의 목소리였다.

강가에 다다른 애거사는 무어라 말을 건네는 하딩의 목소리를 들었다. 그녀는 그 목소리에 귀를 기울이지 않을 수 없었고, 하딩이 어느 틈에 골짜기로 내려온 것인지 생각하지 않을 수 없었다. 분명 방금까지 언덕 꼭대기에서, 숲의 끝자락에서 그를 보았는데.

어느새 하딩은 농장 다리에 서 있었다. 흔들거리는 나무 다리를 건너는 애거사를 향해 그가 손을 내밀었다.

하딩이 자신을 반대편으로 유인했음을, 그가 거기에 서서 계속 무언가 말하고 있음을, 그리고 자신이 그 말에 응답했음을 애거사는 비로소 깨달았다.

"내가 불쌍하지도 않아요? 날 그냥 내버려 둘 순 없나요?" 애거사는 그에게서 도망쳤다.

11

애거사는 뜬눈으로 밤을 지새웠다. 하딩 파월과 그가 낳은 공포는 무자비했다. 하딩은 그녀를 놓아주려 하지 않았다. 이제는 그녀의 능력과 비밀도 그녀를 뒤쫓는 존재 앞에서 힘을 쓰지 못했다.

애거사는 밤새도록 방 안 불을 환히 켜두었다. 잠드는 것이 두려웠기 때문이다. 잠들었다가는 저기 불 꺼진 길에서부터 그것이 들이닥칠 게 뻔했다. 그것이 가만히 지켜보고 기다리기만 하는 하얗고 익숙한 방보다 저기 불 꺼진 길이 열 배는 더 끔찍했다.

아침이 되어 나가 보니 테이블에 편지 한 통이 놓여 있었다. 하녀 말로는 어젯밤 애거사가 침실에 들어간 후에 파월 부인이 두고 간 것이라고 했다. 편지에는 이렇게 적혀 있었다. '애거사에게. 물론 이해해요. 하지만 정말 우리를 끝까지 보지 않을 셈이에요? 어젯밤에는 무슨 일이 있었던 거예요? 가엾은 하딩이 잔뜩 겁에 질렸어요. 당신의 벗, M. P.가'

애거사는 저도 모르게 편지를 갈기갈기 찢어 촛불에 태웠다. 그리고 타들어 가는 편지를 물끄러미 바라보았다.

"확실히 내가 제정신은 아니었지." 애거사는 혼자 중얼거렸다.

애거사는 집 안을 돌아다니며 문을 모두 걸어 잠그고 굳게 닫힌 창문의 블라인드를 모조리 내렸다. 불이 꺼진 난롯가에서 몸을 웅크린 채 두려움에 떨던 그녀는, 자신 안에 광기가 들어와 있음을 깨달았다. 유리창에 비친 그녀의 얼굴에는

(아직 그걸 들여다볼 용기는 남아 있었다) 광기 어린 공포가 마음껏 활보하고 있었다.

애거사 스스로 알고 있다는 것, 번뜩이는 섬광처럼 자신의 상태를 돌아보고 인지하는 순간이 찾아온다는 것은, 미약하게나마 온전한 정신이 남아 있다는 뜻이었다. 애거사를 사로잡은 것은 그녀 자신의 광기가 아니었다. 그것은 하딩 파월의 것이었다. 물론 이제는 아니었다. 그녀가 그에게서 그것을 가져왔으니 말이다. 말 그대로 그녀가 하딩에게서 광기를 앗아온 것이다.

무슨 일이 어떻게 벌어졌는지는 자명했다. 처음부터 능력은 전혀 예측할 수 없는 위험을 안고서 작동했다. 하딩과 이어져 그를 치유하는 과정에서 애거사는 피와 살의 경계뿐 아니라 한 사람을 다른 사람으로부터 너그러이 막아주고 지켜주는 자아의 가장 내밀한 벽까지 허물어야 했다. 벽이 얇아지기 시작하면서부터 하딩의 광기가 새어 나왔고 벽이 뚫리자마자 그녀에게 들이닥쳤다. 광기가 깊어지기까지 하딩이 겪고 행한 사소한 것 하나하나가 모조리 그녀에게 전이되었다. 하딩이 예감했던 공포와 전율, 하딩의 고양된 감각, 혐오로 얼룩져 찬란한 신성함을 시들게 만든 하딩의 시선, 쫓아오는 공포에서 벗어나려던 하딩의 도피까지, 모든 것이 그녀에게 옮겨왔다. 이제 애거사는, 블라인드를 친 방 난롯가에서 웅크리고 있던 하딩처럼 온종일 숨어 지냈다. 자신의 광기에 시달린다는 것은 그리 끔찍한 일도 못 되었다. 어쨌거나 그건 자신의 것이었으니까. 타인의 광기가 자기 안에 들어오는 것에 비하면 반만큼도 끔찍하지 않았다.

애거사가 깨우친 한 가지 사실은, 이제 욕망이 더는 지하에서 움직이는 것이 아니라 환한 빛을 버젓이 받으며 벌거벗은 채 그녀 앞에 나타난다는 것이었다.

그녀는 여전히 자신의 정신을 분별할 수 있었다. 지금 그녀 안에는 쫓고 쫓기는 존재, 그녀를 피난처이자 안식처로 여겨 그녀에게 들이닥친 존재보다도 커다란 무언가가 존재했다. 그것은 하딩 파월과 그가 꾸밀 일에 대한 그녀 자신의 두려움이었다. 내면의 문이 하딩을 향해 열려 있다는 것은 벨라와 로드니 래니언을 향해서도 열려 있다는 뜻이었다. 애거사가 지금껏 애썼던 까닭도 세 사람의 피와 살의 경계를 전부 허물어 신비한 힘을 통하게 하기 위함이 아니었던가? 세 사람은 감히 상상할 수도 없는 성찬식에 다 함께 초대를 받은 것이었다. 하지만 하딩 파월이 애거사를 잠식하도록 거룩한 힘이 용인한 것이라면, 그녀가 하딩을 그녀 안에만 가두고 로드니 래니언에게로 넘어가지 못하게 막는 것도 내버려 두지 않을까?

아주 말이 안 되는 소리도 아니었다. 하딩이 애거사에게 가닿을 수 있으면 당연히 그녀를 통해 로드니에게도 가닿을 수 있었다.

이는 공포 중에서도 최악의 공포였으며 오롯이 그녀 자신의 감정이었다. 그 감정이 하나도 손상되지 않은 채로 낯선

168

공포와 함께 존재한다는 것은, 아직 그녀 안에 침범당하지 않은 영역이 남아 있다는 뜻이었다. 로드니를 향한 사랑과 하딩을 향한 두려움이 침입자에 맞서 그녀를 지키고 있었다. 적어도 어딘가에는 함락될 수 없는 곳이 있었다.

환한 빛 속에서 애거사는 여전히 자기 손안에 있는 능력을 확인했다. 그리고 그것을 멈추리라 결심했다.

그러려면 밀리에게 했던 약속을 저버려야 했다. 애거사는 이제 하딩을 놓아주어야 했다. 일부러 그를 놓은 다음 끈을 잘라내야 했다. 가능한 일이었다. 애초에 그녀가 능력을 작동시켜 그를 붙들었으니 다시 그걸 작동시켜 그를 놓아주면 되었다. 물론 쉽지 않으리라는 예감이 들었다.

그리고 정말로 쉽지 않았다. 하딩은 소름 끼칠 정도로 매달렸다. 애거사는 그가 그렇게 나오리라고는 미처 예상하지 못했다. 두 사람의 존재가 떼어놓을 수 없게 뒤엉킨 덕에 그가 애거사의 목적을 미리 간파하여 싸울 태세를 마친 듯했다. 하딩은 필사적으로 붙들고 늘어졌다. 자신이 빼앗은 영역을 전혀 내어주려 하지 않았다. 애거사에게 이끌려 들어온 그 세상에서, 하딩은 더는 수동적인 존재가 아니었다. 게다가 상황은 그에게 확실히 유리했다. 지난 세 번의 밤, 꼬박 사흘 동안, 그가 그녀를 소유했으니까. 애거사는 하딩에게 무방비로 노출되었다. 그녀가 깜빡 잠드는 순간도 하딩에게는 번번이 기회였다.

그를 쫓아내기까지는 세 번의 밤, 꼬박 사흘이 걸렸다. 첫

날 밤에 애거사는 힘겹게 그와 싸웠다. 모든 감각을 숨죽인 채로 누워 주위에 신성한 어둠을 불러들였음에도 그녀는 힘에 부쳤다. 두 사람 사이에 벽을 세울 수는 있었지만 그러기가 무섭게 하딩이 그것을 뜯어내고 무너뜨렸다.

애거사는 하딩을 용인한 힘 앞에서 겸손히 조아렸다. 거룩한 힘이 자신과 멀어져 언짢아하는 것이리라 생각하며 용서를 빌었다. 이제 애거사는 그 힘이 어떻게 작동하는지 더는 확신할 수 없었으나 그래도 어떻게든 타협하려 애썼다. 로드니 래니언을 지킬 방법이 달리 없다면 대신 자신을 속죄양으로 바칠 작정이었다.

하지만 힘은 예상한 대로 작동하지 않았다. 우위는 하딩이 먼저 차지한 듯 보였다. 그러나 그에게 시달리느라 애거사가 밤새 잠을 이루지 못한 통에 그는 자신의 존재를 더 확고히 굳히지 못했다. 애거사가 잠에 빠져들었다면 상황은 달랐을 것이다. 이렇게 애거사와 하딩의 힘은 비등해졌다.

둘째 날 밤에는 애거사가 우위를 차지했다. 그녀는 끝내 벽을 세워 하딩을 차단했다. 정신적 고통, 연민으로 묶인 관계의 결렬, 그리고 파열의 극심한 괴로움과 함께, 하딩이 애거사에게서 떨어져 나갔다.

그런데 그 힘은 누구의 편도 아닌 듯했다. 둘째 날 밤이 저물고 동이 틀 무렵 애거사가 깜박 잠들고 만 것이다. 이로 인해 상황은 불확실해졌다. 무방비의 심연이 그녀를 어디로 데려갈지는 알 수 없었다. 잠들기 전까지 그녀는 하딩에게서 자유로웠지만 잠들고 난 후부터는 하딩이 다시 들이닥칠지도 몰랐다. 애거사와 침입자 사이에서도 균형을 유지하는 그 힘이 틈만 생기면 비집고 들어오려 하는 하딩을 눈감아주리란 것은 뻔했다.

마지막 철야를 보낸 셋째 날 밤에 애거사는 끝내 항복했다. 그러나 상대는 하딩 파월이 아니었다.

그 일이 어떻게 시작되었는지는 애거사도 모른다. 그녀는 눈을 감고 양팔을 몸에서 약간 떨어트려 놓은 채 침대에 누워 있었다. 옷을 벗고 모든 감촉을 잠재우며 정화의 어둠으로 들어가려고 하는 순간, 잊고 있었으나 낯설지 않은 앎이 그녀 안에서 되살아났다. 무언가가 그녀에게 말을 건넸다. "잊은 거야? 네가 들어갈 세상에는 싸움도 눈물도 없어. 평화가 있는 곳에서는 화해도 필요 없지. 지고하고 거룩한 힘과 네가 타협할 수는 없는 거야. 로드니 래니언을 대신해 너를 내어주는 것만으로는 부족해. 네게는 너 자신보다 그 사람이 더 소중하니까. 그리고 한 자아를 다른 자아로 바꾸는 것도 결국에 다 부질없어. 그곳에서는 자아도 없어지니까. 힘은 그런 식으로 작동하지 않아. 하지만 말이야, 여기 이 문턱에서 그 사람을 포기하고 그를 향한 욕망을 내려놓으라고 한다면 어떡할래? 그를 놓아줄래? 응?" 목소리가 집요하게 물었다.

애거사는 어둠에 묻힌 순결의 문턱에서 대답했다. "그럴게요."

그 순간 잠이 그녀를 덮쳤다. 신성하고 성스러우며 거역할 수 없는 잠이 문턱 너머에서 애거사를 찾아온 것이다.

이로써 신비한 힘과 그녀의 관계가 봉인되었다.

12

금요일 아침 애거사는 파괴할 수 없는 해방의 감각을 생생히 느끼며 잠에서 깨어났다.

하지만 해방감을 유지하려면 조건이 하나 있었다. 애거사는 신비한 힘이 자기 뜻을 강요할 때까지 기다릴 것이 아니라 선수를 쳐야 했다. 금요일은 로드니가 오는 날이었다. 이번에 그가 오리란 것을 애거사는 알고 있었다. 그의 방문 자체야 별일이 아니었으나 지난번 그는 계속 머무르겠다는 뜻을 확실히 밝혔었다. 따라서 애거사는 로드니에게 오지 말라는 전보를 보내놓아야 했다.

그러기 위해서는 일찌감치 일어나 1마일 떨어진 근처 마을로 나가야 했다. 애거사는 가장 가까운 길을 택했다. 농장 다리를 지나 숲의 맨 끝으로 이어지는 비탈길을 오르면 되었다. 숲 모퉁이를 도는 순간, 애거사는 이쯤 어딘가에 공포가 있었으며, 푸른 초원과 고요한 물의 신성한 아름다움이 악마의 그림자가 드리운 풍경으로 변했었음을 어렴풋이 느꼈다. 하지만 그녀에게는 죽은 듯 지낸 사흘간의 기억만이 악몽처럼 남아 있을 뿐이었다. 처음에 애거사는 해방의 기쁨에 취해

이른 아침의 햇빛과 내음을 음미하며 걸었다. 그러다 문득 하딩 파월을 떠올렸다. 조금 전 지나오며 본 농장 창문의 블라인드는 모조리 내려와 있었다. 하딩과 밀리가 떠나고 없기 때문이리라. 애거사는 애정과 연민이 뒤섞인 마음으로, 동시에 지극히 명료하고 침착한 정신으로, 하딩과 밀리를 생각했다. 그들은 어제 떠났고 애거사는 끝내 그들을 보지 않았다. 어쩔 수 없는 일이었다. 그녀로서는 최선을 다했다. 하딩의 광기가 그녀 안에 아주 조금이라도 남아 있는 한 그녀는 그들을 볼 수 없었다. 게다가 약속을 어겨 놓고 무슨 염치로 밀리를 만난단 말인가?

그렇다고 약속을 저버린 것을 후회하지는 않았다. 그 정도로 그녀의 정신은 온전했다. 로드니 래니언이 없었다면 아마도 애거사는 용기를 내어 끝까지 가보았을 것이다. 광기에 사로잡히는 위험을 감수해서라도 하딩을 구하려 했을 것이다. 그것이 밀리에게 한 약속이었으니까. 하지만 하딩을 놓지 않았다고 해서 과연 밀리에게 한 약속대로 그를 구할 수 있었을지는 자신이 없었다. 애거사는 불가해하고 비밀스러운 힘의 매개이자 그것을 담는 크리스털 그릇에 불과했다. 그녀가 무참히 파괴되었다면 하딩도 무사하지 못했을 것이다. 깨진 크리스털, 아니 결점이 하나라도 있는 크리스털로는 힘을 통하게 할 수 없었다.

어딘가에 틀림없이 결점이 존재했다. 명료한 정신으로 결점을 찾던 애거사는 자신의 두려움 속에서 그것을 발견했다. 두려움이 얼마나 위험한지, 생각이 의지가 되고 의지가 행동이 되는 세계로 두려움을 안고 가는 것이 얼마나 위험한지, 애거사는 잘 알았다. 그러는 동안에도 그녀는 자기 자신을 크리스털처럼 정결하게 만들려고 부단히 노력했다. 그런 그녀에게 로드니를 포기하는 것보다 더한 노력이 있을까?

마을로 나갈 때만 해도 애거사는 성스러운 열정과 이타적인 행복에 마음이 들떴으나 쓸쓸한 들판을 가로질러 집으로 돌아갈 때는 슬픔과 적막함을 실감했다. 이제 로드니는 오지 않을 것이다. 그녀가 보낸 전보는 로드니가 타고 오는 열차가 출발하기 두 시간 전에 그에게 도착할 터였다.

마을 저편으로 하얗게 빛나는 그녀의 집이 보였다. 로드니의 방(그가 오면 늘 머물던 서재)의 창문도 보였다. 그런데 그 방의 격자 창문들이 로드니를 맞이하기라도 하듯 활짝 열려 있었다.

무슨 일이 벌어진 것이다.

하녀가 정원 입구에서 애거사를 기다리고 있었다. 가까이 다가가자 하녀가 애거사를 맞이하러 들판으로 나왔다. 마음의 준비를 하라는 듯한 경고의 분위기를 풍기면서.

파월 부인이 왔다고 했다. 부인이 와서 애거사 아가씨를 기다리고 있다고, 말려도 아랑곳하지 않고 곧장 집으로 들어갔다고, 상태가 말이 아닌 걸 보아 아마도 파월 씨 때문인 것 같다고, 하녀는 말을 늘어놓았다.

파월 부부는 이곳을 떠나지 않았던 것이다.

"아가씨, 저라면 부인을 보지 않을 거예요." 하녀가 말했다.

"당연히 만나 봐야지."

애거사는 로드니가 있어야 했으나 지금은 밀리가 있는 방으로 망설임 없이 향했다. 뒤돌아 있던 밀리가 구석 자리에서 일어났다.

"애거사, 내가 올 수밖에 없었어요."

애거사는 간절하게 고개를 치켜든 밀리의 하얀 뺨에다 입을 맞췄다. "어제 떠난 줄 알았는데요."

"그럴 수가 없었어요. 그이가…… 그이가 다시 아파요."

"아프다고요?"

"네. 블라인드가 쳐진 걸 못 보았나요?"

"그야 두 사람이 떠난 후여서 그런 줄 알았죠."

"그이가 다시 쫓기고 있어요."

"정확히 언제부터였나요?"

"오늘이 사흘째네요."

애거사는 고통스럽게 숨을 들이마셨다. 오늘은 그녀가 하딩을 놓은 지 사흘째 되는 날이었다.

밀리가 말을 이었다. "다시 집 밖으로 나오려 하질 않아요. 쫓기고 있대요. 발각될까 봐 무섭대요. 그래서 저기 저 방에만 틀어박혀 있어요. 나더러 자신을 가둬달라면서."

두 사람은 서로를 응시하며 상대방의 얼굴에 드리운 공포를 주고받았다.

"오, 애거사." 밀리가 고통에 겨워 울먹였다.

"그이를 도와줄 거죠?"

"못 해요." 애거사의 목구멍에서 메마른 목소리가 갈라져 나왔다.

"못 한다고요?"

애거사가 말없이 고개를 가로저었다.

"그럼 여태껏 가만히 있었단 말이에요?"

"맞아요. 앞으로도 할 수 없고요."

"그렇지만, 당신이 그랬잖아요. 그이 일에 집중하겠다고.

그래서 우리를 만나지 못하는 거라고요."

"그랬었죠. 일단 자리에 좀 앉아요, 밀리."

두 사람은 계속 서로를 바라보며 자리에 앉았다. 애거사는 햇빛이 자신에게 쏟아지도록 창문 맞은편에 자리했다.

밀리가 말을 이었다. "내가 당신을 홀로 둔 건 그 이유 때문이었어요. 계속 그 일에 매진하는 줄 알았으니까. 그이를 놓지 않겠다고 했잖아요. 계속하겠다고 약속⋯⋯."

"계속했었어요. 그러다⋯⋯."

그러나 밀리는 잠시 울음을 참느라 말을 멈춘 것뿐이었다. 이내 밀리는 날카롭고 추궁하는 투로 또박또박 말을 이어 갔다.

"그럼 지금껏 뭘 하고 있었던 거예요?"

"내가 당신을 실망시켰다고 생각하는 게 당연해요."

"그게 아니면 뭐죠?"

"밀리, 하딩을 낫게 하는 건 내가 아니에요."

"물론 당신이 아니라 그 힘 덕분이란 걸 알아요. 하지만 당신이 그걸 쥐고 있잖아요. 그러니 당신도 무언가를 한 거죠. 다른 사람들은 못 하는 무언가를 말이에요. 당신이 능력을 작동시킨 덕에 그이는 하룻밤 만에 괜찮아졌어요. 이후로 6주 내내 쭉 건강했고요. 그러다 당신이 손을 떼버린 사흘 동안—나는 당신이 언제 그만뒀는지 똑똑히 알고 있답니다— 그이가 다시 아프기 시작했어요. 그런데 당신이라고 생각하지 말라고요? 그이를 낫게 한 건 당신이에요. 그리고 그게 당신이라면, 당신은 그이를 포기해서는 안 돼요. 도울 생각은 않고 옆에서 구경만 해서는 곤란하다고요. 그이가 무엇에 시달리는지 당신도 알잖아요. 어떻게 그이가 고통받는 걸 보고만 있을 수 있어요? 어떻게?"

"그래야만 하니까요."

"그게 무슨 말이죠?"

밀리가 애원보다 반항에 가까운 표정으로 고개를 치켜들었다.

"왜냐면 말했다시피, 내가 소진되어버릴지도 몰라요. 아니, 나는 이미 소진되었어요."

"그 힘은 소진될 수 없다면서요. 당신은 그걸 쥐고만 있는 거라서 아무 힘도 들지 않는다고 했잖아요. 그래서 나는 그걸 쥐고만 있어 달라고 부탁한 거고요, 애거사."

"그게 얼마나 어려운지 당신은 몰라요."

"지금껏 당신이 해온 일을 부탁했을 뿐이에요. 그이를 위해 하루에 5분만 시간을 써달라고요. 그 정도면 충분하다고 했잖아요. 5분이면 된다고. 그렇게 어려운 부탁도 아닌걸요."

애거사가 한숨을 내쉬었다.

"5분을 쓰는 게 그렇게 힘들던가요?"

"당신은 이해 못 해요." 애거사가 말했다.

"난 다 이해하고 있어요. 그를 보살펴달라는 것도 아니고, 걱정해달라는 것도 아니었어요. 그저 늘 하던 일을 계속해달라는 것뿐이었는데."

"당신은 이해 못 해요. 설명하기는 어렵지만 이제 더는 그 일을 할 수 없어요."

"알겠네요. 애거사, 지친 거겠죠. 그럼 일단 오늘은 푹 쉬어요. 나중에 피로가 풀리면 그때 다시 시작해보겠어요?"

"아, 밀리. 정말 그럴 수만 있으면……."

"당신은 할 수 있어요. 하게 될 거예요. 나는 당신이……."

"아뇨. 제발 이해해줘요. 다시는, 다시는 할 수 없어요."

"영원히?"

"영원히."

긴 침묵이 흘렀다. 마침내 밀리가 초조하고 가냘픈, 그러나 조금은 시비를 거는 듯한, 실패를 인정하지 못하는 자의 목소리로 말했다.

"이해가 안 되네요, 애거사. 그 힘은 당신의 것이 아니라면서요. 당신은 연결고리일 뿐이라고 했잖아요. 당신이 하는 건 없다고, 그이를 치유하는 힘은 절대 닳지 않는다고, 못 하는 일이 없고 우리를 위해 뭐든 해줄 거라고 했잖아요. 그런데 당신은 신성한 그 힘으로부터 일부러 당신을 잘라냈군요."

"그런 적 없어요."

"하딩을 잘라냈잖아요." 밀리가 말했다. "당신이 그이를 놓아버린 거니까."

"그렇다고 하딩이 그 힘과 끊어질 일은 없어요. 그리고 그를 계속 붙들고 있는 건 좋지 않아요. 안전하지 않다고요."

"하지만 그게 그이를 살렸어요."

"그렇다 하더라도, 밀리, 그 힘은 위험해요. 존재 자체로 위험하다고요."

"그 힘이요? 신성하다는 그 힘이?"

"네. 신성하지만 동시에 끔찍해요. 우리에게 끔찍한 일을 저지르고 있어요."

"그게 무슨 말이죠? 그게 정말 신성한 존재라면 우리를 가엾이 여기지 않겠어요? 그게 당신보다도 마음이 박하다는 거예요? 아, 애거사, 그 힘은 선하고 순수하다면서요?"

"선하고 순수해서 끔찍하다는 거예요. 우리는 이해할 수 없어요. 그 힘은 그것만의 법칙을 따르니까요. 차라리 기도에 응답해주는 거라면 낫겠어요. 그러니까 내 말은, 안전하겠죠. 우리가 아무리 부족하더라도 어떤 식으로든 응답해줄 테니까. 하지만 그건, 그 힘은 달라요. 지고한 존재랍니다. 함부로 다가갔다가는 우리를 무너뜨릴 거예요. 그게 무얼 요구하는지 정말 모르겠어요? 완벽한 순결함이에요. 내가 말한 적 있죠, 밀리. 크리스털처럼 순결해져야 한다고요. 무결점의 크리스털처럼 말이에요."

"결점이 있으면 어떻게 되는데요?"

"모든 게 망가져요. 아무 쓸모도 없어져요. 끔찍하게 위험해지죠."

"누구한테요?"

"나한테, 그리고 내가 도우려는 사람들한테요. 나는 접속할 지점을 만들어서 서로 통할 수 있게 모든 벽을 부숴야 해요. 그런데 스스로 문제가 있는 것 같다고 생각하는 순간 그것이 (그러니까 그 힘이) 더는 작동하지 않게 돼요. 사람들을 도우려다가 도리어 해를 입힐 수 있다는 걸 아직도 모르겠어요?"

"하지만 애거사, 당신에게는 아무 문제가 없잖아요."

"어떻게 확신해요? 스스로 아무 문제가 없다고 어느 누가 확신하죠?"

"그럼 당신은, 어딘가 결점이 있다고 생각하는 거예요?" 밀리가 물었다.

"틀림없이 어딘가 존재해요."

"그게 뭔데요? 찾아낼 수 있어요? 뭔지 알고 있나요? 잘 생각해봐요."

"가끔은 내 두려움이 문제인 것 같다고 생각해요."

"두려움?"

"네. 가장 심각한 문제죠. 내가 당신에게 두려워하면 안 된다고 말했던 것 기억하죠?"

"하지만 애거사, 당신은 두려워하지 않았잖아요."

"이후로는 아니었어요. 두려워졌어요."

"당신이 그랬다고요? 하지만 나더러 두려워하지 말라고 한 건 당신이에요." 밀리가 대꾸했다.

"그렇게 말해야만 했어요."

"난 그날 이후로 정말 두려워하지 않았어요. 당신을 믿었으니까. 남편도 당신을 믿었어요."

"그래서는 안 됐어요. 그러지 말았어야 했어요. 그게 문제였네요."

"그게 문제였다고요? 이제는 당신을 겁준 게 나라고 말할 건가요?"

밀리를 마주한 애거사는, 끔찍하고 비정상적으로 명료한 감각을 통해, 밀리가 그렇게 말한 이유를 깨우쳤다. 밀리는 겁에 질려 있었다. 밀리는 자신이 두려움을 전염시켰다고 느꼈고, 그것이 위험한 짓이었음을, 만일 하딩이 해를 입는다면 그건 애거사가 아니라 자신의 탓임을 알게 된 것이다. 그리고 그걸 마주할 자신이 없어 애거사에게 두려움이 아닌 다른 잘못을 덮어씌우려 하고 있었다.

"아뇨, 밀리. 당신이 날 겁준 게 아니에요. 내가 두려워한 이유는 따로 있어요."

"도대체 뭐가 두려운데요?"

애거사는 대답하지 않았다. 아무리 밀리를 납득시키고 싶더라도 결코 해서는 안 되는 말이었다. 애거사는 밀리가 자신을 어떻게 생각하려는 건지 갈피가 잡히지 않았다. 아마 밀리는 내키는 대로 생각할 것이다. 그렇다 하더라도, 애거사가 느끼는 공포와 위협의 정체를 밀리가 알아서는 안 되었다.

애거사의 침묵에 밀리는 자신감을 얻은 듯 말을 이어갔다.

"당신이 두려움 때문에 그런 짓을 저질렀다니 믿기지 않아요. 두려움 때문에 하딩을 포기했을 리 없어요. 게다가 처음에 당신은 두려워하지 않았잖아요. 이후로 두려운 이유가 생긴 게 아니라면."

"이후라고요?"

이때까지도 애거사는 스스로 내뱉은 이 말을 대수롭지 않게 생각했다.

"그러니까, 뭔진 몰라도 무언가를 지키려고 그이를 포기한 거잖아요. 무언가를 위해 그이를 버린 거예요."

"아니에요. 난 그저 두려워져서 하딩을 놓아준 거예요."

"그 힘을 포기한 건 당신이에요. 아무 이유 없이 그랬을 리 없어요. 중간에 무언가가 끼어든 거죠."

"그러면," 애거사가 말했다. "그게 뭔지 당신이 한번 말해 봐요."

"나야 모르죠. 당신에게 무슨 일이 생긴 건지 나는 몰라요. 그래도 확실한 건, 만약 내게 그런 능력이 생긴다면 무슨 일이 있어도 그걸 포기하지 않을 거란 사실이에요. 난 아무것도 끼어들지 못하게 할 거예요. 나라면 스스로 조심해서……."

"나도 조심했어요. 하지만 하딩에게만 전부를 내어줄 수는 없었어요. 다른 것들과 다른 사람들도 있으니까. 하딩이건 누구건 간에 한 사람만을 위해 나머지를 포기할 수는 없다고요."

"애거사, 진짜 당신을 제대로 보살핀 게 맞아요?"

"진짜 내 모습이 대체 뭔데요?"

"뭐긴요, 완벽한 순결함이요. 그게 조건이라고 당신이 그랬잖아요."

"맞아요. 하지만 완벽한 사람이 어디 있나요? 설마 나를 그런 사람이라고 생각했다면 뭘 모르고 하는 소리예요."

바로 그 순간 정원 문이 여닫히면서 빗장이 날카롭게 딸각이는 소리가 들렸다. 애거사는 창문을 등지고 있어 아무것도 볼 수 없었다. 하지만 익히 알고 있는 단호하고 힘찬 발걸음이 빠르게 다가오는 소리를 똑똑히 들을 수 있었다. 얼굴이 시뻘겋게 달아올랐다. 밀리의 얼굴은 다른 이유로 격양되어 창백해졌다. 밀리의 두 눈은 정원 길을 지나오는 남자에게 고정되어 있었다. 밀리는 애거사를 쳐다보지도 않은 채 대꾸했다.

"이제야 알겠네요." 밀리가 말을 멈춘 사이 초인종이 세차게 울렸다. 밀리는 일어나 한쪽으로 비켜섰다. "크리스털의 결점이 뭐였는지."

13

로드니가 방으로 들어왔다. 밀리는 그제야 애거사를 바라보았다. 어느새 밀리의 표정에는 격정이 사라지고 슬픔과 원망이, 되살아난 불신이 묻어났다. 밀리는 애거사를 책망하기보다 의아해하고 있었다. 밀리의 표정은 이렇게 묻고 있었다. '고작 이 사람 때문에 우리 그이를 포기했다고?'

애거사가 밀리에게 말을 건넸다. "밀리, 래니언 씨를 아시겠죠."

로드니는 밀리가 와 있다는 것을 알았지만 그녀에게 눈길도 주지 않았다. 그는 애거사의 얼굴만 뚫어지게 살폈다. 애거사의 얼굴에는 로드니가 늘 감지했던, 애처롭게 숨겨진 공포의 표정이 마침내 밖으로 드러나 있었다. 언젠가 보게 되리라 짐작했던 모습을 기어이 보게 된 것이다. 공포는 단순히 존재하는 차원을 넘어 애거사를 집어삼켰다. 공포가 그녀를 관통하여 미소 띤 입꼬리와 머리칼이 풍기던 한 마리 새 같은 자태를 파괴해버렸다. 이제 애거사는 날개가 꺾인 채 창백한 얼굴과 퀭한 두 눈으로 서 있었다. 사냥꾼에게 잡혀 짓밟힌 새 같았다. 로드니는 밀리와 악수하는 찰나의 순간 이것을 일별했다.

밀리의 표정은 그에게 하등 중요하지 않았다. 그런 건 신경 쓰이지도 않았다. 밀리에게 향한 로드니의 두 눈은 자신이 본 광경에 대한 해명을 요구하고 있었다.

애거사가 보기에 떠날 채비를 하는 밀리의 표정은 여전히 의미심장했다. 애거사를 향한 원망과 불신이 그 안에 여전했다. 애거사는 천연덕스럽게 대화를 시도했다.

"밀리, 래니언 씨가 와서 가려는 건 아니죠? 그럴 필요 없어요."

하지만 밀리는 가겠다고 했다.

그러자 이번에는 로드니가 나섰다.

파월 부인이 이대로 아쉽게 떠날 생각이라면 자신이 그녀를 배웅해야겠다며 말이다. 애거사도 이해해줄 것이었다.

그와 파월 부인은 아주 오랜만에 만난 것이었으니까.

로드니가 어찌나 적극적으로 나서던지 밀리는 퍽 당황했다. 결국에 밀리는 로드니와 함께 농장 너머까지 조금 걷기로 했다. 애거사는 정원 문 앞에서 밀리에게 작별을 고한 뒤 두 사람이 떠나는 모습을 지켜보았다. 그리고 다시 자신의 방으로 돌아갔다.

로드니는 아예 떠나버렸나 생각이 들 만큼 아주 오랫동안 돌아오지 않았다. 애거사는 그가 금방 돌아오는 것을 원치 않았지만 그렇다고 그를 보는 것이 두렵지도 않았다. 그녀의 전보를 받고도 그가 굳이 찾아온 이유가 무엇인지, 왜 평소보다 이른 시간에 도착한 것인지도 딱히 궁금하지 않았다. 전보가 도착하기 전에 출발한 것이겠거니 생각할 따름이었다. 이유가 뭐든 간에 그가 오고 안 오고는 이제 중요한 문제가 아니었다.

마침내 애거사는 이 모든 기적을 또렷이 이해했다. 자신에게 주어진 능력의 비밀을 비로소 알게 된 것이다. 능력이 어떻게 작동하는지가 훤히 보였다. 밀리가 그것을 일깨워주었다. 밀리가 그것을 알아냈고 목격했다. 애거사의 결점이 무엇인지를 밀리가 콕 집어낸 것이다.

그 결점은 두려움이 아니었다. 밀리의 말이 맞았다. 하딩 파월이 애거사에게 들이닥치기 전까지 애거사는 두려움을 몰랐다. 그 결점은, 로드니를 향한 사랑 안에 존재하는 육체적 긴장감이었다. 그것이 줄곧 숨겨진 채로 예측하지도 의식하지도 못한 채 어둠 속에서 작동하고 있었다. 늘 어둠 속에 있으면서 비밀스럽고 성스러운 세계에 균열을 냈다. 애거사의 것이 아닌 두려움이 침범하도록 틈을 만든 것도 바로 그것이었다. 그 일이 언제 벌어졌는지도 애거사는 정확히 알았다.

그동안 애거사는 가엾은 밀리를 탓했었다. 하지만 밀리의 간섭과 하딩의 집요함을 극도로 위험하게 만든 것은 다름 아닌 애거사 자신의 결점이었다. 결점만 없었어도 그들이 애거사 내면의 가장 깊은 평온까지 침범하지는 못했을 것이다. 신비한 힘이 그들을 막아주었을지도 모른다.

결점이 생기기 전까지만 해도 애거사에게 주어진 능력은 한 치의 오차도 없이 작동했다. 애거사는 자신이 회복된 순간부터 로드니와 하딩 그리고 벨라가 회복된 순간을 감탄 어린 눈길로 되돌아보았다. 능력은 특유의 리듬에 따라 움직였고 애거사가 지닌 목적의 순수성에 언제나 정확히 비례했다. 하딩의 경우로 말하자면 애거사는 순수한 애정과 정결한 연민만을 품었고, 벨라의 경우에는 사심 없이 돕고자 하는 이타적인 바람이 전부였다. 그리고 그녀가 무결점의 상태였던 때는 셋 중 벨라의 경우가 유일했기에 회복된 상태를 쭉 유지하고 있는 사람은 벨라뿐이었다. 벨라의 회복세는 경이로울 만큼 지속되었다. 그러나 애거사의 결점으로 인하여 하딩의 상태는 처음보다 더 악화되고 말았다. 가엾은 밀리가 애거사를 원망하는 것이 당연했다.

밀리의 원망이 도를 넘어서고 (실체 없는 것들로는 결코 만족하지 못하는) 밀리가 애거사의 육체적 죄를 의심한다는 사실은 전혀 중요하지 않았다. (밀리는 믿지 않겠지만) 애거사가 생각으로만 죄를 저질렀다는 사실 또한 중요하지 않았다. 애거사에게는 그것만으로도 충분했으며 충분한 걸 넘어 더 무거운 죄로 느껴졌다.

생각은 행동보다 넓고 깊게 펼쳐졌다. 애거사가 작동시킨 무형의 힘은 바로 그러한 이치를 따랐다. 말로 표현할 수 없고 숨겨진 비밀이 다스리는 그 세상에서는, 문턱 아래 은밀히 흐르고 있는, 태어나지 않았고 형체도 없는 생각들이 더욱 중요한 법이었다.

애거사는 어젯밤 자신이 그 힘에 항복한 순간 완벽히 구제되었음을 깨달았다. 이제는 로드니를 만나더라도 두렵지 않았다. 욕망으로부터 순결한 존재가 되었기 때문이다. 이제 그녀는 영원히 보호받는 존재였다.

한 시간쯤 지나 로드니가 아래층 방에 들어서는 소리가 들렸다.

애거사는 그를 보러 내려갔다. 그녀가 들어서자 그가 앞으로 나와 그녀를 맞이했고 두 사람 뒤에 있는 문을 닫았다. 애거사는 시선을 피했다.

"전보를 보냈었는데 못 받았나요?" 애거사가 물었다.

"받았습니다."

"그럼 왜……?"

"왜 왔느냐고요? 무슨 일이 벌어지고 있는지 알았으니까요. 파월이 당신을 겁주는 걸 가만히 두고 볼 수 없었습니다."

"저들이 떠났다고 생각하지 않으셨어요?"

"당신이 전보를 보낸 걸 보고 떠나지 않았단 걸 알았습니다."

"하지만 전보는 어차피 보냈을 거예요. 어떤 경우에라도."

"나를 밀어내려고 말입니까?"

"당신을 밀어내려고요."

"대체 왜?"

로드니는 무언가를 예감하거나 경계하는 눈치가 아니었다. 육체의 막이 아직 그의 두 눈을 가리고 있었다.

"당신더러 여기 와달라고 전보를 보낸 게 아니었어요. 다시는 오지 말라는 뜻에서 보낸 거예요, 로드니."

그가 빙그레 미소 지었다.

"나를 저버리려는 겁니까?"

"그걸 그렇게 표현한다면요."

애거사는 그가 깨닫기를 간절히 바랐다.

"당신이 겁먹어서 그런 것뿐이에요." 로드니는 애거사에게서 몸을 돌리더니 이제 막 진실을 깨달은 사람처럼 초조하게 방을 서성였다. 이내 그는 난롯가에 우뚝 서서 한동안 생각에 잠겼다. 그녀는 드디어 그가 깨달았다고 생각했다.

하지만 아니었다. 로드니는 다시 미소 지으며 애거사를 보았다.

"그렇지만 아무 소용없지 않았습니까? 왜 그래야 하는지도 모르겠고. 당신도 아프지만 않았으면 그런 전보를 보내지 않았겠지요. 당신은 잠시 마음이 약해졌던 거예요. 파월 부부가 몇 주째 당신의 몸과 영혼을 갉아먹고 있었으니 그럴 만도 하지."

"로드니, 아니에요. 나는 정말 당신이 오지 않기를 바랐어요. 그리고, 지금 드는 생각은, 당신이 여기에 머무르지 않았으면 한다는 거예요."

어쩌면 그는 이미 진실을 깨달았으나 인정하기를 거부하고 있는 것인지도 몰랐다.

"안 그래도 다시 떠날 작정입니다. 이제 곧 파월을 다른 곳으로 옮길 생각이에요."

애거사가 이별을 요구하는 지점에서 그는 다시 시작하려고 했다. "애거사, 그러고 난 후에 다시 돌아오겠습니다. 어디 보자, 일요일에 오도록 하지요."

애거사는 못 들은 척하고 물었다.

"하딩을 어디로 데리고 가는데요?"

"그 사람을 돌봐줄 사람을 알고 있어요."

"아, 로드니. 밀리가 가슴 아파할 텐데요."

애거사는 불안한 마음에 로드니가 서 있는 곳으로 다가갔다. 그리고 난롯가 구석에 놓인 소파에 앉았다. 로드니가 그녀를 내려다보았다.

"아닙니다. 그럴 일 없어요. 이건 그 사람이 회복할 기회예요. 부인에게도 이 방법뿐이라고 말해두었어요. 당신이 돌보도록 그 사람을 여기 남겨둘 수 없습니다."

"밀리가 다 말하던가요?"

"몰아붙이지 않았으면 그 여자는 입을 꽉 다물고 있었을 겁니다. 그래서 내가 하나하나 다 털어놓게 했어요."

"로드니, 너무 매정한 짓이에요."

"그렇습니까? 상관없어요. 그 여자가 피를 흘리더라도 난 그렇게 했을 겁니다."

"밀리가 무슨 말을 했는데요?"

"거의 다 말해주었어요. 자기들끼리 작당해서 당신에게 무슨 짓을 저질렀는지 충분히 알 만큼."

"하딩이 어떻게 낫게 되었는지도 말하던가요?"

로드니는 일순간 입을 다물었다. 머리로는 알지만 좀처럼 이해할 수 없는 문제 앞에서 생경하고 혼란스러운 마음에 뒷걸음질 치듯이.

"로드니, 밀리가 말해주었나요?"

"네. 말하더군요."

로드니는 마지못해 시인했다. 그는 대화를 끝내려는 분위기를 풍기며 애거사의 옆자리에 앉았다. 하지만 눈은 그녀를 피하고 있었다.

"어떻게 생각해요?" 그녀가 물었다.

이 질문에 그는 크게 당황한 눈치였다.

"모르겠습니다. 만약에 그런 일이 정말 일어났다면, 애거사……."

"정말이에요."

"뭐, 그렇다면 굉장히 이상한 일이군요."

로드니는 하던 말을 멈추고 자신이 원하는 쪽으로 대화 주제를 바꾸었다.

"하지만 놀랄 일도 아니지요. 6주 내내 그런 일에만 매달 렸으니 겁에 질린 게 당연해요. 그 여자가 자기 남편 일에 당 신을 어떻게 끌어들였을지 감히 상상할 수도 없어요. 그 여자 는 자기 남편이 어떤 상태인지 잘 알았을 텐데요."

"밀리는 하딩이 나은 후에야 내가 한 일을 알았어요."

"알았다면 더더군다나 당신에게 그걸 강요해서는 안 되 었어요."

"아, 하지만 밀리가 알고 난 다음에도 괜찮았어요."

"괜찮았다고요?"

"정말로 그랬답니다. 로드니……." 그녀는 믿어달라는 투 로 그의 이름을 불렀다. "하딩에게 한 일은 당신과 벨라를 위 해 한 일과도 다르지 않아요."

"벨라?" 로드니는 흠칫 놀라 아내의 이름을 되뇌었다.

그가 애거사를 빤히 바라보았다. 비로소 무언가를 눈치 챈 것이다.

"아내가 괜찮아진 이유가 궁금하지 않았나요?"

그는 말이 없었다.

"바로 그게 이유였어요."

로드니는 계속 말이 없었다. 앉은 자리에서 몸을 앞으로 숙인 채 꽉 쥔 두 주먹을 물끄러미 바라볼 뿐이었다. 부정할 수 없는 존재 앞에 고개를 숙인 사람 같았다.

"그전에는 당신도 있었고요."

"압니다. 그건 이해할 수 있어요. 그런데 벨라라고요?"

"벨라가 유일한 방법이었거든요."

두 사람은 서로의 생각을 따라가지 못하고 있었다.

"그게 무슨 말입니까?" 로드니가 말했다.

"힘을 작동시킬 유일한 방법이요. 능력을 순결하게 지킬 방법. 나는 목적을 분명히 해두어야 했어요. 벨라를 당신에게 되돌려 보낼 수만 있으면, 그게 내 목적의 순수함을 증명해주리라 생각했어요."

"하지만 벨라라니." 그가 힘없이 말했다. "파월과 나까지는 이해하겠지만, 벨라는……."

로드니는 다른 건 몰라도 벨라의 문제만큼은 그냥 넘어갈 수 없었다. 벨라의 경우가 끝내 그에게 확신을 주었다. 벨라의 회복은 말끔히 설명되지도, 그렇다고 마냥 무시할 수도 없는 문제였다. 그 문제 앞에서 결국 그는 당황하여 굴복하고 말았다. 경외감에 사로잡힌 채, 신비한 힘을 비로소 마주한 것이다.

"벨라에 관해서는 결국 당신 말이 맞았습니다." 그가 마침내 입을 뗐다. "나에 대해서도 마찬가지예요. 아내는 내게 관심이 없다고 내가 말했었지요. 하지만 이제는 달라졌어요."

애거사는 이미 알고 있었다.

"그걸 위해 노력했던 거였어요. 그게 내가 바라던 바에요."

"그걸 바랐다고요?"

"그 방법뿐이었어요. 당신이 돌아오지 않길 바란 것도 마찬가지고요."

로드니는 그녀의 말을 곱씹으며 침묵했다.

"그게 어떻게 작동하는지 아직도 모르겠어요? 나는 크리스털처럼 순결해야 해요. 그래서 당신이 돌아오지 않길 바란 거라고요."

마침내 로드니는 희뿌연 육체의 막 너머를 보게 되었다.

"다시는 오지 말라는 겁니까?" 그가 물었다.

"더는 오지 말아요."

"그러니까 날 원치 않는단 말입니까?"

"네. 당신을 원치 않아요. 그랬다가는 그게 깨지고 말 테니까."

그가 미소 지었다.

"잘 알겠습니다. 당신이 날 원하면 그 힘이 깨진다고요."

로드니는 별안간 기운을 차리더니 자신을 굴복시키려 하는 초자연적 힘에 맞서 마지막으로 눈물겹게 저항했다.

그는 떠나기 위해 자리에서 일어났다.

"그럼 내가 오고 싶을 때, 그러니까 내가 당신을 바랄 때는 어떻게 되는 겁니까?"

"당신의 바람은 중요하지 않아요."

애거사 또한 웃어 보였다. 신비한 힘이 어떻게 작동할지를 알며, 얼마 안 있으면 그가 그녀를 더는 원하지 않을 것임을 미리 알게 된 사람처럼.

로드니의 손이 문으로 향했다. 그는 애거사를 보며 마지막으로 미소 지었다.

"당신의 믿음을 흔들고 싶지 않군요."

"당신은 내 믿음을 흔들 수 없어요."

"결국엔 깨질 겁니다. 깨질 거예요." 그가 울부짖었다.

"그럴 리 없어요. 당신은 이해 못 해요." 그녀가 말했다. "크리스털의 결점은 바로 우리 관계였어요."

정말로 얼마 안 있으면 그도 알게 될 터였다. 그는 이미 항복하고 있었다.

애거사는 신비한 힘이 작동하고 있음을 의심하지 않았다. 벨라는 한때 그러했듯 그 힘이 작동하는 징표로 남았다. 무결점의 크리스털이 만들어졌으니, 그 징표는 앞으로도 사라지지 않을 것이다.

증거의 본질

이 이야기는 마스턴이 내게 들려준 것이다. 그는 이 이야기를 내켜 하지 않았다. 그래서 내가 그에게서 조금씩 끄집어내야 했다. 나는 내가 들은 것들을 시간 순서대로 짜 맞춰 여기저기 살을 붙였다. 그러나 모든 것은 그가 들려준 그대로이다. 어떤 식으로든 그에게서 듣지 않고서 하는 말은 없다.

그에게서 직접 들은 것이니 내가 하는 말에 일말의 거짓도 없음을 여러분도 인정할 수밖에 없을 것이다. 에드워드 마스턴은 왕실 고문 변호사이자 '증거의 논리'에 관하여 뛰어난 책을 쓴 작가이다. 그 책에서 '증거란 무엇인가'를 논한 장은 다들 꼭 한번 읽어보았으면 한다. 누군가는 마스턴이 거짓말을 한다고 생각하겠지만, 마스턴을 아는 사람이라면 그가 그럴 리 없다는 것을 잘 알 것이다. 간단히 말해 그는 무언가를 꾸며낼 수 있는 위인이 아니기 때문이다. 그러니 만일 여러분이 내게 이 이야기를 참으로 믿느냐고 묻는다면, 나는 그가 그렇게 말했으며 그 일이 다름 아닌 그에게 일어났기에 믿노라고 대답할 따름이다. 그 일이 대체 무어냐고 묻는다면, 나는 감히 그걸 이해하는 척하지 않겠다. 그도 마찬가지일 것이다.

알다시피 그는 두 번 결혼했다. 그는 첫 번째 아내 로저먼드를 무척이나 아꼈고 로저먼드 또한 그를 아꼈다. 두 사람은 더할 나위 없이 행복했다. 그녀는 그보다 열다섯 살이 어렸으며 아름다웠다. 할 수만 있으면 그녀가 얼마나 아름다운지를 여러분에게 보여주고 싶은 심정이다. 그녀의 눈매와 입매는 시원하고 길쭉한 곡선을 나란히 그렸다. 깊이 생각에 잠긴 청순한 두 눈은 그녀의 얼굴에서 특히 도드라졌다. 양쪽 입꼬리는 꽃의 암술처럼 둥그렇게 휘어져 사랑스러운 마감 장식처럼 입매를 감쌌다. 그녀는 어린아이처럼 숱이 빽빽한 금발의 앞머리로 이마를 가렸고 뒷머리는 땋아서 둥글게 말아 올렸다. 머리를 풀면 땋은 머리가 허리까지 무겁게 내려왔다. 마스턴은 로저먼드의 머리를 가지고 그녀를 놀리곤 했다. 그녀는 밤에 자다가 더워지면 땋은 머리를 홱 돌리는 버릇이 있었는데, 그럴 때마다 그녀의 땋은 머리가 그의 얼굴을 찰싹 때려 그를 어리둥절하게 만들었다.

로저먼드에게는 형용할 수 없이 연민을 자아내는 구석이 있었다. 마치 꼬마 아이의 것만 같은, 순수하고 사랑스러우며 묘한 아름다움이 그녀에게 존재했다. 그녀의 아름다움은 완벽했고 또 완벽하게 풋풋했다. 어찌나 풋풋한지 한 사람의 어린 시절이 영원하지 않듯 그녀의 아름다움 또한 계속되리라고는 상상이 가지 않았다. 마스턴은 바로 그게 자신을 불안하게 만든다고 했다. 어느 날 아침 일어나 보면 하룻밤 사이에 아내의 아름다움이 변해 있을까 봐 두렵다고 했다. 게다가 로저먼드의 아름다움이란 그것을 빼놓고 그녀를 생각할 수 없을 만큼 그녀의 중요한 일부였다. 그것이 사라지는 날에는 그녀 역시 없어지고 말리라는 느낌을 지울 수 없었다.

하지만, 먼저 사라진 것은 로저먼드였다.

이후로 일 년 동안 마스턴은 무너지기 일보 직전의 상태로 위태로이 살아갔다. 그래도 그가 끝내 무너지지 않은 것은 일에 매달린 덕분이었다. 그는 마음의 위안을 주는 이론 따위는 믿지 않았다. 그는 19세기에 어울리는 지독한 유물론자 중 하나로 인간의 의식은 생리 작용일 뿐이며 육체의 죽음이 곧 존재의 죽음이라고 믿는 부류였다. 반대의 상황은 가정할 이유조차 없었다. 그가 즐겨 쓰던 표현대로 "증거의 본질을 따져보면" 그러했다.

이 점을 염두에 두어 생각하면 마스턴이 어떠한 편향이나 기대도 품지 않았었다는 것을 알 수 있다. 로저먼드는 마스턴의 기억 속에서 오직 그를 위해서만 살아 있었다. 그 안에서 그는 계속 그녀와 사랑을 나눴다. 하지만 한편으로는 꽤 계산적으로 재혼에 관한 생각을 내비치고는 했다.

재혼에 관하여 마스턴과 로저먼드는 이미 신혼여행 때 이야기를 나눈 듯하다. 로저먼드는 만일 자신이 먼저 죽게 되면 남편이 홀로 남아 비참하게 살아가게 될 텐데 그런 건 생각만으로도 끔찍하다고 했다. 차라리 남편이 재혼하는 편이 나았다. 단, 그의 재혼 상대가 괜찮은 여자여야 했다.

마스턴이 물었다. "괜찮은 여자가 아니면?" 로저먼드는 그렇다면 이야기가 달라질 거라고 했다. 그건 참을 수 없다는 것이다.

마스턴은 그날의 대화를 줄곧 마음에 담아두었으나 그때만 하더라도 로저먼드가 정말 무언가를 행동에 옮기리라고는 생각하지 않았다.

어느 날 밤 마스턴이 내게 이 문제에 관해 이야기했다.

"재혼할까 해. 육체적 필요에 의한 것일 뿐 그 이상은 아니라네. 그 이상을 바라는 여자와는 결혼하지 않을 걸세. 로저먼드의 자리에 다른 여자를 둘 수 없으니까. 그녀를 배신할 일은 없어."

그리고 정말로 그렇게 했다. 로저먼드를 떠나보낸 첫해가 지나고 얼마 되지 않아, 마스턴은 폴린 실버와 결혼했다.

폴린 실버는 마스턴 지인의 친구인 저스티스 파커 씨의 딸이었다. 마스턴은 폴린이 이혼하고 인도에서 돌아온 후에야 그녀를 처음 보았다.

그렇다. 이혼이었다. 그래도 실버 양의 처신에는 문제가 없었다. 마스턴은 그녀의 이혼 사실을 받아들임으로써 그녀를 구제하였다. 이상한 소문이 돌기는 했다. 하지만 그 소문이 마스턴의 귀에까지 들어가지는 않았는데, 그가 워낙 그녀쪽 사람들과 어울려 지냈기 때문이다. 게다가 들었다 한들, 그는 그 소문을 믿지 않았을 것이다. 그는 폴린을 보자마자 결혼을 결심했다. 폴린은 외모가 빼어났다. 강인한 인상에 흑백과 주홍빛이 또렷하게 대비를 이루었고 작고 귀족적인 코와 관능적인 입술이 특히 돋보였다.

마스턴이 의도한 대로 두 사람의 관계는 쌍방의 육체적 탐닉이었지 그 이상은 아니었다. 폴린이 로저먼드의 자리를 차지하지 않은 것은 분명했다.

당시 마스턴은 큰 사건의 변호를 맡고 있었다.

몸이 달아 있던 마스턴과 폴린은 사건이 끝날 때까지 기다릴 자신이 없었다. 어차피 마스턴이 런던에 발이 묶인 상황이었으므로 두 사람은 신혼여행을 가을로 미뤘다. 그는 곧장 그녀를 커즌 스트리트에 있는 자신의 집으로 들였다.

바로 이 부분을 사무치게 후회하노라고 그는 훗날 털어놓았다. 커즌 스트리트 집은 로저먼드를 생각나게 했다. 특히 로저먼드가 지내던 침실과 그의 서재가 그러했다. 로저먼드는 마스턴의 개인 공간이라는 이유로 서재를 가장 아꼈다. 서재에서 그녀는 난롯가 구석에 자리를 잡았다. 날이 저물면 마스턴과 로저먼드는 그의 일이 끝날 때까지 항상 서재에서 단둘이 시간을 보냈다. 그가 일을 마칠 기미를 보이지 않는 날에도 그녀는 구석 자리에서 조용히 책을 읽으며 그의 곁을 지켰다.

마스턴에게는 참으로 다행스럽게도, 폴린은 서재를 보자마자 거부감을 드러냈다.

그녀가 무어라 말했을지 짐작이 간다. "으! 소름 끼쳐라. 에드워드, 어떻게 이런 곳에서 일하는지 모르겠네요."

마스턴은 살짝 빈정거리며 대답했다.

"당신까지 여기 있을 필요는 없소, 여기가 맘에 들지 않는다면 말이지요."

"당연히 맘에 들 일은 없겠네요."

폴린이 로저먼드의 의자 옆 양탄자에 서 있는 모습이 내 눈에 선하다. 이날 따라 폴린은 유독 아름답고 관능적으로 보였다. 마스턴은 두 팔로 그녀를 껴안고 주홍빛 입술에 입을 맞추려고 그녀에게 다가갔다. 그런데 그의 말에 따르면 바로 그 순간 무언가가 그를 멈춰 세웠다. 마치 무언가가 자리에서 일어나 그와 폴린 사이에 끼어든 것처럼, 그는 우뚝 멈춰 섰다. 그는 한때 로저먼드의 것이었던 공간에 여전히 그녀에 대한 추억이 생생히 남아 있기 때문이려니 생각했다.

고요하고 친밀한 교감이 오갔던 그 공간만큼은 결코 폴린의 차지가 될 수 없었다. 부유하여 아쉬울 것 없고 원체 교양이 부족한 폴린은 그 공간을 차지하려 들지도 않았다. 따라서 마스턴은 앞으로도 서재에서 홀로 자신의 추억을 붙들고 지낼 수 있으리라 여겼다.

하지만 침실은 다른 문제였다. 폴린은 처음부터 그곳을 쓰겠다고 우겼다. 그 방 말고는 쓰라고 권할 만한 곳이 마땅치 않기도 했다. 1층은 전체가 응접실이었다. 위층 방들은 하나같이 비좁았다. 반면에 그 침실은 전실前室* 두 칸을 하나로 터서 만든 공간이었다. 남향이었고 뒤쪽으로 화장실도 딸려 있었다. 마스턴이 쓰는 아담한 북향 방은 침실에서 직각으로 꺾인 좁은 층계참에 문이 나 있었다. 폴린에게 차마 거기서 자라고 할 수는 없었다. 꼭대기 층의 숨 막히는 방들은 말할 것도 없었다. 그는 커즌 스트리트 집을 일찍이 팔지 않은 것을 후회했다.

폴린은 창문이 세 개나 달린 넓은 침실을 무척 마음에 들어 했다. 그 방은 가엾은 로저먼드를 위하여 고급 가구들로 꾸며져 있었다. 가구들은 전부 17세기산 호두나무를 깎아 만든 것들이었고, 바닥에는 부하라 양탄자가 깔려 있었으며, 두툼한 실크 커튼은 짙푸른 색에 보라색 안감을 덧댄 것이었다.

---

* 집채의 몸채 앞쪽에 있는 방.

커다랗고 고급스러운 침대에는 푸른색으로 수놓아진 보라색 침대보가 덮여 있었다.

마스턴이 양보하지 않은 부분은 단 하나, 생전 로저먼드가 눕던 자리에 반드시 자신이 누워야 하며 폴린은 원래 그가 눕던 자리에 누워야 한다는 것이었다. 그는 로저먼드가 누워 있던 자리에서 폴린이 뒤척이는 모습을 보고 싶지 않았다. 물론 폴린에게는 예전부터 자신이 늘 창가 자리에 누워 잔 척 둘러대야 했다.

폴린이 방 안을 돌아다니며 이것저것 구경하는 모습이 안 봐도 눈에 선하다. 한때는 로저먼드의 순수한 장밋빛과 금빛을 반사하던 거울로 자신의 흑백과 주홍빛 외모를 살피고, 로저먼드의 옷이 걸려 있던 옷장을 열어 은은한 꽃향기를 한 번 맡은 다음 무신경하게 자신의 짙은 향수 냄새로 그 향을 덮어버리는 모습 또한 상상이 간다. 그리고 (로저먼드의 흔적에 몹시도 연연하던) 마스턴이 재혼 날 밤이 깊어질수록 비참해하는 동시에 점점 더 들떠 하는 모습도 나는 그려볼 수 있다. 그는 밤늦게까지 시간을 때우려고, 아니 어쩌면 폴린을 로저먼드의 방에서 떨어뜨려 놓으려고 그녀와 연극을 보러 갔다. 그가 무슨 생각이었는지는 신만이 아시리라. 두 사람은 일등석 자리에 앉아 지루함에 몸을 이리저리 들썩이다 극이 절반 정도 끝났을 때 극장을 나섰고, 열한 시가 되기 전 커즌 스트리트 집에 도착했다.

그가 폴린이 있는 침실로 들어간 때는 열한 시가 조금 넘

어서였다.

말했다시피 마스턴의 방은 폴린의 침실과 직각을 이루었고 층계참은 비좁았다. 따라서 그가 방문을 열면 침실 방문이 단번에 보였다. 그는 층계참을 건너지 않고도 그 방 앞에 서 있는 사람을 볼 수 있었다.

마스턴이 자기 방문을 열 때만 해도 맹세컨대 건너편에는 아무도 없었다. 그런데 그가 폴린의 침실 방문 가까이 다가갔을 때, 그 앞에는 로저먼드가 서 있었다. "그녀가 날 들여보내지 않더군." 하고 그는 내게 말했다.

로저먼드는 두 팔을 뻗은 채 통로를 막아섰다. 그렇다. 마스턴은 로저먼드의 얼굴을 보고 말았다. 참으로 사랑스러우면서 단호한 표정이었으리라. 그는 그녀를 지나칠 수 없었다.

그리하여 마스턴은 자기 방으로 되돌아갔다. 그의 말로는 로저먼드의 얼굴을 계속 보려고 뒷걸음질 쳤다고 했다. 그렇게 그가 자기 방문 앞까지 뒷걸음질 치고 나자 로저먼드는 사라졌다.

그는 두렵지 않았다. 그게 어떤 감정이었는지는 말로 설명할 수 없다고 했다. 그날 그는 차마 로저먼드를 못 들어오게 할 수 없어 밤새 방문을 열어두었다. 폴린이 있는 침실에는 얼씬도 하지 않았다. 그랬다가는 로저먼드의 환영이 다시 나타나 그를 가로막으리라는 확신이 들었기 때문이다.

다음 날 아침 그가 폴린에게 뭐라 변명했을지 나는 알지 못한다. 그의 말에 따르면 그날 폴린은 온종일 무뚝뚝하고 부루퉁했다. 놀랄 일도 아니었다. 그래도 그는 여전히 폴린에게 푹 빠져 있었다. 로저먼드의 환영을 보았다고 해서 그가 폴린을 멀리하는 일은 단연코 없었다. 그는 흥분감으로 인해 허깨비를 보았을 뿐이라고 자신을 설득했다.

그러나 그날 밤 침실 문가에서 환영을 다시 보게 된 것은 뜻밖의 일이었다.

그렇다. 환영이 또다시 마스턴 앞에 나타났다. 그런데 이번에는 옆으로 비켜서더니 그에게 길을 내주었다. 빙그레 미소 짓는 로저먼드의 환영은 그에게 "꼭 그래야겠다면, 들어가 봐요. 그리고 무슨 일이 일어날지 기대하세요."라고 말하는 듯했다.

방으로 들어갈 때 마스턴은 환영이 뒤따라온다는 느낌을 받지 못했기에 이번에는 아무 일도 없으리라 확신했다.

그런데 마스턴이 한때 로저먼드의 것이었으나 이제 폴린의 것이 된 침대에 다가가려는 순간, 로저먼드의 환영이 다시 그의 앞에 나타났다. 환영은 두 팔을 뻗은 채 침대와 마스턴 사이를 가로막았다.

환영은 두 팔을 뻗은 채 침대와 마스턴 사이를 가로막았다.

폴린의 눈에는 자신의 새신랑이 서서히 뒷걸음질 치더니 우두커니 서서 꿈쩍 않는 모습과 그의 얼어붙은 표정만이 보일 뿐이었다. 그것만으로 그녀는 겁에 질렸다.

폴린이 말했다. "에드워드, 왜 그래요?"

그는 움직이지 않았다.

"왜 거기 서 있는 거예요? 침대로 오지 않고?"

마스턴은 당황한 기색으로 엉겁결에 말을 내뱉었다.

"못하오. 못하겠소."

"뭘 못하겠다는 건데요?" 침대에서 폴린이 말했다.

"당신과 같이 잘 수 없소. 그 여자가 허락해주지 않을 테니까."

"그 여자라뇨?"

"로저먼드. 내 아내. 그녀가 여기 있소."

"도대체 무슨 소리예요?"

"그 여자가 여기 있소. 허락해주지 않을 거요. 나를 밀어내고 있소."

폴린의 눈에 마스턴은 취한 사람 같았을 것이다. 그녀가 본 것은 마스턴과 그의 얼굴 그리고 그의 이상한 태도가 전부였다. 그는 틀림없이 술에 진탕 취한 듯 보였을 것이다.

폴린은 침대에 똑바로 앉은 채 강인하고 새까만 두 눈으로 마스턴을 노려보며 당장 방에서 나가라고 말했다. 그는 그대로 방을 나갔다.

다음날 폴린은 마스턴과 심각하게 이야기를 나눴다. 그

는 자신이 처한 '상태'를 계속 설명하려고 했다.

"에드워드, 침실에 들어올 때 당신 상태는 눈 뜨고 못 봐 줄 정도였어요."

아마도 마스턴은 미안하다고 사과했을 테지만, 자신도 어쩔 수 없다고, 술에 취한 것도 아니었다고 해명했을 것이다. 또 그는 로저먼드가 방 안에 있었다는 주장을 굽히지도 않았다. 그는 분명 그녀를 보았으니까. 그러자 폴린은 그가 술에 취한 것이 아니었다면 정신 나갔던 것이 틀림없다고 했다. 그는 힘없이 중얼거렸다. "어쩌면 정말 그런지도 모르겠군."

이 말에 폴린은 벌컥 화를 냈다. 듣자 하니 정신 나간 것이 아니라 마음이 식은 것이라고, 자신을 밀어내려고 말도 안 되는 거짓 변명을 늘어놓는 것이라고 말이다. 그녀는 그에게 다른 여자가 생긴 것이라고 했다.

마스턴은 그러면 자신이 왜 그녀와 결혼했겠느냐고 되물었다. 그러자 폴린은 와락 울음을 터트리며 자신도 모르겠다고 대답했다.

이후로 마스턴은 폴린과 그럭저럭 화해하게 된 듯하다. 그녀를 끝내 설득하여 그가 거짓말한 것이 아님을, 그가 정말로 무언가를 보았음을 믿게 만들었으니 말이다. 또 두 사람은 환영이 나타난 이유에 관하여 그럴싸한 이유를 찾아냈다. 그건 그의 과로 때문이었다. 로저먼드의 환영은 마스턴이 머리를 너무 써서 나타난 허깨비에 불과하다고 말이다.

마스턴은 잘 시간이 되기 전까지는 이 이론을 의심하지

않았다. 하지만 잘 시간만 되면 곧 무슨 일이 일어날지, 로즈먼드의 환영이 무슨 일을 꾸밀지 슬슬 불안해졌다. 그러다 다시 아침이 되면 폴린을 향한 열정이 좌절감으로 인해 더욱 격하게 되살아났다. 그렇게 그 열정은 밤을 향해 절정으로 치달았다. 하지만, 혹시 그가 정말로 로즈먼드를 본 것이라면. 아마 다시 보게 될는지도 몰랐다. 그는 갑작스럽게 허깨비에 시달리는 신세가 되고 말았다. 그렇지만 자신이 보는 것이 허깨비임을 스스로 아는 한 그는 무사했다.

그날 밤 마스턴과 폴린은 환영이 다시 나타나는 만일의 경우를 대비하여 계획을 세웠다. 그대로만 하면 마스턴이 무언가를 볼 일은 없었다.

그 계획이란, 마스턴이 폴린에게로 다가가는 것이 아니라, 마스턴이 폴린보다 먼저 침실에 들어가 있으면 폴린이 마스턴에게로 다가가는 것이었다. 두 사람은 그렇게 하면 마력을 깨트릴 수 있다고 믿었다. 마스턴은 확실히 해두기 위해 폴린이 들어오기 전에 미리 침대에 올라가 있을 작정이었다.

일단 그는 무사히 방에 들어갔다.

그런데 침대에 올라가려는 순간 그녀를(그러니까 로즈먼드를) 보고 말았다.

로즈먼드는 그가 눕는 창가 자리에 누워 있었다. 원래 그녀의 자리였던 그곳에서, 그녀는 어린아이처럼 풋풋한 아름다움을 간직한 채 잠들어 있었다. 힘껏 올라가 있던 입꼬리는 잠결에 부드러워져 있었다. 그녀는 구석구석 모든 곳이 완벽했다. 감긴 속눈썹은 새하얀 뺨 위에서 금빛으로 반짝였고, 빽빽한 금발의 앞머리 또한 빛이 났으며, 풍성하게 땋은 뒷머리는 베개 위에 자연스럽게 놓여 있었다.

마스턴은 침대 옆에 무릎을 꿇고서 로즈먼드의 몸에 닿을 듯이 이불에 이마를 파묻었다. 단언컨대 그는 그녀의 숨결을 느낄 수 있었다.

그는 폴린이 옷을 벗고 그에게 다가오기까지 걸린 20분의 시간 내내 그렇게 있었다. 그는 그 시간이 마치 몇 시간 같았다고 한다. 폴린은 마스턴이 계속 무릎 꿇은 자세로 이불에 고개를 처박고 있는 것을 보았다. 그가 비틀거리며 자리에서 일어났다.

폴린이 왜 침대에 올라가지 않고 그렇게 있느냐고 묻자 그가 대답했다. "소용없는 짓이오. 못하오. 나는 못 하겠소."

어쩐 일인지 그는 로저먼드가 침대에 있다는 사실을 폴린에게 털어놓을 수 없었다. 그에게 로저먼드는 너무나도 신성해 감히 입에 올릴 수 없는 존재였다. 그가 한 말은 고작 이것이었다.

"오늘은 당신이 내 방에서 자야겠구려."

마스턴은 로저먼드가 누워 있는 침대 위 자리를 내려다보았다. 하지만 폴린의 눈에 보이는 것이라고는, 보이지 않는 여인의 가슴을 평평히 덮고 있는 이불과 움푹 들어간 베개뿐이었다. 폴린은 그런 짓은 절대 하지 않겠노라고 대답했다. 겁에 질려 자기 방을 떠나는 짓은 하지 않겠다고, 원한다면

증거의 본질

그는 나가도 좋다고 말이다.

마스턴은 두 여자를 한 방에 두고 나갈 수 없었다. 폴린을 로저먼드 곁에, 또 로저먼드를 폴린 곁에 남겨둘 수 없다. 그는 침대에 등을 돌린 채 의자에 앉았다. 아니, 그는 돌아보지 않을 것이다. 로저먼드는 여전히 그의 자리에 누워 원래 자신의 자리였던 그곳을 지켰다. 이상한 점은, 마스턴이 그걸 알면서도 당황하거나 겁에 질리거나 놀라지 않았다는 것이다. 그는 이 모든 것을 당연하게 받아들였다. 이내 그는 깜빡 잠에 빠져들었다.

비명 소리가 그를 깨웠고 누군가가 황급히 침대에서 뛰어나와 발을 동동 구르는 소리가 이어졌다. 불을 켜고 보니 이불이 홱 뒤집혀 있고 폴린이 입을 반쯤 벌린 채 바닥에 서 있었다.

마스턴이 다가가 그녀를 붙들었다. 그녀의 몸은 차가웠고 공포에 질려 떨고 있었다. 그녀는 중풍에 걸린 사람처럼 입을 다물지 못했다.

그녀가 말했다. "에드워드, 침대 안에 뭐가 있어요."

그가 침대를 보았다. 침대는 텅 비어 있었다.

"아무것도 없소. 봐요."

그는 폴린이 볼 수 있게 침대 난간까지 이불을 끌어 내렸다.

"뭔가가 있었다니까요."

"그게 눈에 보입니까?"

"아뇨. 하지만 분명히 느꼈어요."

폴린은 자신이 겪은 일을 그에게 들려주었다. 처음에는 무언가가 날아와 그녀의 얼굴을 찰싹 때렸다고 했다. 숱 많고 무거운 어느 여인의 땋은 머리였다. 그것이 폴린을 잠에서 깨웠다. 폴린이 옆으로 손을 뻗자 누군가의 몸이 느껴졌다. 어느 여인의 부드럽고도 끔찍한 몸. 손가락이 밋밋한 가슴에 닿았을 때 폴린은 비명을 지르며 자리에서 뛰쳐 올랐다.

폴린은 더는 그 방에 있을 수 없었다. 그 방은 "소름 끼치는" 공간이었다.

결국에 폴린은 마스턴의 방에 있는 작은 일인용 침대에서 잠을 청했다. 마스턴은 밤새도록 의자에 앉아 폴린의 곁을 지켰다.

이제 폴린은 마스턴이 정말로 무언가 보았음을 믿게 되었다. 또 마찬가지로 소름 끼쳤던 서재를 떠올렸다. 그곳도 분명 무언가에 홀려 있었다. 그녀가 느낀 것의 정체는 바로 그것이었다. 그렇다. 이 집에는 무언가에 홀린 공간이 두 곳 있었다. 부부 침실과 서재. 두 방에는 절대 들어가서는 안 되었다. 폴린은 바로 이런 게 귀신 들린 집이구나 생각했다. 소문으로만 들어봤지 직접 겪기 전까지는 절대 믿지 않는 그런 곳. 마스턴은 폴린이 들어오기 전까지는 그러지 않았었다는 사실을 굳이 지적하지 않았다.

넷째 날인 다음 날 밤, 폴린은 꼭대기 층으로 올라가 하인들이 쓰는 방의 옆 침실에서 잠을 청했다. 마스턴은 자신의 방에 머물렀다.

마스턴은 잠을 이루지 못했다. 그는 폴린이 있는 방으로 올라가야 하나 고민했다. 그 생각에 잠이 확 달아나버린 그는 옷을 갈아입고 침대에 눕는 대신 책을 집어 들고 의자에 앉았다. 그는 불안하다기보다 곧 무슨 일이 일어날 것이므로 마음을 단단히 먹은 채 있어야 하며 옷을 갈아입지 않는 편이 낫겠다는 이상한 예감에 사로잡혔다.

자정이 막 지났을 때 문손잡이가 아주 느린 속도로 슬며시 돌아가는 소리가 났다. 뒤쪽에서 문이 열리더니 폴린이 소리 없이 들어와 그의 앞에 섰다. 마스턴은 화들짝 놀랐다. 그도 그럴 것이, 그는 줄곧 로즈먼드를 생각하고 있었으며, 손잡이가 돌아가는 소리가 났을 때도 로즈먼드의 환영이겠거니 예상했기 때문이다. 그는 그 순간 처음으로 폴린을 으스스하고 기괴한 존재로 느꼈다고 한다.

폴린은 속이 다 비치는 하얀 시폰 가운만 달랑 걸치고 있었다. 그녀는 그 가운을 벗으려 했다. 더듬거리며 끈을 푸는 그녀의 손가락이 떨렸다. 마스턴이 자리에서 벌떡 일어났다. 두 사람은 마주 서서 아무 말 없이 서로를 빤히 쳐다보았다. 그는 그녀에게 매료되었다. 얇은 옷 사이로 하얗게 비치는 육감적인 몸매와 손가락의 움직임이 그를 사로잡았다. 말했다시피 폴린은 아름다웠고, 그 순간 그 아름다움은 실로 압도적이었다.

그런데 마스턴은 계속 말없이 그녀를 쳐다만 보았다. 이렇게 말하니 두 사람 사이의 침묵이 꽤 오래 이어진 것처럼 들리지만 실제로는 아주 짧은 순간에 불과했다.

폴린이 먼저 입을 뗐다. "오, 에드워드, 제발 뭐라고 말 좀 해봐요. 내가 오면 안 되는 건가요?"

그녀는 마스턴의 대답을 기다리지 않고 말을 이었다. "지금 그 여자를 생각하는 거예요? 만약, 만약 그렇다면, 그 여자가 당신을 내게서 떨어트려 놓는 걸 나도 두고만 보지 않을 거예요. 반드시…… 우리가 이러고만 있으면 그 여자는 계속 찾아올 거라고요. 이게 그녀를 막을 유일한 방법인 걸 정말 모르겠어요? 당신이 나를 안아주기만 한다면."

그녀가 시폰 가운의 소매를 스르르 벗자 가운이 그녀 발치에 떨어졌다. 마스턴은 탄성 같기도 신음 같기도 한 묘한 소리를 들었는데 그 소리는 놀랍게도 자신의 입에서 나온 것이었다.

그가 폴린의 몸에 손을 대기도 전에—다시 말하지만, 그 것은 말보다 빠르게, 아주 찰나의 순간에 일어났다—, 두 사 람이 서로를 향해 막 손을 뻗던 바로 그 순간에, 문이 다시 소 리 없이 열렸고 쥐도 새도 모르게 로즈먼드의 환영이 들어왔 다. 환영은 믿기지 않을 정도로 빠르게 움직여 처음에는 빛줄 기처럼 얇은 형체로 두 사람 사이에 미끄러져 들어왔다. 그것 은 아무것도 하지 않았다. 밀치거나 하는 것 없이, 그저 완벽 하게 인간의 육체를 닮은 형태를 갖춰갔다. 마치 그것의 존재 자체가 밀쳐내는 힘이 되어 두 사람을 갈라놓는 것만 같았다.

폴린은 아직 제 눈으로 환영을 볼 수 없었다. 그녀는 마 스턴이 자신을 밀어낸다고만 생각했다. 그녀가 울먹이며 말 했다. "오, 제발, 나를 밀어내지 말아요!" 둘 사이를 가로막은 환영 아래로 폴린이 몸을 굽히더니 마스턴의 무릎에 매달려 울며 몸부림쳤다. 한동안 폴린의 움직이는 육체와 움직이지 않는 초자연적 환영 사이에 실랑이가 벌어졌다.

바로 그 순간, 마스턴은 자신이 폴린을 혐오하고 있음을 깨달았다. 그녀가 역겨운 몸뚱이로 로저먼드와 싸우고 있었 다. 육체를 가졌다는 점을 고약하게 이용하여 육체를 가지지 못한 천상의 존재를 무찌르려 하고 있었다.

그가 폴린에게 놓으라고 소리쳤다.

"내가 아니오. 이 여자가 보이지 않소?"

그러자 별안간 폴린이 로저먼드의 환영을 보게 되었고 마스턴을 붙잡고 있던 손을 놓았다. 그리고 풀썩 쓰러져 바닥에 웅크린 채 몸을 가렸다. 이제 그녀는 더 이상 울지 않았다.

이윽고 로저먼드의 환영이 떠나갔다. 천천히 문으로 움직이던 환영은 나가기 전 어깨너머로 마스턴을 바라보았다. 그러더니 와보라는 듯 손을 까딱했다.

마스턴은 벌거벗은 폴린이 다시 몸부림치면서 그의 발에 손을 뻗고 한 마리의 벌레 또는 짐승처럼 바닥을 기며 그를 붙잡으려 하는 것을 의식조차 못 한 채 환영을 따라 나갔다.

폴린이 벌떡 일어나 그와 환영을 따라 층계참으로 나갔다. 환영과 함께 계단을 내려가던 마스턴은, 욕정과 공포로 얼굴이 뒤틀린 폴린이 계단 머리에서 둘을 노려보는 것을 보았다. 폴린은 그들이 맨 아래층 계단까지 내려가 복도를 지나 서재로 들어가는 것을 확인했다. 그리고, 문이 닫혔다.

그 안에서 무언가가 벌어졌다. 그 일에 관하여 마스턴은 정확히 털어놓지 않았고 나 또한 묻지 않았다. 어쨌거나 그 일이 결정적이었다.

다음 날 폴린은 자기 가족에게로 돌아갔다. 그녀는 로저먼드의 환영이 출몰하는 마스턴의 집에 더는 머무를 수 없었다. 마스턴은 바로 그 이유로 인하여 그 집에 계속 머물렀다.

그렇게 폴린은 영영 돌아오지 않았다. 로저먼드는 물론 마스턴마저 무서워졌기 때문이다. 설령 돌아왔다 하더라도 결말은 가히 좋지 않았을 것이다. 마스턴은 폴린에게 다가가려고 할 때마다 무언가가 그를 막아서리라고 확신했다. 한편 폴린은 로저먼드를 밀쳤다가는 그녀가 훨씬 더 불길하고 무

폴린이 다시 몸부림치면서 그의 발에 손을 뻗고
한 마리의 벌레 또는 짐승처럼 바닥을 기며
그를 붙잡으려 하는 것을 의식조차 못 한 채 환영을 따라 나갔다.

시무시한 형체로 나타나리라는 것을 직감했다. 상처받은 로저먼드의 모습을 폴린은 기억했다.

문제는 이게 다가 아니었다. 마스턴은 그 문제에 관해 폴린에게 양해를 구하려 했던 것 같다. 그가 그녀와 결혼한 것은 로저먼드가 죽었기에 가능했던 일이라고, 그런데 이제 로저먼드가 살아서 '그곳'에 존재하고 있음을 자신이 알게 되었다고 말이다. 그러니까 그는 로저먼드와 함께 있는 한 자신이 폴린과 함께할 수 없다는 점을 폴린이 이해해주기를 바랐다. 이 세상에 로저먼드가 존재한다는 사실로 마스턴과 폴린의 관계는 깨어진 것이다.

나는 그날 밤 서재에서 무언가가 벌어졌다고 확신한다. 정확히 무슨 일이었는지 마스턴은 절대 입 밖으로 꺼내지 않았지만, 한 번은 무심결에 그가 의미심장한 말을 내뱉은 적이 있다. 그때 우리는 폴린이 벌인 여러 연애 사건 중 하나에 관하여 이야기하고 있었다. (별거 후로 그녀는 이혼할 수밖에 없는 이유를 마스턴에게 끝도 없이 제공했다).

마스턴이 말했다. "가엾은 폴린. 그 여자는 자기가 엄청나게 열정적이라 생각하고 있어."

"그럼 아니란 말인가?" 내가 물었다.

그때 그가 불쑥 그 말을 꺼냈다. "아니고말고. 그 여자는 열정이 뭔지 몰라. 자네들도 마찬가지고. 짐작도 못 할걸세. 가장 먼저 육체를 없애야 해. 나도 그날 전까지는⋯⋯."

그가 말을 멈췄다. 나는 그가 "로저먼드가 돌아와 내 앞에 나타나주기 전까지는"이라고 말하려 했었다고 생각한다. 그가 몸을 내밀더니 속삭였다. "그건 몸에만 갇힌 일이 전혀 아니거든…… 자네도 알게 되면 참 좋으련만……."

나는 마스턴이 단순히 옛 추억에 잠긴 것은 아니라고 생각한다. 닫힌 문 너머에서 그는 분명 어떤 경험을 했고, 두렵고 강렬한 만남을 가졌다. 눈으로 보고 손으로 만지는 것 이상으로 깊숙하며 존재의 모든 부분을 건드릴 만큼 거대한 열정을 그는 체험한 것이다.

어쩌면 로저먼드의 환영이 사라진 후에야 황홀한 절정이 그에게로 찾아온 것인지도 모르겠다.

그 일 이후로 그는 폴린에게 되돌아갈 수 없게 되었다.

죽은 자가 알게 된다면

poco a poco

1

오르간 소리가 점점 고조되어 절정을 향해 거침없이 치달았다. 오르가니스트는 자기 연주에 고양되어 우아하게 머리를 뒤로 젖혔고 의자에서 몸을 들썩였다. 두 발은 열정적으로 페달을 밟으며 점점 더 빠르게 움직였다.

젊은 여인은 그의 곁에서 가쁜 숨을 크게 들이마셨다. 가슴이 벅차올랐다. 온몸은 클라이맥스로 향해 가는 선율에 안달이 난 채로 음악에 흠뻑 빠져들었다. 오르가니스트가 그녀 쪽으로 몸을 들썩일 때 그녀는 전율했다. 그가 머리를 뒤로 젖힐 때는 그녀도 턱을 함께 치켜들었다. 그녀는 건반을 치는 그의 손과 들썩이는 몸, 흠잡을 데 없이 훌륭하고 격정적인

온몸은 클라이맥스로 향해 가는 선율에 안달이 난 채로
음악에 흠뻑 빠져들었다.

몸짓을 사랑했다.

월프리드 홀리어는 일주일에 세 번 로어 위크로 내려와 에피 캐럴에게 음악을 가르쳤다. 그리고 에피 캐럴은 일주일에 세 번 언덕 위의 위크로 올라가 오르간을 연주하는 홀리어를 구경했다.

드디어 절정이었다. 연주는 최고조에서 점차 느리게 잦아드는 마지막 화음의 떨림으로 끝을 맺었다. 그렇게 연주가 끝났다.

젊은 여인은 그제야 떨림이 섞인 숨을 길게 내쉬었다.

오르가니스트가 일어나 오르간 조명을 껐다. 그리고 에피의 팔을 붙잡고서 아담한 시골 교회의 짧은 통로를 지나 교회 묘지의 판석 깔린 길을 함께 거닐었다.

"월프리드, 이런 실력을 위크에서만 썩히기에는 너무 아까워요. 글로스터 대성당에서 연주하셔야 하는데."

"그럴 실력은 못 됩니다. 정식 교육이나 받았으면 모를까."

"왜 받지 않으셨어요?"

"어머니가 그럴 형편이 못 되었거든요. 그리고 어머니를 떠날 수도 없습니다. 그분에게는 저밖에 없는걸요."

"알아요. 당신은 어머니를 끔찍이 아끼시잖아요. 그렇죠?"

"그렇습니다." 그가 덤덤하게 대답했다.

두 사람은 거리 모퉁이를 돌아 마켓 스퀘어에 들어섰다. 북동쪽 구석 터에 잔디밭이 깔려 있었다. 잔디밭에는 높은 느릅나무 두 그루가 심어져 있었고, 그 뒤로 담쟁이덩굴이 뒤덮은 작은 집과 중간 문설주가 있는 창문들이 남쪽을 향해 서 있었다.

"저기가 저의 집입니다. 들어가서 어머니를 만나시겠습니까?" 홀리어가 물었다.

그의 어머니는 녹색으로 꾸며진 작고 비좁은 응접실에 앉아 있었다. 그녀는 무척이나 아름다운 노부인이었다. 작고 곧으며 흐트러짐 하나 없는 부인은 날씬한 몸에다 회색빛 실크 블라우스를 차려입고 있었다. 작은 계란형의 얼굴은 희고 예뻤으며 날카로운 턱선과 백발 아래로 탁 트인 이마가 돋보였다. 연보라색과 암갈색의 고리가 감싸고 있는 푸른 눈동자는 슬픔에 잠긴 채 하얀 눈꺼풀에 반쯤 가려져 있었다.

나이가 아주 지긋해 보이지는 않는다고 에피는 생각했다. 예순도 안 되었을 것이다.

홀리어 부인이 자리에서 일어나 앙상한 손을 내밀었다.

부인이 말했다. "우리 아들에게 해준 일을 전해 들었어요. 꼭 만나보고 싶었는데."

"저를요? 저는 한 게 없는걸요."

"아들의 연주를 들어줬잖아요. 위크에서는 아무도 들어주는 사람이 없거든."

"일요일마다 다들 듣고 있어요." 홀리어가 말했다.

"그렇다면 그 사람들은 이 사람의 진짜 연주를 들어본 적이 없는 거네요. 평일에 저한테 들려주는 연주가 훨씬 더 좋거든요." 에피가 말했다.

"나도 그럴 거라 생각해요." 홀리어 부인이 말했다.

"에피 양은 제 실력을 과대평가한답니다." 홀리어가 말했다.

"계속 그렇게 생각해줘요. 그게 우리 아이를 위한 길이니까." 부인은 에피가 마음에 들었는지 그녀를 바라보며 미소 지었다.

차를 다 마시고도 한참 동안 그들은 윌프리드의 오르간 연주에 관해, 윌프리드와 위크에 관해, 위크 사람들에 관해, 또 그들이 윌프리드의 연주 실력에 얼마나 무지하고 무관심한지에 관해 이야기했다.

날이 저물고 10월의 황혼이 깔렸다. 윌프리드는 에피를 로어 위크로 데려다주기 위하여 언덕을 함께 내려가기로 하였다.

문을 닫고 나오면서 그가 말했다. "이제 제가 위크의 오르가니스트 신세를 면치 못하는 이유를 아시겠지요."

"윌프리드, 당신 어머니는 정말이지 아름다우세요. 당신이 어머니를 떠나지 못하는 이유를 알 만해요."

"그 얘기가 아닙니다. 우리 모자가 여기 발이 묶여 있는 건 떠날 형편이 못 되기 때문입니다. 또 제가 여기서 오르간 연주 일을 하고 있기 때문이지요. 다른 곳에서는 이런 일조차 구하지 못할 테니까요." 그가 말을 멈췄다. "그리고 알다시피, 저는 어머니 없이 살 수가 없습니다. 저 집도 어머니 소유거든요."

에피는 말이 없었다.

"이게 접니다. 서른다섯이나 먹고도 어머니에게 의존하고 있지요."

"오, 윌프리드. 그럼 나중에…… 나중에는 어떻게 하시려고요?"

"어머니가 돌아가시고 나면요? 그야 끔찍한 일이지요. 그래도 그때는 여유가 좀 생길 겁니다. 집과 재산을 물려받을 테니까요. 하지만 그런 일은 생각만으로도 싫습니다. 그런 건 정말 생각도 하지 않고 있어요."

그가 말을 이었다.

"어렸을 때 워낙 몸이 약해서 다들 제가 오래 못 살 줄 알았답니다. 그래서 뭐 하나 제대로 일을 배우지 못했어요. 할 줄 아는 거라고는 오르간 연주뿐이지요. 지금 하는 일은 제가 엇나가지 않도록 사람들이 그냥 제게 맡긴 것이에요. 이제는 아주 건강해졌는데 할 수 있는 일이 이것 말고는 없네요."

그가 침울하게 얼굴을 찌푸리며 고개를 떨궜다.

"제가 당신에게 왜 이런 이야기를 하는지 아십니까?"

"아뇨. 하지만 솔직히 말해줘서 고마워요."

"제 형편이 괜찮았더라면, 에피, 저는 당신에게 청혼했을 겁니다. 지금으로서는 제가 당신을 좋아하는 것만큼 당신이 저를 생각할 리 없겠지만요."

"저도 당신을 좋아해요. 아시잖아요."

"그럼 저와 결혼할 수도 있으시겠습니까? 저를 그만큼 좋아하시나요?"

"그럼요. 당신이 청혼하자마자 받아들일 거예요."

"하지만 그럴 일은 없을 겁니다."

"왜죠? 저는 기다릴 수 있어요."

"이런, 기다리다니요?" 그가 다시 말을 멈췄다. "어머니가 살아 계시는 한 저는 결혼할 수 없습니다."

"아, 윌프리드. 저는 그런 뜻이 아니었어요. 당신의 아름다운 어머니 얘기가 아니랍니다. 이해하시리라 생각해요."

"물론 이해하지요. 하지만 사실은 사실인걸요."

홀리어는 에피가 그녀의 아버지와 함께 사는 오두막 입구에서 그녀와 작별했다.

다시 언덕을 오르면서 그는 자신의 처지를 곱씹었다. 이제 에피도 그를 좋아하기 시작했으므로 그가 그녀에게 자신의 마음을 확실히 해둔 것은 옳은 결정이었다. 그녀의 마음을 더 일찍 알았더라면 그는 이미 한참 전에 그녀에게 고백했을 것이다. 어제만 해도 그는 알지 못했다. 하지만 오늘은, 그녀의 태도와 목소리에서, 또 교회에서 연주를 끝냈을 때 그를 바라보던 그녀의 눈빛에서, 특별한 무언가가 그에게 확신을 주었다.

가엾은 에피. 그녀 또한 부친에게 매여 사는 형편이었다. 그리고 그녀의 부친은 아직 쉰 살도 되지 않아 기운이 팔팔했다.

어쨌거나 홀리어는 청혼에 관한 생각을 더 붙잡고 있어서는 안 되었다. 자신의 어머니가 그 문제를 생각하도록 두어서도 곤란했다. 하지만 너무 늦은 것은 아닌지, 어머니가 무언가를 눈치채지는 않았을지 걱정이 들었다. 그는 살금살금 응접실을 지나쳐 몰래 위층으로 올라가려 했다. 하지만 그가 들어오는 소리를 들은 홀리어 부인이 그를 불렀다. 홀리어는 마치 죄를 지은 사람처럼 부끄러운 낯빛을 하고서 어머니에게로 갔다.

부인의 커다랗고 온화한 두 눈이 그를 바라보며 무언가를 궁금해하고 있었다. 그는 그것을 느낄 수 있었다.

부인이 불쑥 입을 뗐다. "윌프리드, 그 아이를 좋아하니?"

"그게 무슨 소용인데요? 어차피 결혼할 수도 없는걸요. 안 그래도 조금 전에 그렇게 말했어요."

"너무 늦었단다. 그 애는 너와 사랑에 빠졌던걸. 조금 더 일찍 말했어야지."

"그 여자가 뭐라 생각할지 알고 그런 말을 미리 해요? 이상한 소리 마세요."

"아, 불쌍한 녀석. 가엾은 에피."

"어머니, 저는 왜 멀쩡한 직업 하나 가질 수 없게 자란 거예요?"

"알잖니, 네가 워낙 허약했어야지. 네 목숨을 살리는 것만도 힘들었다."

"이제는 건강한걸요."

"그야 내가 널 그만큼 잘 보살폈으니 그렇지. 네가 밥벌이한다고 바깥을 돌아다니지 않은 덕이고. 내가 널 돌보지 않았으면 너는 스무 살이 되기도 전에 죽었을 거다."

"차라리 죽는 게 나았을 뻔했어요."

"윌프리드, 그런 말 말렴. 네가 없었으면 내가 어떻게 살았겠니? 앞으로 네가 없으면 또 어쩌고?"

"제가 결혼할까 봐 그러세요?"

"아니란다, 아들아. 나야 네가 결혼하면 좋지. 나도 널 평생 끼고 살 생각은 없어. 네가 다른 데로 가서 더 나은 일자리를 구하고 돈도 많이 벌 수 있다면, 날 떠나도 괜찮단다."

"그럴 일은 없어요. 그 정도로 능력이 있지 않으니까요.

어딜 가든 일 년에 50파운드도 못 벌 거예요. 그 돈으로 저희가 먹고살 수는 없어요."

"너희가 내 수입의 절반으로도 먹고살 수 있다면 주겠다만 그럴 수는 없을 테지."

"맞아요. 시간이 해결해주길 기다리는 수밖에 없네요."

"그 기다림이 그리 길지는 않을 게다."

"무슨 뜻이에요, 어머니?"

"네 말은 무슨 뜻이었는데?"

"제 말은, 좋은 소식이 찾아오기를 기다려보자는 거였어요."

"다른 소식일지도 모르지." 그녀가 빙그레 미소 지었다.

"아, 어머니, 그런 말씀 마세요."

"왜 안 되니?" 그녀가 명랑하게 대꾸했다.

"아시잖아요, 저는 받아들일 자신이 없어요."

"언젠가는 받아들여야지. 나도 이제 늙었는걸."

"그때가 되면 저도 늙어 있겠죠."

홀리어는 웃어 보이며 손을 씻고 머리를 정돈하겠다며 자리를 떴다. 그는 자기 어머니의 처량함을 외면하려, 또 자신의 처량함을 숨기려 웃어 보인 것이었다.

기다려보자는 그의 말은 어머니가 생각하는 그런 의미가 아니었다. 그는 그저 실없는 말로 심각한 상황을 가볍게 넘겨보려던 것뿐이었다. 좋은 소식을 기다리자고? 그가 그런 걸 들을 일이 있기는 할까? 그보다 더 부질없는 말이 있을까?

현실을 직시한 쪽은 홀리어 부인이었다. 그녀는 자기 아들과 에피의 현실이 얼마나 가망이 없는가를 그에게 확실히 알려주었다. 두 개의 머리빗 사이로 거울에 비친 홀리어의 얼굴은 햄쑥했고 누렇게 떠서 초췌해 보였다. 더는 젊은이의 얼굴이 아니었다.

그는 결혼을 꿈꾸기도 전에 늙어서 노인이 될 팔자였다. 그의 어머니는 아직 예순밖에 되지 않았고 대대로 장수하는 집안의 출신이었다. 연약해 보이는 겉모습은 껍데기에 불과했다. 그가 기억하기로 어머니가 앓아누운 적은 단 하루도 없었다. 어머니의 신경은 채찍 끈처럼 튼튼했고 동맥은 파릇파릇했으며 모든 내장 또한 멀쩡했다. 어머니라면 앞으로 10년, 15년, 아니 20년은 거뜬하여 여든 살까지 살고도 남았다. 지금 그가 서른다섯이고 에피가 스물다섯이니, 그들이 결혼할 수 있을 때가 되면 그가 쉰다섯, 에피가 마흔다섯이었다. 서로를 느끼고 열정적으로 좋아하기에는 너무나도 늦은 나이였다. 그는 차마 에피에게 20년을 더 기다려달라고 부탁할 수 없었다.

그러므로 그는 에피를 포기해야 했다.

홀리어 부인은 여전히 응접실 난롯가 의자에서 아들을 기다리고 있었다. 그가 다가가자 그녀가 고개를 들어 입맞춤을 기대하듯 볼을 내밀었다. 어린아이처럼, 또는 남편을 기다리는 젊은 아내처럼. 부인은 손을 뻗어 아들의 머리를 쓰다듬었다. 그는 과거에 자신이 어머니에게 했던 말을 떠올렸다.

"저는 결혼하지 않을 거예요. 저한테는 어머니뿐이에요."

그런데 어느새 그는 어머니가 죽을 날만 계산하는 사람이 되어버린 듯했다.

하지만, 아니다. 그는 그러지 않았다. 그토록 아득하며 일어날 법하지도 않은 일을 계산하기란 불가능했다. 그가 떳떳하게 할 수 있었던 일은 단 하나, 에피를 포기하는 것뿐이었다.

2

의사는 떠났다. 홀리어는 다시 어머니의 방으로 들어갔다. 홀리어 부인은 커다란 흰 침대에 누워 베개에 기대 반쯤 앉은 자세로 졸고 있었다. 볼품없이 벌어진 입에서 힘겨워하는 가쁜 숨소리가 짧고 빠르게 이어졌다.

아흐레가 지나도록 병세는 나아지지 않았다. 홀리어는 이 현실을 받아들이기 힘들었다. 그는 여전히 믿기지 않아 놀란 눈빛으로 침대에 누운 어머니를 바라보았다. 감기가 늑막염으로 번져 어머니가 저렇게 쓸쓸히 누워 있다니, 단정히 풀린 머리, 힘없이 벌어진 입과 그 양쪽으로 허옇게 마른 침 자국, 베갯잇에 구겨진 얼굴이 어머니의 것이라니, 여전히 놀랍기만 했다. 어떻게 된 일인지는 어렴풋이 짐작 가는 구석이 있었다. 먼저 감기에 걸린 것은 홀리어 부인이 아니라 홀리어

236

였다. 그는 감기로 꽤 고생했으나 홀리어 부인의 증세는 알아챌 수 없을 정도로 가벼웠다. 부인은 처음부터 끝까지 아들을 간호했다. 그러다 혹독한 1월의 어느 날, 갑작스럽게 몸져눕고 말았다. 이제는 의사가 아침과 저녁으로 집에 드나들었고 밤에는 전문 간호사가 부인의 곁을 지켰다. 낮에는 홀리어가 그녀를 돌보았다.

홀리어는 집을 드나드는 간호사의 존재에 익숙해졌다. 간호사에게 들어가는 돈을 생각하면 그는 자책하는 마음이 싹 사라졌다. 그로서는 할 수 있는 최선을 다한 셈이었다.

간호사와 의사는 서로 의견이 달랐다. 간호사 이든은 홀리어 부인이 곧 나으리라 단언했다. 하지만 랜섬 박사는 나아질 가망이 안 보인다고 했다. 부인이 다시 기운을 차릴 힘조차 내지 못하고 있다는 것이다. 홀리어는 간호사 이든의 의견에 동의했다. 그는 어머니가 곧 죽으리라는 사실을 믿을 수 없었다. 어머니의 죽음은 생각만으로도 견딜 수 없었기에, 그는 그 사실을 부인했고 외면했다. 밤이 되어 어머니 곁을 떠난 후에도 그는 자정이나 새벽녘에 몰래 방에 들어가 어머니가 무사한지 확인하고는 했다.

　　홀리어 부인의 작은 방은 커다란 흰 침대 하나만으로 절반이 찼다. 그에게 그 방은 흰 침대와 어머니, 그리고 흰색 간호복을 입은 이든만이 존재하는 공간이었다. 이든은 잠시 차를 가지러 아래층에 내려갔다. 모든 것이 차갑고 창백했다. 유리창에 서린 성에가 이끼 같기도 깃털 같기도 한 문양을 하얗게 수놓았다. 침대와 난로 사이에 앉아 있으면 이든이 작고 순결한 얼굴로 골똘히 생각에 잠긴 채 부드럽고 야무지게 베개를 바로잡는 모습을 볼 수 있었다.

　　"아침이 되면 나아지실 거예요. 보통 밤 사이에 상태가 좋아지거든요."

　　이든의 말은 사실이었다. 홀리어 부인은 이든이 간호하는 밤 동안에 호전되었다가 낮이 되면 다시 기력이 쇠해 날이 저물수록 상태가 나빠졌다.

　　오후가 흘러가고 있었다. 네 시에 하인 마사가 방문을 두

드렸다. 에피 캐롤 양이 홀리어를 만나려고 아래층에 와 있다는 것이었다. 마사는 침대 머리맡으로 가 섰다.

에피는 매일 찾아와 부인의 안부를 물었고 마치 자신의 어머니가 죽어가기라도 하는 것처럼 매번 슬픔에 잠겨 되돌아갔다. 그런데 이번에는 바로 돌아가지 않고 조금 더 머물렀다. 스퀘어 거리에서 만난 의사가 그녀더러 홀리어를 모친의 방에서 빼낼 수 있겠느냐고 부탁했기 때문이다. "그 사람과 대화 좀 해보시오. 모친 일에만 붙들려 있지 말고 기운을 차리도록 말이오."

에피는 둥그런 티 테이블 앞에 놓인 홀리어 부인의 의자에 앉아 홀리어에게 차를 따라주었다. 그리고 그의 연주와 요즘 그녀가 읽고 있는 책에 관하여 이야기했다. 젊음의 부드러움과 맑음을 간직한 그녀의 사랑스러운 얼굴과 고운 손짓이 홀리어의 마음을 설레게 했다. 에피가 그의 아내가 된다면 바로 이런 모습이리라. 그녀는 매일 그와 마주 보고 앉아 그에게 차를 따라줄 것이다. 그는 계단을 바삐 오르내리는 그녀의 발걸음 소리를 들으며 살게 될 것이다.

에피가 일어나 떠날 채비를 하며 말했다. "윌프리드, 뭘하든 너무 걱정하지 말아요."

"걱정을 멈출 수가 없습니다."

그녀가 그의 손목을 잡더니 가만히 쓰다듬었다. 그녀의 손길에 그는 무너져 내렸다.

"오, 에피. 도무지 견딜 수 없습니다. 어머니가 돌아가시면 저 자신을 용서하지 못할 거예요."

"말도 안 돼요. 그런 말 마요. 그런 생각조차 하지 마세요."

문간에서 에피가 몸을 돌려 홀리어를 바라보았다. "당신 어머니가 얼마나 강인한 분인지만 생각하세요. 이상하게 저는 그분의 아픈 모습이 그려지질 않아요. 늘 저기 의자에 꼿꼿이 앉아 계실 때의 아름다운 모습만 떠오르는걸요."

홀리어 또한 자신의 어머니를 평생 그렇게 보아왔다. 난롯가와 둥그런 티 테이블 사이 의자에 앉아 있는 모습을 여러 해 동안, 그가 살아온 시간만큼 보아왔다.

하지만 이제 그의 눈에는 에피만 보였다. 위층 어머니의 방에서 어머니를 돌볼 때에도 그의 눈에는 에피가, 그녀의 사랑스러운 얼굴과 손짓이 어른거렸다. 다른 방에 있는 에피의 목소리와 계단을 오르내리는 발걸음 소리가 환청처럼 들려왔다. 에피가 그의 아내가 된다면 그런 모습을 정말로 보고 들을 수 있으리라.

어머니가 죽는다면, 그는 정말로 그런 모습을 보고 들을 수 있었다.

그렇게 되면 그에게도 어엿한 수입이 생기고 자기 소유의 집도 생길 것이다. 그는 한 집안의 가장이 될 것이다.

어머니가 죽는다면, 그는 에피와 함께 잠을 잘 수도 있었다. 어쩌면 바로 저 침대에서, 저 베개를 베고 눕게 될 것이다.

홀리어는 눈을 감고 두 손으로 얼굴을 가린 채 눈자위를 지그시 눌렀다. 마치 그러면 눈앞의 에피를 사라지게 할 수 있다는 듯이.

3

그날 저녁 의사가 다녀갔다. 의사는 간호사 이든이 철야 간호를 시작하는 시간인 아홉 시가 되기 조금 전에 떠났다. 의사는 희망 섞인 말을 극구 거부했다. 홀리어 부인의 상태가 빠르게 나빠지고 있었기 때문이다.

현관에서 몸을 돌렸을 때 홀리어는 계단을 내려오는 이든을 보았다. 이든은 소리 없이 그를 지나치면서 그에게 응접실로 따라오라고 손짓했다. 그리고 응접실 문을 닫았다.

홀리어는 까닭 없이 이든이 무서웠다. 그녀의 작고 순결한 얼굴, 팽팽히 당겨진 모자 끈에 갸우뚱 기운 턱, 동정심으로 자꾸만 처지는 입꼬리를 씩씩하게 말아 올린 얇은 입술, 짙은 회색빛 눈동자의 고요함 속에 견디기 힘든 무언가가 있었다. 그는 오늘 밤 이든과 함께 밤새 어머니를 간호할 계획이었다. 하지만 마사와 밤을 새울 수 있으면 더 나을 것 같았다.

"뭐라던가요?" 이든이 물었다.

"이제 끝이랍니다."

"그럴지도 모르죠. 하지만 꼭 그렇지만도 않아요."

"당신도 어머니 상태를 보셨잖습니까."

"그렇죠."

"어떻던가요?"

"아직 돌아가시진 않으셨어요, 홀리어 씨. 하지만 사경을 헤매고 계세요. 호흡 한 번에도 위태로운 상태예요."

"호흡 한 번에도요?"

"네, 홀리어 씨. 아니면 생각만으로도."

"생각이요?"

"네, 생각이요. 제가 처음부터 홀리어 부인을 맡았더라면 지금쯤 의식을 차리게 했을 텐데요."

"아, 이든……."

"저는 홀리어 부인의 의식을 돌아오게 했었답니다. 밤마다 그랬어요."

"뭘 하길래요?"

"저도 몰라요. 하지만 분명 효과가 있어요. 부인이 제가 돌보는 밤 동안에 좋아지다가 낮이 되면 다시 나빠지는 걸 직접 보셨잖아요?"

"네, 그랬지요."

"홀리어 씨, 랜섬 씨는 생각을 굳혔어요. 의사가 생각을 굳히고 나면 환자는 죽을 수밖에 없어요. 그 환자는 십중팔구 죽게 돼요. 의지가 확 꺾이거든요. 모두가 그렇게 느끼지는 않지만, 당신 어머니는 그러실 거예요."

이든이 말을 이었다. "만약, 제가 밤낮으로 그분을 돌본다면 그분은 살아날지도 몰라요."

"정말 그렇게 생각합니까?"

"가능성이야 있죠."

홀리어는 그녀를 믿어야 할지 망설여졌다. 랜섬 박사는 어깨를 으쓱하며 이든이 그렇게 원한다면 그녀에게 맡겨보자고 했다. 이든이 부인을 아주 잘 돌보는 것은 사실이었다. 그러나 랜섬 박사는 큰 기대를 걸지 말라고 홀리어에게 충고했다. 기적이 아닌 이상 그의 모친을 살릴 길은 없었다.

홀리어는 이든에게 기대를 거는 것이 아니었다. 하지만 그의 존재보다 커다란 무언가가 그의 어머니가 죽지 않으리라는 생각을 그에게 계속 불어넣고 있었다.

시간이 흐를수록 홀리어 부인이 조금씩 나아지는 것이 보였다. 홀리어의 눈앞에서 기적이 일어난 것이다. 자정이 되었을 때 부인의 호흡과 체온과 맥박은 정상을 되찾았다. 다음 날 정오가 되자 랜섬 박사도 결국 인정했다. 차마 기적이라고 말할 수는 없으나 이든이 무엇을 했건 간에 그로 인해 홀리어 부인이 곧 회복하리란 것을 말이다.

홀리어는 그냥 믿는 정도가 아니라 이든만큼이나 굳게 확신하게 되었다. 이든은 확신에 찬 표정으로 그에게 와서는 이제 마음을 놓아도 된다고 말해주었다.

그런데 홀리어의 마음은 영 편치 않았다. 그의 마음은 의심을 품고 있을 때가 차라리 더 편안했다. 마치 의심이 그가 외면하고 있는 비밀에 면죄부를 주기라도 했던 것처럼. 처음 확신을 가진 순간에 그는 그 비밀을 깨달았다. 그것은 숨길 수 없는 마음의 짐과 고통이 되어 육체적 감각으로 그에게 찾아왔다. 어머니에게 의존해 살던 시절의 좌절감이 순식간에 되살아났다. 자신과 함께 집 안에 앉아 있는 에피, 계단을 오르내리는 에피는 이제 없었다. 커다란 흰 침대에서 에피와 함께 자는 날도 오지 않을 것이다. 그와 에피는 서로를 갈망하며 늙어갈 것이다.

홀리어는 애써 미소 지어 보이려 했으나 입이 굳어 움직이지 않았다. 숨이 턱 막히면서 입이 저절로 벌어졌다.

그는 어머니의 방이 있는 위층으로 향했다. 침대에 앉아 있는 홀리어 부인의 두 눈은 날카로울 정도로 명민했다. 그가 방에 들어서자 부인이 고개를 돌려 그를 보았다.

"이게 무슨 일인지 모르겠구나. 이제 죽는구나 싶었는데 자꾸 뭔가가 나를 붙들지 뭐니. 그게 자꾸만 나를 잡아당겼어." (이든이 홀리어를 바라보았다). "윌프리드, 너였니?"

홀리어가 무릎을 꿇고서 어머니가 앉은 쪽 침대에 고개를 파묻었다. 그가 훌쩍이자 매트리스가 흔들렸다. 이든이 팔로 그를 부축해 일으켜 세웠다. 자리에서 일어난 그는 슬픔에 취해 멍해진 눈빛으로 이든을 응시했다. 그녀는 그를 데리고 방을 나섰다.

"당신이 저분을 동요시키고 있네요. 마음을 가다듬은 후에 들어오도록 하세요."

홀리어가 다시 방으로 들어갔을 때 홀리어 부인은 평온하게 잠들어 있었다. 홀리어와 이든은 침대맡에서 물러나 창가를 내다보며 낮은 목소리로 이야기를 나누었다.

"제 어머니가 하신 말씀 들으셨지요?"

"네. 우리는 저분을 낫게 할 수 있어요. 우리가 저분을 살려야겠다고 마음만 먹으면 말이에요. 어제 저분의 상태를 생각해보세요."

"하지만, 꼭 그래야 할까요? 어머니가 다시 고통스러워하는 것은 원치 않는데요."

"그럴 일은 없어요. 당신 어머니는 예전처럼 건강해질 수도 있답니다. 만일 당신이 어머니를 살리고 싶어 한다면 말이에요."

"살리고 싶어 한다고요? 그야 당연히 그러고 싶죠."

"알아요. 하지만 당신 안의 두려움을 없애야 해요."

"두려움이요?"

"어머니가 돌아가시면 어떡하나 하는 두려움 말이에요."

"제 두려움이 어머니의 운명을 좌우할 수 있다는 말입니까?"

"그럴 수 있어요. 그러니까 저처럼 당신 어머니가 나아지리라고 믿으세요."

"만약 어머니가 떠나고 싶어 한다면요? 어머니가 지금껏 우리와 맞서 싸우고 있었던 거라면요?"

"그렇지 않아요. 당신 어머니는 싸우고 싶은 마음이 전혀 없으세요. 자, 마침 주무시고 계시니 지금이 기회네요. 속으로 '어머니는 살아나실 거야. 살아나실 거야.' 하고 생각만 하면 돼요. 저기 의자에 앉아서 마음을 편히 먹고 눈을 감은 다음 그 말을 계속 되뇌세요. 다른 생각은 하지 마시고요."

홀리어는 자리에 앉았다. 그리고 같은 말을 반복했다. "어머니는 살아나실 거야. 살아나실 거야. 살아나실⋯⋯." 그는 다른 생각을 하지 않으려 애썼지만 내내 마음에 걸리는 부분이 있음을 느꼈다. 눈을 감아도 에피의 모습이 눈앞을 떠나지 않았다. 어머니 자리에 앉아 있는 에피. 커다란 침대에서 그의 곁에 잠들어 있는 에피.

"어머니는 살아나실 거야. 살아나실 거야." 하지만 아무 소용 없는 말이었다. 중요한 것은 그의 마음속에 무겁게 들어앉은 그것이었다. 그것은 거짓말하지 않았다.

그는 생각했다. '그것이 나의 진심이라면, 어머니 생각을 그만두는 편이 낫지 않을까.'

그러다 그는 몹시 피곤해져서 아무 생각도 할 수 없게 되었다. 그렇게 그는 의자에 꼿꼿이 앉은 채로 깜빡 잠들었다.

홀리어를 깨운 것은 침대맡에서 그를 부르는 이든의 목소리였다. "홀리어 씨! 부인이 돌아가시려고 해요!"

홀리어 부인은 이든의 품에 안겨 그녀 가슴팍에 고개를 떨구었다. 끓는 목소리로 힘겨워하는 비명이 벌어진 입 사이로 새어 나왔다. 한 번, 두 번, 세 번. 그렇게 홀리어 부인은 숨을 거뒀다.

장례식을 치른 후 홀리어는 어머니의 방에 들어갔다. 이든이 죽음의 흔적을 치우고 있었다. 그녀는 하얀 침대보를 새 것으로 갈아 끼웠고, 문과 창문을 활짝 열어 깊은 골짜기의 차가운 공기가 방 안에 가득 들어오게 했다.

"이든 씨. 잠깐 와보십시오."

그녀가 홀리어를 따라 층계참 반대편에 있는 그의 방으로 들어왔다. 홀리어가 문을 닫았다.

"제 어머니가 잠시 호전되었던 날 밤을 기억하시지요?"

"당연하죠."

"아직도 당신이 어머니를 낫게 했다고 생각합니까?"

"그렇게 생각해요."

"생각이, 생각이 그렇게 만들었다고 믿고요?"

"네."

"하지만 늘 통하진 않는군요. 실패하다니."

"가끔 그래요. 당신 어머니가 돌아가신 날 밤도 그랬어요. 벽이 있는 것 같았어요. 그걸 통과할 수가 없더라고요. 하지만, 그전번에 제가 그분을 다시 데리고 왔을 때도 그분은 떠나려 하고 있었답니다."

"생각이, 그러니까 다른 생각이 어머니를 죽였을 수도 있다는 말입니까?"

"무슨 생각인지에 달렸어요. 아주 강력한 생각이라면 그럴지도요. 소망이라거나."

이든의 묘한 시선이 홀리어를 관통해 그의 너머로 향했다. 그녀는 그가 아닌 다른 현실을 바라보고 있었다. 홀리어는 이든이 알고 있는 진실을 구하고자 했고, 그녀는 그에게 그 진실을 알려주었다. 소망, 숨겨진 소망만으로 사람을 죽일 수 있다고 했다. 마음속 어둡고 비밀스러운 공간에 있는 생각이 자신도 모르는 사이에 흘러나와 사람들 사이를 가로막는 벽 아래로 굴을 파고 들어가 벽을 통과했다. 말하자면, 그의 비밀이 스스로 도망쳐 어머니에게로 다가가 어둠 속에서 은밀하게 그녀의 목숨을 앗아간 것이다. 그가 품은 소망은 분명 그의 일부였으나 그의 존재보다 강력했다. 소망을 지탱하는 힘은 쉽사리 사라지지 않았다. 그 소망이 곧 에피를 향한 욕망이었기 때문이다. 그가 살아 있는 한, 그것을 없애기란 불가능했다.

그 소망은 교활하게 정체를 숨긴 채 여태껏 존재해왔다. 홀리어가 이든을 향해 느끼던 두려움 속에도, 어머니가 살아나리라는 그의 고집 센 믿음 속에도 그 소망은 존재했다. 어머니가 살아나리라는 믿음은 그가 느끼는 두려움의 증상이었다. 사실 그는 어머니가 죽지 않을까 봐 두려워한 것이었다. 그것이 그가 느낀 진짜 두려움이었다. 이든이 말을 이어가는 바로 그 순간에 그는 이 모든 것을 명료하게 깨우쳤다.

"홀리어 씨, 하지만 그렇지 않아요. 우리는 그분이 살아나기를 바랐잖아요. 제 생각에는 그분이 너무 쇠약해졌던 게 아닌가 싶어요. 그래서 우리가 붙잡을 수 없었던 거예요."

이든이 상황을 되돌리기에는 너무 늦은 후였다. 홀리어는 알고 있었다. 그는 그것을 확신했다.

4

홀리어는 알고 있었다. 또 그것에 대해 생각하지 않을 수 없음에도 그것을 생각하는 것이 두려웠다. 그 생각에 사로잡혔다가는 미쳐버릴지도 몰랐다. 그 일이 벌어진 순간을 홀리어는 정확히 기억했다. 굳이 보기로 선택한다면 그때의 기억이 묻힌 곳을 찾아낼 수도 있었다. 하지만 홀리어는 애써 외면했다. 그런 것들은 잊어버리는 편이 나았다.

홀리어는 아무 일도 없었노라고 스스로 되뇌었다. 문제는 이든의 히스테리와 자만심이었다. 이든은 자신이 대단한 사람이며 놀라운 일을 할 수 있음을 그로 하여금 믿게 했다. 그러나 정작 그녀 자신은 그 능력을 크게 믿지 않았다. 그녀는 마지막 순간에야 솔직히 그 사실을 털어놓았다. 홀리어는 바보처럼 그녀에게 속아 넘어간 것이다.

한편 어머니가 세상을 떠난 지 석 달 후에 홀리어는 에피 캐롤과 결혼했다. 에피의 아버지는 결혼에 반대했으나 결혼식 날 돌연 마음을 바꿔 딸에게 연간 50파운드를 지원하기로 했다. 그는 딸의 어리석은 선택으로 이익을 볼 생각은 추호도 없다며 50파운드는 자신이 딸을 부양하는 데 들였을 돈이라고 했다.

두 사람의 행복이 홀리어 부인의 죽음에 빚졌다는 생각은 잔인했다. 물론 끝내는 두 사람이 부인의 죽음에 빚지지 않았음이 판명 났고 부인이 계속 살아 있었다 하더라도 두 사람은 무사히 결혼에 이르렀을 것이다. 이제 홀리어에게는 어머니의 죽음을 바랄 이유가 없었기에, 그는 자신이 그런 소망을 품었었다는 사실조차 거의 잊고 살았다.

홀리어는 자책하지 않았다. 이 모든 일을 생각할 때마다 그는 오히려 어머니를 탓했다. 그는 자신에 관하여 새로 알게 된 사실이 하나 있었다. 결혼을 앞두고 랜섬 박사를 찾아가 검진을 받았을 때였다. 랜섬 박사는 홀리어의 건강에 아무 문제가 없다고 했다. 문제가 있었던 적은 처음부터 없었다. 랜섬 박사처럼 비관적인 자가 아무 문제가 없다고 말한다면, 정말로 문제가 없다고 할 수 있었다. 랜섬 박사는 그를 어르듯 그게 그의 잘못은 아니라고 덧붙였다.

"그럼 누구의 잘못입니까? 어머니의 잘못인가요?" 홀리어가 물었다.

"아닐세. 홀리어, 자네 어머니는 잘못이 없네. 하지만 누구나 그렇듯 실수를 저지른 게지."

"그러니까 선생님 말씀은, 제가 남들처럼 컸어도 아무 문제 없었을 거란 말입니까?"

"뭐, 자네가 워낙 약하게 태어나기는 했어. 이후에 살짝 위험할 뻔도 했고. 하지만 나라면 위험을 감수했을 걸세. 어느 정도는 위험을 감수해야 하는 법이지. 하지만 자네 어머니는 겁이 났던 거야. 부인에게는 자네가 전부였으니. 감히 추측하건대, 자네 어머니는 자네를 곁에 끼고 산 것에 대해 전혀 미안해하지 않을 걸세."

"그렇군요."

홀리어는 이제야 똑똑히 깨우쳤다. 그는 이기적인 어머니의 희생양이었다. 그가 부끄러워하는 자신의 의존성과 가난, 참기 힘든 금욕의 삶이 전부 어머니의 이기심으로 인한 것이었다. 그는 그 생각을 계속 곱씹었다. 마치 그것이 그에게 정당한 이유를 주기라도 하는 것처럼 만족스러워하며 자꾸만 그 생각으로 되돌아갔다. 이유 있는 분노를 느낄수록 그는 마음이 평온해졌다. 아름답고 사랑스러웠던 어머니에 대한 기억이 불쑥 들이닥쳐 그를 비난할라치면 그는 서둘러 그 생각에 매달렸다.

홀리어는 어머니에 관해 이야기하기 시작했다. 그가 느끼는 억울함을 소리 내어 말하는 것은 그 억울함에 실체를 부여했고 명분을 주었다.

홀리어는 거리낄 게 없었다. 어차피 어머니는 그의 말을 들을 수 없었다. 그가 어머니를 어떻게 생각하는지 그녀는 알 방법이 없었다. 어머니에게 그것을 말하느니 그는 차라리 죽음을 택했을 것이다. 그는 자신의 속내를 에피에게만 털어놓았다. 혼자서도 생각하는데 아내에게 털어놓지 못할 이유가 없었다. 이 모든 일을 겪은 홀리어는 스스로 그 정도의 위안을 얻을 자격은 된다고 생각했다.

해가 뉘엿거리는 6월의 따뜻한 저녁에 홀리어와 에피는 응접실에 함께 앉아 있었다. 에피는 홀리어 부인의 의자에 앉아 있었고, 홀리어는 난로 반대편 구석의 피아노 앞에 앉아 있었다. 홀리어가 연주를 끝내고 아내를 돌아보며 미소 지었을 때 에피가 말을 꺼냈다.

"윌프리드, 행복한가요?"

"당연히 행복하지요."

"진심으로요?"

"진심이고 말고요. 아주 행복해요. 당신 덕분에."

"정말요? 그것참 다행이네요. 사실 당신과 결혼했을 때 자신이 없었어요. 당신 어머니 자리를 채우기란 너무 어려우니까요."

홀리어가 몸을 움찔했다.

"무슨 말입니까? 당신은 제 어머니 '자리'를 채운 게 아닌데요."

"제 말은, 어머니가 당신에게 끼친 영향이나 당신에게 해준 일들을 제가 대신할 자신이 없었어요. 어머니와 함께 살 때 당신의 삶은 완벽했잖아요."

"에피, 이 말이 위로가 될지 모르겠지만, 그렇지 않았습니다."

"그렇지 않았다고요?"

"네. 전혀 아니었어요."

"오, 윌프리드!"

에피는 마치 홀리어가 신성 모독을 저지른 것처럼 반응했다.

"당신도 알아야 해요. 어머니는 저를 조금도 이해하지 않으셨습니다. 어머니는 저를 끔찍이도 잘못 키웠어요. 다른 남자들처럼 평범하게 자라도록 내버려만 뒀어도 어딘가에 쓸모 있는 사람이 됐을 텐데. 하지만 어머니는 그걸 허락하지 않으셨어요. 저한테 문제가 있는 척 꾸며서 제가 평생을 어머니에게 의존하도록 만들었습니다."

"세상에, 윌프리드, 그건 정말 끔찍한 잘못이네요."

"그렇지요."

"하지만 어머니가 당신을 사랑해서서 그런 거잖아요."

"에피, 그렇다면 그건 무척이나 이기적인 사랑이라 할 수 있겠지요."

"오, 제발. 그런 말 말아요. 당신 어머니는 돌아가셨어요, 윌프리드." 그녀가 간곡히 말했다.

"알고 있습니다."

"모르는 사람처럼 이야기하시는걸요. 만일 죽은 자가 알게 된다면……."

죽은 자가 알게 된다면…….

"살아 있는 사람이 죽은 자에 대해 뭐라 말하고 생각하는지를 그들이 알게 된다면……."

죽은 자가 알게 된다면…….

세상을 떠난 어머니가 그의 말을 들을 수 있다면, 그의 생각을 읽을 수 있다면, 아들이 자기 죽음을 바랐고 그 소망이 자신의 목숨을 앗아갔음을 알게 된다면…….

죽은 자가 알게 된다면…….

"모두에게 다행스럽게도 죽은 자는 알지 못합니다." 홀리어가 말했다.

홀리어는 다시 연주를 시작했다. 에피가 일어나 테이블 앞에 앉는 것이 느껴졌다. 그는 테이블과 문에서 등을 돌린 채 연주하고 있었다.

피아노 악보대에는 멘델스존의 〈무언가〉 악보가 펼쳐져 있었고, 에피가 자리를 뜬 것은 그가 9번 곡을 연주하고 있을 때였다. 그 곡은 그의 어머니가 특히 좋아하던 곡이었다. 그의 손가락은 저절로 도입부를 연주하기 시작하여 짙고 달콤하며 가만한 슬픔을 눌러내듯 선율을 이어갔다. 음 하나하나가 찌릿한 아픔을 주었지만, 그는 스스로 고통을 가하는 쾌락에 반쯤 탐닉하듯 연주를 이어갔다. 그렇게 그는 슬픔과 후회가 만들어낸 통렬한 아픔의 정점으로 점점 치달았다.

마지막 화음을 끝마쳤을 때 그의 뒤에서 흐느낌이 섞인 무거운 한숨 소리가 들려왔다.

"에피—"

그가 뒤를 돌아보았다. 에피는 그곳에 없었다. 위층 방에서 에피의 발걸음 소리가 들렸다. 에피는 그의 연주가 끝나기 전에 소리 없이 방을 나간 것이었다. 그렇다면 그가 들은 소리는 환청이었다.

그는 몇 소절을 더 연주하다 다시 멈춰 귀를 기울였다. 한숨 소리가 또다시 들려왔다. 소리는 아주 가까운 곳에서 나고 있었다.

획 뒤를 돌아보았다. 아무도 없었다. 하지만 조금 전만 해도 닫혀 있던 문이 활짝 열려 있었다. 차가운 바람이 들어와 고여 있던 열기를 갈랐다. 홀리어가 자리에서 일어나 문을 닫았다. 차가운 바람이 소용돌이처럼 그를 세게 휘감았다. 그는 두려움에 몸이 굳어 한동안 움직이지 못했다. 깊고 차가운 물이 그의 가슴께까지 들어찬 것처럼 그는 느릿느릿 방을 가로질러 피아노 앞으로 돌아갔다.

홀리어의 마음속 비밀스러운 어딘가에서 어떠한 단어가 힘겹게 떠올랐다.

"어머니."

그 단어와 함께 초자연적 공포 같은 끔찍한 감각이 엄습했다. 공포가 하나의 존재가 되어 그와 한 공간에 있는 것만 같았다.

"어머니."

그 단어의 의미는 사라진 후였다. 이제 그 단어는 공포 자체였다.

홀리어는 다시 연주를 시작하려 했으나 땀이 밴 손가락이 자꾸만 건반에서 미끄러졌다.

무언가에 이끌리듯 그는 뒤에 놓인 어머니의 의자 쪽을 바라보았다.

그곳에 어머니가 있었다.

그의 어머니는 마른 몸에 자신이 죽던 날 입었던 노란 플란넬 잠옷과 웃옷을 걸친 채, 그와 의자 사이에 꼿꼿하게 서

유령의 형체는 모호했다.

있었다.

유령의 형체는 모호했다. 머리 부분은 이미 경계가 흐려져 자욱한 안개 같았다. 얼굴은 이목구비가 희미해져 골격만 보였고 반짝이는 두 줄기의 눈물 자국이 선명했다. 무언가의 형체라기보다 괴로워하는 감정의 형상화에 가까웠다.

홀리어는 일어나 그것을 빤히 응시했다. 눈물 고인 두 눈이 강렬하고 끔찍한 비난과 슬픔의 눈빛으로 홀리어를 똑바로 마주했다.

그러더니 느리고 뻣뻣하게, 그에게서 멀어지기 시작했다. 유령은 발이 움직이지 않는 기이하게 고요한 몸짓으로 서서히 물러났다. 마지막 순간까지 단호한 비난의 눈빛을 하고.

이윽고 유령은 형체 없는 덩어리가 되어 창가를 떠돌았고, 그곳에서 잠시 머물다 유리창에 서린 입김처럼 사라졌다.

홀리어는 몸이 뻣뻣하게 굳은 채 식은땀을 흘리며 유령이 서 있던 곳을 계속 바라보았다. 심장이 쿵쾅거렸다. 온몸의 피가 팽창한 심장으로 몰려들어 간담까지 함께 내려앉을 것만 같았다.

그는 황급히 몸을 돌려 쓰러질 듯 비틀거리며 문가로 달려갔다. 무언가를 부여잡으려 손을 뻗는 순간, 에피의 팔이 그를 붙들었다.

"윌프리드, 여보, 무슨 일이에요?"

"아무것도 아닙니다. 조금 어지럽군요. 몸이, 몸이 좋지 않습니다."

홀리어는 아내의 품에서 벗어나 위층으로 겨우 올라간 다음 서재에 틀어박혔다. 그날 밤, 그는 예전에 혼자 쓰던 침대를 서재로 가지고 와 두었다. 그는 어머니가 쓰던 방에서 잠을 청할 자신이 없었다.

5

그의 온몸에 공포의 감각이 가득 퍼졌다. 뒤이어 느낀 것은 날카롭고 지독한 마음의 고통이었다.

죽은 자가 알게 된다면…….

죽은 자는 알고 있었다. 홀리어 부인은 그 사실을 말해주려고 그를 찾아온 것이었다. 그가 얼마나 못되게 어머니를 생각했었는지 그녀는 알고 있었다. 그가 에피에게 속내를 털어놓을 때도 어머니는 곁에 있었다. 그가 스스로 외면했던 생각마저 그녀는 알고 있었다. 어머니의 죽음을 비밀스레 소망했던 아들 때문에 자신이 죽었음을 알았던 것이다.

홀리어 부인의 눈빛과 눈물의 의미는 바로 그것이었다.

살아 있는 사람의 눈으로는 그토록 사무치는 고통과 슬픔을 표현할 수 없었다. 육체 없는 영혼의 고통은 육체의 고통과는 비교할 수도 없게 괴로울 것이었다. 그 고통은 잠잠해지지도 않으리라. 누가 아니라고 할 수 있겠는가?

하지만, 아무리 불멸의 고통이라 할지라도 지금 홀리어

가 느끼는 비통함보다 괴로울 수 있을까? 그가 어머니에게 무슨 짓을 하고 있었는지 알았더라면…… 그가 알았더라면. 알았더라면…….

홀리어는 우리 인간의 무지함과 무신경함을 생각했다. 우리는 불멸을 믿는다고 말하지만 정말로 믿지는 않는다. 죽은 자는 죽었기에 우리와 함께하지 않는다고 치부해버린다. 홀리어 부인이 곁에 있음을 홀리어가 진정 믿었더라면, 그는 에피에게 했던 말들을 입 밖으로 꺼내느니 죽어버리고 말았을 것이다. 그가 생전 어머니에게 모질었노라고 손가락질할 사람은 없었다. 그는 진심으로 어머니를 사랑했다. 에피를 갈망하게 된 결정적 유혹의 순간이 오기 전까지는. 그는 어머니가 죽기를 바랐던 적이 없었다. 그런 마음을 제대로 자각하지조차 못했다. 그러니 어떻게 그에게 책임을 물을 수 있겠는가? 가려진 미지의 어둠 속에 실체를 숨긴 그 소망을 그가 무슨 수로 없앨 수 있었겠는가? 하지만 책임을 져야 한다면 그여야 했다. 그가 그것을 의식한 순간은 분명 존재했다. 그는 그때 그것을 없앨 수도 있었다. 그것을 마주하여 환한 곳으로 끌고 나온 다음 맞서 싸워야 했다.

하지만 홀리어는 그 소망이 어둠 속으로 가라앉아 보이지 않는 곳에서 계속 작동하도록 내버려 두었다.

그가 진심으로 어머니를 사랑했다면, 굳이 애쓸 필요도 없이 어머니가 계속 살기를 소망했을 것이다. 지금 그러하듯 어머니를 그리워했을 것이다.

너무 늦었지만 홀리어는 이제야 어머니를 그리워했다. 그의 마음은 달라져 있었다. 그는 어머니를 원망하지 않았다. 아름답고 선한 어머니를 열렬히 사모하는 마음과 사랑을 담아 그녀를 추억했다. 어머니가 왜 그를 곁에 두고 살았을까? 에피의 말처럼, 그건 어머니가 자신을 사랑했기 때문이었다. 어머니가 그를 내버려 두었다고 해서 그가 쓸모 있는 사람이 되었으리라고 어떻게 장담할 수 있을까? 삼류 오르간 연주자 말고 그가 무엇이 될 수 있었을까?

홀리어는 에피와 사랑에 빠지기 전 어머니와 단둘이 살며 누렸던 행복을 추억했다. 어머니의 표정과 말들, 아들을 기쁘게 하려고 그녀가 했던 수많은 일들, 어머니가 들려준 멘델스존의 음악, 그의 생일마다 구워주던 케이크, 어머니의 손길과 입맞춤을 그는 하나하나 떠올렸다.

홀리어는 고통스러워하며 그것들을 그리워했다. 어머니를 다시 만날 수만 있다면, 어머니가 다시 나타나서 그가 그녀에게 이 마음을 보여줄 수만 있다면…….

홀리어는 생각했다. 에피는 어디까지 알고 있지? 에피는 그가 왜 갑자기 응접실을 피하고 서재에서 자려고 하는지 궁금해할 터였다. 하지만 그녀는 아무것도 묻지 않았다.

일주일이 지나고 홀리어와 에피는 식사를 마친 후 다이닝 룸에 함께 앉아 있었다. 그때 에피가 말했다.

"윌프리드, 왜 자꾸 여기에만 있으려고 해요?"

"왜냐면 응접실이 끔찍이도 싫어졌거든요."

"원래는 그러지 않았잖아요. 아픈 날 다음부터 그러네요. 그날 이후로 연주도 않고. 왜 응접실이 싫은데요?"

"제가 어머니에 대해 못되게 말한 것을 기억합니까?"

"진심은 아니었잖아요."

"진심이었습니다. 하지만 문제는 그게 아닙니다. 문제는 당신이 한 말에 있었습니다."

"제가 한 말이요?"

"네. 당신이 그랬지요. '죽은 자가 알게 된다면…….'"

"그게 왜요?"

"죽은 자는 알고 있습니다. 제 어머니는 확실히 알고 있었어요. 분명합니다. 제가 지금 여기 앉아 있는 것이 분명한 것처럼, 제 어머니가 전부 들은 것이 틀림없어요."

"오, 윌프리드. 왜 그렇게 생각해요?"

"이유를 설명할 수는 없어요. 하지만, 어머니는 정말로 그곳에 있었습니다."

"죄책감 때문에 그래요. 이제는 떨쳐내야죠. 다시 그 방에 가서 연주하셔도 괜찮아요."

홀리어는 고개를 가로저으며 생각에 잠겼다. 에피는 그에게 생각할 시간이 필요하다는 것을 알고 입을 다물었다.

이윽고 홀리어가 자리에서 일어나 응접실로 들어가 문을 닫았다.

피아노 보면대에는 여전히 멘델스존의 9번 곡 악보가 펼쳐져 있었다. 홀리어는 그 곡을 연주하기 시작했다. 하지만

그는 바닥에 무릎을 꿇고 피아노 모서리를 붙든 채
두 팔에 머리를 파묻었다.

첫 소절 만에 주체할 수 없는 후회의 고통이 밀려와 연주를 멈추었다. 그는 바닥에 무릎을 꿇고 피아노 모서리를 붙든 채 두 팔에 머리를 파묻었다.

내면의 영혼이 소리 없이 절규했다.

"어머니…… 어머니…… 돌아오세요. 다시 와주세요…… 제발, 제발……."

별안간 홀리어는 자신에게로 다가오는 어머니를 느꼈다. 저 멀리 하늘에서부터 어머니가 날개라도 달린 듯 빠르게 다가오고 있었다. 아무것도 들리지 않고 보이지 않았지만, 그의 신경 하나하나가 다가오는 어머니의 떨림을, 그녀의 존재를 오롯이 느꼈다. 이제 그녀는 그와 아주 가까워졌다. 두 사람은 말이나 눈빛이나 손길로 가까워지는 것 이상으로 가까워져, 그녀의 존재가 그의 존재와 만났고, 그녀의 가장 내밀한 본질이 그의 내면에 있게 되었다.

지금 나타난 어머니의 모습에 비하면 일주일 전 홀리어가 본 환영은 희미하고 하찮았다. 살아 있는 사람 누구도 이토록 현실적이고 친밀한 느낌을 주지 못했다.

어머니가 전하는 말은 살아 있는 사람의 말보다 또렷하게 그를 스치고 지나가며 전율을 일으켰다.

홀리어 부인은 알고 있었다. 자신이 아들을 되찾았으며 다시는 잃지 않으리란 것을. 그는 그녀의 아들이었다. 한때 아들에게 살을 내어주었던 그녀는, 이제 그의 가장 내밀한 자아에 자신의 축복과 평화를 내려주었다.

죽은 자가 알게 된다면

희생자

1

그레이트헤드 씨의 운전사 스티븐 애크로이드는 차고에서 부루퉁하게 있었다.

모두가 그를 무서워했다. 그의 고용주 그레이트헤드 씨와 연인 도시를 빼면 모두가 그를 싫어했다.

그런데 어제부터는 도시마저 그를 무서워하기 시작한 것이다!

밤이 되었다. 한쪽으로 어두운 진입로와 통하는 뜰 출입문이 활짝 열려 있었다. 다른 쪽으로는 담벼락 위로 칠흑처럼 어둡고 거대한 민둥 언덕이 솟아 있었다. 스티븐의 손전등이 차고의 출입구를 밝혔고, 주방 창가에 놓인 도시의 램프가 창밖 뜰에다 황금빛을 비추었다. 스티븐이 차에 비스듬히 기대앉아 있는 자리에서 보면 불 켜진 창문 너머로 테이블 위의 램프와 하얀 바느질감 무더기가 보였다. 조금 전 도시가 다급히 일어나 사라지면서 두고 간 것이었다. 그녀는 그를 무서워하고 있었다.

그녀는 서재에 있는 그레이트헤드 씨에게로 곧장 갔고, 스티븐은 부루퉁해져서 정원으로 피신한 터였다.

스티븐은 창문을 빤히 응시하며 생각하고 또 생각했다. 모두가 그를 싫어했다. 술집 '킹스 암스'의 바에서 그에게 악의 서린 눈총을 쏘는 사람들, 그를 피해 다니며 곁눈질하고 그가 나타나면 더러운 꽁무니를 빼며 흩어지는 사람들이 그 사실을 숨김없이 말해주었다.

그는 도시에게 자신이 도대체 무얼 했길래 그러는 건지 알고 싶다고 하소연했다. 그는 평소처럼 술을 한 잔 마시러 술집에 다녀온 참이었다. 주위를 둘러보며 "좋은 저녁입니다." 하고 예의 바르게 인사했건만, 그 더러운 시골뜨기들은 재수 없는 걸 보기라도 한 듯이 그를 무시했다. 도시의 고모인 올디쇼 부인도 그를 싫어했다. 부인은 심통으로 퉁퉁 부어 삶은 햄 같은 얼굴을 하고서 말도 없이 팔꿈치로 술잔을 툭 내밀었다. 마치 그가 몹쓸 바퀴벌레라는 듯이.

모든 것은 스티븐이 네드 올디쇼를 한 대 치면서부터 시작되었다. 그 애송이의 목이 부러지는 꼴을 보고 싶지 않다면 앞으로 부인도 그놈의 못된 짓을 단속할 필요가 있었다. 물론

이제는 네드도 스티븐의 여자에게 집적댔다가는 혼쭐이 나리
란 것을 잘 알았으리라.

사건은 일요일이었던 어제 오후 스티븐과 도시가 그녀의
고모를 보러 '킹스 암스'에 갔다가 벌어졌다. 그와 도시는 벽
앞에 놓인 나무 의자에 앉아 있었는데, 그때 철없는 네드가
해서는 안 될 짓을 하고 말았다. 스티븐이 보는 앞에서 입을
떡 벌린 채 도시의 목에 팔을 두르는 것이 아닌가.

도시는 바보처럼 웃기만 했고 부인은 콧방귀를 끼며 고
개를 흔들었다.

네드는 이렇게 말했다. "얘가 아무리 당신 여자더라도 결
국에는 내 사촌이거든. 내가 입을 맞추더라도 당신이 뭐라 할
수 없지." 그럴 수 없다니!

이 자들은 대체 무슨 생각인 거지? 그가 달링턴 모터 웍
스에서 하던 좋은 일을 관두고 이스트스웨이트로 와서 그레
이트헤드 씨의 신발을 광내고 장작을 패고 석탄을 나르고 물
을 대령하고 그분의 낡아빠진 중고차를 운전하고 다닐 때, 그
들은 그를 뭐라 생각했을까? 스티븐은 도시 올디쇼와 한집에
살 수만 있으면 그런 일을 하는 것쯤이야 상관없었다. 하지만
네드가 그런 짓을 하는 동안 얼빠지게 앉아만 있을 생각은 없
었다.

스티븐은 네드를 반쯤 죽여 놓았다. 그의 두 손과 손가락
에 눌려 네드의 목이 부풀어 오르는 것이 느껴졌다. 스티븐은
네드를 한 대 친 뒤 벽으로 밀쳤고 그런 다음 꼼짝하지 못하

게 제압했다. 결국에 주변 사내들이 달려와 그를 네드에게서 떼어 놓았다.

그리고 이제 그들 모두가 그에게 등을 돌렸다. 도시마저 그를 외면했다. 그녀는 그가 무섭다고 했다.

"스티븐, 당신이 그 애를 죽일 뻔했어요." 그녀가 말했다.

"내 애인에게 손댔다가는 어떻게 되는지 똑똑히 알아먹었을 거요."

"나는 사람들에게 손찌검이나 하는 사람의 애인 노릇을 하지는 않을 거예요. 이제 나는 평생 당신을 무서워하게 되겠죠. 네드는 아무 잘못도 하지 않았다고요."

"그 자식이 또 한 번 나와 당신 사이에 끼어든다면, 도시, 나는 기필코 그놈을 죽일 거요."

"그런 식으로 말하지 말아요."

"두고 보시오. 누구든 우리 사이를 방해하면 그자를 죽이고 말겠소. 만일 그게 당신 고모라면, 네드에게 그랬던 것처럼 그분의 목을 비틀 것이오."

"만일 그게 나라면요, 스티븐?"

"만일 그게 당신이라면, 당신이 나를 떠난다면…… 아, 도시, 당신에게 그러고 싶지는 않은데."

"봐요. 또 나를 겁주네요."

"하지만 당신은 날 떠나지 않았지. 지금도 웨딩드레스를 만들고 있지 않소."

"맞아요. 결혼식 날 입을 옷이에요."

도시가 고개를 비스듬히 숙인 채 하얀 바느질감을 만지작거리며 예쁜 미소와 함께 잠시 그것을 바라보았다. 그러다 갑자기 그것을 내팽개치더니 왈칵 울음을 터트렸다. 스티븐이 그녀를 달래려 다가가자 그녀는 그를 밀친 후 그레이트헤드 씨에게로 달려갔다.

반 시간이 지났건만 그녀는 돌아오지 않고 있었다.

스티븐은 일어나 뜰 출입문을 통과해 어두운 진입로로 나갔다. 거기서 방향을 틀자 건물 정면과 환한 서재 창문이 눈에 들어왔다. 주목 나무들 뒤에 몸을 숨긴 채 스티븐은 창문 안을 훔쳐보았다.

그레이트헤드 씨가 의자에서 일어나 있었다. 그는 왜소하고 쭈글쭈글한 노인이었다. 좁고 구부러진 등에 은발 머리 아래로 보이는 목은 앙상했다.

그레이트헤드 씨 앞의 도시는 스티븐이 숨어 있는 쪽을 향해 서 있었다. 램프 불빛이 그녀 얼굴을 환히 비추었다. 꽃처럼 사랑스러운 얼굴이 붉어져 있었다. 한바탕 울었던 게 분명했다.

그레이트헤드 씨가 말했다.

"내 의견은 그렇단다. 섣부르게 행동하기 전에 잘 생각해 보거라, 도시."

그날 밤 도시는 짐을 쌌고 다음 날 정오에 스티븐이 식사하러 들어왔을 때 이미 건물을 떠난 후였다. 가스데일에 있는 친부의 집으로 돌아간 것이었다.

꽃처럼 사랑스러운 얼굴이 붉어져 있었다.
한바탕 울었던 게 분명했다.

도시는 스티븐에게 남긴 편지에다 고민 끝에 그와 결혼하지 못하겠노라고 통보했다. 그녀는 그가 무섭다고 했다. 그와 결혼한다면 너무 불행할 것 같다고 했다.

2

문제는 그 노인이었다. 그 노인네가 도시에게 스티븐을 포기하라고 부추긴 것이다. 그게 아니었으면 도시는 결코 스티븐을 떠나지 않았으리라. 그녀 스스로 그런 마음을 먹었을 리 없었다. 그 노인네가 그녀를 말리기만 했어도 그녀가 떠나는 일은 없었을 게다. 문제는 네드가 아니었다. 어차피 네드는 조만간 모프에서 낸시 피콕과 결혼을 앞두고 있지 않던가. 네드에게는 잘못이 없었다.

스티븐과 도시 사이를 방해한 자는 그레이트헤드 씨였다. 스티븐은 그레이트헤드 씨를 싫어하게 되었다.

그의 혐오는 메스꺼움이라는 신체적 증상으로 시도 때도 없이 나타나기 시작했다. 스티븐은 그레이트헤드 씨의 수발을 드는 하인이었다. 그레이트헤드 씨가 식사하는 동안 그의 곁을 지켰고, 그가 입욕할 온수를 준비했고, 그가 옷을 입고 벗는 것을 도왔다. 따라서 단 한 순간도 그레이트헤드 씨에게서 벗어날 수 없었다. 아침에 그를 깨우러 갈 때마다 이불 아래로 보이는 쭈글쭈글한 몸과 뾰족한 들창코와 벌겋고 초췌

한 얼굴과 베개 모서리에 삐죽 삐져나온 은발 머리카락을 보기만 해도 스티븐은 속이 뒤집혔다. 그 노인네가 쇳소리 나는 기침을 내뱉고 '슥슥' 소리가 나는 발걸음으로 판석이 깔린 길을 오갈 때마다 스티븐은 혐오에 몸서리쳤다.

한때 스티븐은 도시와 인연이 있다는 이유만으로 그레이트헤드 씨에게 호감을 느꼈었다. 그분의 외투와 모자를 솔질할 때도 애정을 담아 부드럽게 다루었다. 그레이트헤드 씨가 회색빛 아랫입술을 내밀고 윗입술 꼬리를 들어 올려 치아가 보이지 않게 작은 미소를 지으면서 정중하고 맥없는 목소리로 "고맙네." 하고 말하면, 스티븐도 도시의 주인을 함께 모실 수 있는 것에 진심으로 기뻐하며 웃어 보였다. 그러면 그레이트헤드 씨는 또 한 번 미소 지으며 "밝은 얼굴을 보니 좋구먼, 스티븐." 하고 말하곤 했다. 그러나 이제 스티븐은 그레이트헤드 씨의 친절함을 마주할 때마다 얼굴이 구겨졌고, 목구멍이 말라비틀어졌으며, 속마음이 혐오로 뒤틀렸다.

식사 시간에 찬장 옆에서 대기할 때면 스티븐은 음식을 삼키는 그레이트헤드 씨를 역겨워하며 지켜보았다. 마음 같아서는 굼뜨게 더듬거리는 손 밑에서 그릇을 확 낚아채 버리고 싶었다. 스티븐의 머릿속에서 말들이 떠올랐다. '저 남자는 죽어야 해. 죽어야 해.' 삐걱거리는 뼈를 늙고 쪼그라든 살가죽으로 가리고 있는 이 노인네가 정녕 스티븐과 도시 사이를 방해한 것이라면, 도시를 스티븐에게서 떼어놓을 만큼의 힘을 가진 것이라면, 그는 죽어야 마땅했다.

하루는 그레이트헤드 씨의 중절모를 솔질하고 있는데 발작에 가까운 혐오가 스티븐에게 들이닥쳤다. 그는 그레이트헤드 씨의 모자가 끔찍이도 싫어졌다. 그래서 나뭇가지로 모자를 흠씬 패주었다. 그리고 풀밭에 내팽개친 다음 이를 꽉 물고 거칠게 식식대며 짓밟았다. 모자를 다시 집어 들었을 때 그는 혹시 그레이트헤드 씨나 도시의 후임으로 온 블렝크아이언 부인에게 들켰을까 봐 조심스레 주위를 살폈다. 스티븐은 중절모를 이리저리 만져 모양을 잡았고 조심히 털어낸 다음 스탠드에 걸어 두었다. 그는 자신의 폭력성보다 이런 행동밖에 할 수 없는 현실이 부끄러웠다.

이런 짓은 바보 천치나 하는 짓이라고 스티븐은 생각했다. 그는 잠시 정신이 나갔던 게 분명했다.

무얼 해야 하는지 몰랐던 것은 아니었다. 도시가 떠나간 날부터 그는 줄곧 알고 있었다.

'노인네를 없애버리지 않으면 예전의 나로 돌아갈 수 없어.' 그는 생각했다.

치밀하게 계획을 세우기 전까지 스티븐은 기다려야만 했다. 세부적인 것 하나하나 확실히 해두어야 했고 건강하고 침착한 상태를 유지해야 했다. 최후의 순간에는 일말의 망설임도 불확실성도 없어야 했다. 무모하게 달려드는 것은 금물이었다. 분노에 눈이 뒤집혀 사람을 죽여 놓고서 까맣게 잊고 살다 붙잡혀 교수형을 당하는 것은 바보나 하는 짓이었다. 하지만 사람들은 그런 실수를 저질렀다. 언제나 발각될 구멍을 하나씩 남겨두었다.

하지만 스티븐은 모든 것을 고려했고 심지어 날짜와 날씨까지 계산했다.

그레이트헤드 씨는 어느 학회의 회원이었는데 5월과 11월에 열리는 토론회에 참석하러 주기적으로 런던에 다녀오고는 했다. 그는 언제나 다섯 시 열차를 타고 떠났다. 그래야 도착하자마자 잠자리에 들어 쉴 수 있었기 때문이다. 런던에는 늘 일주일을 머물렀고 그동안 가정부에게는 휴가를 주었다. 스티븐은 어둡고 찌뿌둥한 11월의 어느 날을 골랐다. 그날은 그레이트헤드 씨가 토론회에 가는 날이었고, 블렝크아이언 부인이 아침 일찍 버스를 타고 이스트스웨이트에서 모프로 떠나는 날이었다. 그러므로 집에는 그레이트헤드 씨와 스티븐 단둘뿐이었다.

이스트스웨이트의 집은 민둥 언덕의 등성이와 진입로의 물푸레나무들 사이에 가려진 회색빛의 외딴 건물이다. 민둥 언덕을 가로지르는 좁은 길을 통해 집에 드나들 수 있는데, 그 길은 래스데일의 이스트스웨이트에서 웨스틀리데일의 쇼로 이어지는 도로에서 갈라져 나와 마을에서 1마일쯤, 하드로 길에서도 1마일쯤 떨어져 있다. 장사꾼들도 그 집까지는 방문하지 않았다. 그레이트헤드 씨에게로 도착하는 편지와 신문은 갈림길 물푸레나무에 걸린 우편함에 넣어졌다.

집까지 들어오는 온수의 양으로는 그레이트헤드 씨가 제대로 목욕할 수 없었으므로 스티븐은 매일 아침 그레이트헤드 씨가 면도하는 동안 뜨거운 물을 양동이로 날라야 했다.

그레이트헤드 씨는 연보라색과 회색의 줄무늬 잠옷 차림으로 흰색의 커다란 욕조 옆에 걸린 벽 거울 앞에 서서 면도를 하고 있었다. 스티븐은 때가 오기를 기다리며 차가운 수도꼭지에 손을 얹은 채 선명한 물줄기가 물방울을 튀기며 떨어지는 모습을 지켜보았다.

작은 기름 난로의 날카로운 불꽃이 뿌연 창문에서 들어오는 은은한 백색 빛을 받아 기묘하게 깜빡였다. 기름이 탈탈 타들어 가며 냄새를 풍겼다.

갑자기 배수관에서 바람 빠지는 소리가 나더니 물줄기가 끊겼다. 스티븐에게는 마치 모든 움직임이 멎는 순간 같았다. 스티븐은 물이 다시 흐를 때까지 잠잠히 기다려야 했다. 그는 그레이트헤드 씨와 그의 늘어진 목덜미를 애써 외면했다. 스티븐은 녹색 도료가 칠해진 얼룩진 벽의 기다란 틈새에다 시선을 고정했다. 그의 온 신경은 물이 다시 흐르기를 기다리느라 곤두서 있었다. 기름 난로의 열기가 고약한 마취제처럼 신경을 자극했다. 녹색 벽의 얼룩이 메스꺼움을 유발했다.

수건을 한 장 집어 들어 의자 등받이에 걸어 두었다. 그 순간 스티븐은 거울 속 그레이트헤드 씨의 얼굴 위로 비친 자신의 얼굴을 보았다. 얼룩진 녹색 벽 앞에 있는 자신의 얼굴은 납빛이었다. 스티븐은 그 얼굴을 외면하며 옆으로 비켜섰다.

"스티븐, 어디 안 좋은가?"

"아닙니다." 스티븐은 작은 스펀지를 들고서 이리저리 살

스티븐은 때가 오기를 기다리며 차가운 수도꼭지에 손을 얹은 채
선명한 물줄기가 물방울을 튀기며 떨어지는 모습을 지켜보았다.

폈다.

그레이트헤드 씨가 면도칼을 내려놓고 턱에 묻은 비누 거품을 닦아내기 시작했다. 바로 그 순간, 수도꼭지에서 물이 다시 콸콸 쏟아졌다.

스티븐은 갑작스럽고 조용하게 움직였다. 먼저 스펀지로 그레이트헤드 씨의 입을 틀어막고, 네드 올디쇼에게 그랬던 것처럼 그를 벽으로 밀쳐 제압한 다음, 두 손으로 목을 졸랐다. 스티븐은 그레이트헤드 씨를 죽일 작정으로 세게 힘을 가했다.

그레이트헤드 씨는 스티븐을 밀쳐내려 힘없이 손을 휘저었다. 그러다 양팔이 크게 뒤로 꺾이더니 스티븐의 어깨를 향해 달려들다가 그대로 축 처졌다. 그레이트헤드 씨의 몸이 벽 아래로 스르륵 미끄러져 바닥에 쓰러졌다. 스티븐은 목을 조르는 손을 풀지 않고 무릎을 꿇어서까지 계속 힘을 가했다. 목에 피가 통하지 않게 손가락으로 단단히 목을 조였다. 그레이트헤드 씨의 얼굴이 부풀어 오르더니 끔찍하게 변했다. 목구멍에서 신음과 끓는 소리가 새어 나왔다. 스티븐은 그 소리가 완전히 멎을 때까지 목을 졸랐다.

다음으로 스티븐은 상의를 전부 탈의했다. 그리고 그레이트헤드 씨의 잠옷을 벗긴 다음 얼굴이 욕조 바닥으로 향하게 그의 나체를 욕조에 걸쳐두었다. 스티븐은 면도칼을 쥐고서 그레이트헤드 씨의 목동맥을 끊었다. 마지막으로 욕조 마개를 열어 흐르는 물에 피가 쓸려나가도록 내버려 두었다.

그렇게 꼬박 하루를 기다렸다.

스티븐이 보기에 살인자들이 교수형을 당하는 까닭은 사소한 것을 간과하기 때문이었다. 이를테면 자기 몸에 상처를 입히거나 살인 장소를 혈흔 범벅으로 만들거나 중요한 무언가를 깜빡하기 때문에. 스티븐은 공포를 느낄 겨를조차 없었다. 그레이트헤드 씨를 살인한 순간부터 그는 자신의 목숨을 걱정해야 하는 처지였다. 스티븐은 머리를 굴리고 신경을 곤두세워 자기 목숨을 지킬 방법을 궁리했다. 싫지만 해야 하는 일을 하는 사람처럼 그는 곧고 냉철하게 일을 처리했다.

그가 생각해낸 곳은 착유장이었다.

착유장은 집 뒤편 민둥 언덕 아래에 있었다. 그곳은 설거지실을 통해서만 드나들 수 있었고 뜰과는 아예 분리되어 있었다. 유리창을 없앤 자리에는 구멍 뚫린 함석 벽이 세워져 있었다. 물결 모양으로 구부러진 천장의 채광창으로부터 빛이 쏟아졌다. 바깥에서는 안을 들여다볼 수도 안으로 들어갈 수도 없었다. 내부에는 버터 만드는 일꾼들이 일하기 편하도록 검은 슬레이트 선반이 작업대 높이에 맞춰 길게 설치되어 있었다. 스티븐은 그 안에다 필요한 연장들, 면도칼과 부엌칼, 도끼와 톱을 한 자루씩 미리 가져다 두었고 그 옆에 솜 뭉치를 무더기째 준비해 두었다.

다음 날 일찍 스티븐은 그레이트헤드 씨의 시신을 욕조에서 꺼내 두툼한 수건으로 목과 머리 주변을 싸맨 다음 착유장으로 끌고 가 작업대에 눕혔다. 그리고 그 위에서 시신을 열일곱 개 토막으로 잘랐다.

스티븐은 토막 낸 시신을 신문지로 몇 겹씩 싸맸다. 그중에서도 얼굴과 손을 제일 먼저 가렸다. 그레이트헤드 씨가 죽어가던 순간에 그것들로 인해 겁이 났기 때문이었다. 스티븐은 토막들을 두 자루에 나눠 담은 다음 자루를 꿰매 지하 저장고에 숨겼다.

쓰고 난 수건과 솜 뭉치는 주방 아궁이에 태웠다. 연장들은 깨끗이 닦아 제자리에 가져다 놓았다. 마지막으로 대리석으로 된 작업대를 닦아냈다. 작업대에서 씻겨 내려간 핑크빛 물방울이 바닥에 깔린 판석 한 곳에 흔적을 남겼다. 스티븐은 그 물방울이 테두리 자국만 남을 때까지 30분 동안 판석을 박박 문질렀다.

그리고 정성껏 몸을 씻은 후 옷을 갈아입었다.

때는 전시戰時였기에 스티븐은 낮에만 작업할 수 있었다. 착유장 지붕으로 빛이 새어 나갔다가는 경찰에게 발각될 터였다. 스티븐이 그레이트헤드 씨를 살해한 것은 화요일이었고, 어느덧 시간은 목요일 오후 세 시를 가리키고 있었다. 정확히 네 시 십 분에 스티븐은 덮개와 차창 커튼을 모두 닫은 채로 차를 끌고 나왔다. 그리고 그레이트헤드 씨의 여행 가방을 그의 우산, 무릎 담요, 여행용 모자와 함께 뒷좌석에 실었다. 희생자가 된 그레이트헤드 씨가 런던에 챙겨갔을 옷가지를 보따리째 가지고 나오는 것도 잊지 않았다.

시신이 담긴 두 자루는 옆 좌석에 고이 숨겨두었다.

이스트스웨이트에서 쇼로 가는 길목인 하드로 길 부근에는 둥그런 구덩이가 세 개 파헤쳐진 채취장이 있었다. 소용돌이라고 불리는 채취장의 구덩이들은 회색 암석을 파낸 곳이었는데 소문에 의하면 깊이가 끝도 없다고 했다. 스티븐은 가장 큰 구덩이에다 사람 가슴팍만 한 돌을 몇 개 던져 튀어나온 암벽이 있는지를 확인했다. 다행히 돌들은 아무것에도 걸리지 않고 소리 없이 추락했다.

　　예상한 대로 비가 쏟아졌다. 하드로 길은 먹구름이 잔뜩 끼어 깜깜했고 인적이 없었다. 스티븐은 자동차 전조등을 켜 구덩이 입구를 비추었다. 그리고 자루를 열어 그레이트헤드 씨의 토막 시신 열일곱 구를 하나씩 구덩이로 던졌다. 그다음에는 자루를, 그다음에는 옷가지를 내려보냈다.

　　그레이트헤드 씨의 시신을 처리한 것만으로 끝이 아니었다. 스티븐은 그레이트헤드 씨가 살아 있는 것처럼 행동해야 했다. 그레이트헤드 씨는 실종된 것이어야 했으므로 스티븐은 그의 실종에 대하여 할 말이 있어야 했다. 그는 오후 다섯 시에 출발하는 열차가 떠나기 직전에 도착하게끔 유념하면서 쇼 역으로 차를 몰고 갔다. 군용 열차 한 대가 다섯 시 열차에 앞서 출발할 예정이었다. 어둠과 비를 예상한 스티븐은 열차 플랫폼이 긴박하고 번잡하리란 것 또한 미리 계산해두었다.

　　역시나 역 어귀에 짐꾼은 보이지 않았다. 차 안에 그레이트헤드 씨가 정말 탔는지를 알아볼 사람이 없다는 뜻이었다. 스티븐은 그레이트헤드 씨의 물건들을 챙겨 플랫폼으로 가 그곳에서 수하물 딱지를 붙이는 직원에게 여행 가방을 건넸다. 그리고 매표소로 가 그레이트헤드 씨의 표를 끊은 다음, 주인을 뒤따르는 척 서둘러 플랫폼을 따라 움직였다. 그가 역무원에게 "그레이트헤드 씨를 보셨습니까?" 하고 묻자 역무원은 "아뇨!" 하고 대꾸했다. 그 말에 스티븐은 즉흥적으로 "앞쪽 좌석에 앉아 계시려나." 하고 중얼거렸다. 그는 사람들을 어깨로 밀치며 열차 앞쪽까지 갔다. 다행히도 객실 창의 블라인드는 처져 있었다.

스티븐은 빈 객실 칸에다 우산과 담요와 여행용 모자를 들이밀고 문을 닫았다. 그는 열린 창문에다 뭐라도 이야기하는 척해보려 했으나 입천장에 붙은 혀가 바짝 마르고 뻣뻣하게 굳어 아무 소리도 낼 수 없었다. 스티븐은 역무원이 호루라기를 불 때까지 창문을 가리고 서 있었다. 열차가 움직이기 시작하자 그는 창틀에 손을 얹고 열차를 따라 뛰면서 주인에게서 마지막 지시사항을 듣는 척했다. 짐꾼이 그를 잡아당겼다.

"얼른 처리하겠습니다." 스티븐이 말했다.

역을 떠나기 전 스티븐은 그레이트헤드 씨가 예약해둔 런던 호텔에 그의 도착 시간을 알리는 전보를 보냈다.

스티븐은 기지를 발휘하여 처참한 죽음으로부터 자신을 구한 사람처럼 어마어마한 안도를 느꼈다. 이후 몇 주가 흐르는 동안, 그는 자신이 아무 죄도 저지르지 않았다는 착각에 깊이 몰입한 나머지, 그날 다섯 시 열차에서 정말로 그레이트헤드 씨를 보았노라고 확신한 적도 더러 있었다. 가끔은 우두커니 서서 자신이 처벌을 면했다는 사실에 놀라워했다. 또 어떤 때는 자만심에 우쭐해졌다. 그는 범죄사에 남을 살인자들보다도 뻔뻔하고 냉철하게 살인을 저질렀다. 안타깝게도 그의 살인은 완벽했기에 세상에 드러나지 않을 운명이었다. 그는 단 하나의 흔적도 남기지 않았으니까.

단 하나의 흔적도.

하지만 잠을 못 이루는 밤이 되면 불안이 그를 괴롭혔다. 착유장 바닥에 핏방울 테두리가 남아 있었다. 그는 자신이 그걸 말끔히 지워냈던가를 곰곰이 생각하다 결국 일어나 촛불을 켜고서 착유장으로 내려가 자국을 확인했다. 그는 그 자리를 정확히 기억했다. 몸을 굽혀 촛불로 그 자리를 비추면 여전히 흔적이 보이는 것만 같았다.

그는 날이 밝고 나서야 마음을 놓았다. 자국이 남은 자리를 아는 사람은 스티븐 말고 없었다. 그 자국은 판석에 생긴 자연스러운 얼룩과 하나도 다르지 않았다. 그러니 아무도 이상한 낌새를 눈치챌 리 없었다. 그는 휴가에서 돌아온 블렝크아이언 부인을 반갑게 맞이했다.

그레이트헤드 씨가 네 시에 도착하는 열차를 타고 오기로 되어 있던 날, 스티븐은 쇼로 차를 몰고 나가 주인의 저녁거리로 닭 한 마리를 샀다. 그는 네 시 열차에서 그레이트헤드 씨가 내리지 않자 의아해했다. 그러면서 일곱 시에는 꼭 오실 것이라고 장담했다. 그레이트헤드 씨는 늘 여덟 시에 저녁을 먹었으므로 블렝크아이언 부인이 닭을 요리하는 동안 스티븐은 일곱 시 열차를 맞이하러 나갔다. 이번에도 그레이트헤드 씨가 보이지 않자 스티븐은 걱정을 내비쳤다.

다음 날 스티븐은 온종일 역에서 열차를 확인했고 그레이트헤드 씨가 예약한 호텔에 전보를 보냈다. 호텔 지배인에게서 그레이트헤드 씨가 오지 않았다는 답신이 오자 스티븐은 그레이트헤드 씨의 친척들에게 편지를 썼고 경찰에 신고했다.

3주가 흘렀다. 경찰과 그레이트헤드 씨의 친척들은 스티븐의 진술을 신뢰했다. 스티븐의 진술은 매표소 직원과 전보기사, 역무원, 그레이트헤드 씨의 여행 가방에 수하물 딱지를 붙인 짐꾼, 스티븐의 전보를 받은 호텔 지배인의 진술과 모두 일치했다. 신문에 그레이트헤드 씨의 행방에 대한 단서를 제보해달라는 요청과 함께 그의 사진이 나란히 실렸다. 하지만 아무 일도 일어나지 않았고, 얼마 못 가 그레이트헤드 씨와 그의 실종 사건은 사람들의 관심에서 멀어졌다. 실종 사건을 알아보러 이스트스웨이트로 내려온 그의 조카는 의심하는 눈치가 아니었다. 그레이트헤드 씨의 은행 계좌 잔금은 미납된 각종 요금으로 인하여 얼마 못 되었지만, 그의 금고와 책상 서랍에 보관된 장부와 내용물은 깔끔히 정리되어 있었고, 스티븐은 그간 그레이트헤드 씨의 지출 내역을 꼼꼼히 기록해둔 터였다. 조카는 블렝크아이언 부인에게 삯을 치른 뒤 그녀를 해고했다. 그러나 운전사인 스티븐은 건물 관리인 격으로 남겨두었다. 스티븐은 의심에서 빠져나갈 좋은 방법이라 생각하여 건물에 계속 머물기로 하였다.

이제 실종 사건은 웨스틀리데일과 래스데일 사람들 사이에서만 회자되었다. 사람들은 계속 궁금해하며 이유를 추측했다. 누군가는 그레이트헤드 씨가 강도를 당해 열차 안에서 살해당했을 것이라고 했다. (스티븐은 떠날 당시 그레이트헤드 씨가 돈을 지참했노라고 증언했다). 아니면 기억 상실증에 걸려 어딘가를 떠돌고 있을 것이라고 했다. 객실에서 밖으로 몸을 던졌을지도 몰랐다. 스티븐은 그레이트헤드 씨가 뛰어내렸을 일은 결코 없지만 기억 상실증에 걸렸을 수는 있다고 주장했다. 자신이 누군지 어디에서 살았는지 잊어버린 남자를 만나본 적이 있다고, 그자는 자기 아내도 자식들도 못 알아보더라는 말도 덧붙였다. 전쟁 신경증에 걸리면 사람이 그렇게 변했다. 안 그래도 얼마 전부터 그레이트헤드 씨의 기억력이 평소 같지 않았다고, 그래도 기억을 되찾으면 바로 돌아오실 것이라고 스티븐은 말하고 다녔다. 당장 그분이 걸어 들어오더라도 놀랄 일이 아니었다.

사람들은 스티븐이 그레이트헤드 씨에 관하여 말하는 것을 꺼린다는 인상을 받았다. 그들이 생각하기에도 그것은 당연한 반응이었다. 사람들은 스티븐을 딱하게 여겼다. 고용주를 잃고 도시 올디쇼도 잃었으니 말이다. 네드 올디쇼를 반쯤 죽여 놓기는 했으나 네드가 스티븐과 도시 사이에 끼어들 권리가 없는 것은 맞았다. 올디쇼 부인마저 스티븐을 딱하게 여겼다. 이제는 스티븐이 킹스 암스에 들어가면 모두가 그에게

"안녕하시오, 스티븐." 하고 인사를 건넸고 그에게 난롯가 자리를 내주었다.

3

이제 스티븐은 아무 일 없었던 것처럼 생활했다. 그는 그레이트헤드 씨가 살아 있을 때와 똑같이 건물을 관리했다. 2주일에 한 번씩 찾아오는 블렝크아이언 부인은 그레이트헤드 씨의 서재 난롯불이 켜져 있고 난로 망 끄트머리에 실내화가 놓여 있는 모습을 매번 보았다. 위층의 침실 또한 언제나 정돈되어 있었고 옷들도 언제든 갈아입을 수 있게 개켜져 있었다. 이러한 의식을 꾸준히 행한 덕에 스티븐은 외부인들의 의심에서 벗어났을 뿐 아니라 스스로도 떳떳해졌다. 그레이트헤드 씨가 여전히 살아 있는 척 행동함으로써 스스로 그렇게 믿는 지경에 이른 것이다. 살인에 관한 생각을 외면하다 보니 어느새 그 사실을 잊게 되었다. 말하자면 그의 상상력이 그를 구한 셈이었다. 멀쩡한 척 연기를 계속하던 그의 머릿속에서 어느새 살인의 기억은 아득해졌고, 그에게 살인은 꿈속에서 저지른 일처럼 비현실적인 일이 되었다. 꿈에서 깨어난 스티븐의 일상은 그레이트헤드 씨가 돌아오기를 기다리며 건물을 매일 돌보는 것이 전부였다. 밤에 일어나 착유장 바닥을 확인하러 가는 일도 더는 없었다. 이제 그는 자신이 처벌을 면했다는 사실에 놀라워하지도 않았다.

그런데 스티븐의 일상은 그가 정말로 살인의 기억을 까마득히 잊었을 때 끝이 났다. 때는 1월의 어느 토요일, 오후 다섯 시 무렵이었다. 스티븐은 도시 올디쇼가 마을로 돌아와 고모와 함께 킹스 암스에서 지내고 있다는 소식을 들었다. 그녀를 다시 보고 싶다는 참기 힘든 욕망이 미친 듯이 일었다.

하지만 그가 재회한 것은 도시가 아니었다.

주방에서 진입로로 나가려면 뜰 출입문을 통과해 서재 창문 아래 판석 깔린 길을 따라가야 했다. 판석 길로 몸을 돌렸을 때 눈앞에서 이리저리 움직이는 그자가 눈에 들어왔다. 창문에서 새어 나오는 조명이 그자의 형체를 비추었다. 길고 허름한 검은 외투 차림의 노인이 어렴풋이 보였다. 노인은 옷깃 위로 솟은 굽은 목에다 회색빛 울 목도리를 두르고 있었고, 검은 모자챙 아래 은발은 목도리에 밀려 비죽 삐져나와 있었다.

그자를 처음 보았을 때 스티븐은 하나도 무섭지 않았다. 살인은 현실이 아니라 꿈속에서 벌어진 일이라 느끼고 있었기에, 스티븐은 마침내 그레이트헤드 씨가 살아 돌아온 줄로만 여겼다. 그레이트헤드 씨의 환영은 현관 앞에 서서 안으로 들어가려는 듯 손잡이를 잡고 있었다.

하지만 스티븐이 문 앞에 다다랐을 때 그 환영은 온데간데없었다.

스티븐은 우두커니 서서 소름 끼치게 텅 빈 눈앞의 공간을 뚫어질 듯 바라보았다. 심장이 쿵쾅거리고 호흡이 가빠졌다. 그러다 느닷없이 살인의 기억이 들이닥쳤다. 그는 희생자와 단둘이 욕실의 얼룩진 녹색 벽 앞에 서 있는 자신의 모습을 보았다. 기름 난로에서 풍기던 냄새가 다시 나고 수도꼭지에서 떨어지던 물소리가 다시 들려왔다. 그가 앞으로 달려나가 손가락으로 세게, 더 세게 그레이트헤드 씨의 목구멍을 조이던 촉감 또한 되살아났다. 힘없이 버둥대던 그레이트헤드 씨의 두 손, 겁에 질린 두 눈, 부풀어 오르다 탁하게 변해가던 끔찍한 얼굴, 그리고 끝내 바닥으로 쓰러지던 그자의 몸이 떠올랐다.

착유장의 광경도 생각이 났다. 쿵 하는 소리와 연장을 갈고 닦아내던 소리, 하드로 길을 지나던 자신의 모습과 구덩이 입구를 비추던 자동차 전조등까지도. 그때는 느끼지 못했던 두려움과 공포의 감각이 지금에야 그를 덮쳤다.

스티븐은 몸을 돌려 허겁지겁 뜰 출입문을 잠그고 집 안의 모든 문을 걸어 잠근 뒤 불이 켜진 주방에 자신을 가뒀다. 그리고 잡지 《오토카》를 집어 들어 억지로 읽기 시작했다. 얼마 안 있어 공포가 잦아들었다. 그는 별일 아니었다고 자신을 다독였다. 그냥 헛것을 본 것이라고, 다시 그런 걸 볼 일은 없다고 혼자 생각했다.

사흘이 지났다. 사흘째 되던 날 밤, 스티븐은 서재 조명을 켜고 창문을 닫던 와중에 그자를 다시 보았다.

바깥 길에 서 있는 그자는 창문에 바짝 붙어서 안을 들여다보고 있었다. 스티븐은 어렴풋이 그 얼굴을 알아볼 수 있었다. 툭 튀어나온 회색빛 아랫입술과 푹 꺼진 코가 보였다. 작은 두 눈이 번득이며 그를 응시했다. 그자의 형체는 바깥 어둠과 유리창 사이에서 흐릿하게 모습을 드러냈다. 바깥에서 안을 들여다보는 것 같다가도 다시 보면 창밖 어두운 나무들과 불 켜진 방 안이 합쳐진 풍경에 뒤섞여 나타났다. 또다시 보면 그레이트헤드 씨가 창에 반사되어 스티븐과 한 방에 서 있는 것도 같았다.

이제 그자는 다시 바깥에서 창을 통해 스티븐을 들여다보고 있었다.

스티븐은 심장이 철렁 내려앉았고 속이 울렁거렸다. 그는 자신과 그레이트헤드 씨 사이에 있는 블라인드를 내린 다음 덧문을 굳게 닫고 커튼을 쳤다. 또 그는 그레이트헤드 씨가 들어오지 못하게 현관의 이중 빗장과 실내의 모든 문을 걸어 잠갔다. 하지만 그날 밤 침대에 누웠을 때 스티븐은 판석 깔린 복도와 계단과 층계참을 '슥슥' 오가는 발걸음 소리에 시달렸다. 방문 손잡이가 덜컹거렸지만 아무도 들어오지는 않았다. 그는 날이 밝을 때까지 뜬눈으로 지새웠다. 식은땀이 흐르고 심장이 두근거리고 공포에 온몸이 바들바들 떨렸다.

일어나 거울을 보니 겁에 질려 창백해진 얼굴이 눈에 들어왔다. 입을 반쯤 벌린 채, 당장이라도 비밀을 실토해버릴 것 같은, 얼이 빠진 바보의 얼굴이었다. 그는 그런 행색을 하고서 이스트스웨이트나 쇼로 나갈 자신이 없었다. 그리하여

바깥 길에 서 있는 그자는 창문에 바짝 붙어서 안을 들여다보고 있었다.

그는 집 밖으로 한 걸음도 나가지 않고 얼마 남지 않은 빵과 베이컨과 이런저런 음식으로 곯은 배를 겨우 채웠다.

2주가 지났다. 이번에는 훤한 대낮에 그자가 찾아왔다.

블렝크아이언 부인이 방문한 날 아침이었다. 정오가 되었을 때 스티븐은 서재 난로에 불을 때고 그레이트헤드 씨의 실내화를 난로 망 앞에다 두었다. 구부리고 있던 몸을 일으켜 세워 돌렸을 때, 아무런 예고도 없이 난롯가 양탄자 위에 서 있는 그레이트헤드 씨의 환영을 보았다. 환영은 그를 바라보며 짓궂게 미소 짓고 있었다. 꼭 스티븐의 반응을 즐기는 듯했다. 처음에 그 환영은 견고하여 실제 사람이라 해도 손색이 없었다. 하지만 겁에 질린 스티븐이 서서히 뒷걸음질 치자 (그는 뒤에도 환영이 있을까 봐 뒤돌아보지 못했다) 환영의 발이 조금씩 투명해졌다. 그러다 밑에서부터 침식당하듯이 형체가 가라앉더니 바닥에 뭉개졌다. 바닥에는 양탄자의 문양과 뒤섞여 반짝이는 허연 물체가 웅덩이처럼 고여 있다가 이내 모두 가라앉았다.

환영이 이토록 소름 끼치는 짓을 한 적은 여태껏 없었다. 이 광경을 목격한 스티븐은 마침내 이성의 끈을 놓고 말았다. 그는 블렝크아이언 부인에게로 갔다. 부인은 착유장 바닥을 닦고 있었다.

부인이 걸레를 짜내며 한숨을 쉬었다.

"아휴, 이놈의 얼룩. 아무리 닦아도 지질 않네."

"아무리 닦아봤자 소용없을 겁니다."

부인이 그를 올려다보았다.

"아니, 어디 아프우? 얼굴이 꼭 싱크대에 말라비틀어진 행주 같구먼."

"속이 안 좋아서요."

"아이고, 집 안은 꿉꿉하지, 날은 흐리지, 뭘 잘 챙겨 먹지도 않으니 아픈 게 당연하지. 내가 얼른 킹스 암스에 가서 위스키를 좀 가져다줄게요."

"아닙니다. 직접 갔다 오겠습니다."

스티븐은 집에 혼자 남겨지는 것이 두려웠다. '킹스 암스'에서 다시 만난 도시와 올디쇼 부인은 스티븐을 딱하게 여겼다. 이제 그는 정말로 아프고 겁에 질려 있었다. 도시와 올디쇼 부인은 그가 몸살에 걸린 것 같다고 했다. 그들은 주방 옆에 있는 긴 의자에 그를 눕힌 뒤 그에게 담요를 덮어주었다. 그리고 그에게 독한 그로그주*를 권했다. 그는 잠시 눈을 붙였다. 깨어나 보니 도시가 옆에 앉아 바느질을 하고 있었다.

그가 몸을 일으키자 도시가 그의 어깨에 손을 얹었다.

"더 누워 있어요."

"이제 가봐야 하오."

"오라고 하는 사람도 없는걸요. 조금 더 누워 있으면 내가 차를 가져다줄게요."

스티븐은 계속 누워 있었다.

올디쇼 부인은 아들 방에다 스티븐의 잠자리를 마련해주

---

* 럼주에 물을 탄 것.

었다. 그리고 하룻밤이 지나 다음 날 네 시가 될 때까지 그를 그곳에 있게 했다.

스티븐이 떠날 채비를 하자 도시도 외투와 모자를 챙겼다.

"도시, 당신도 가려는 겁니까?"

"네. 혼자 가도록 둘 수 없어요. 가서 날이 어두워질 때까지 함께 있을래요."

그녀는 건물 안으로 들어가 옛날에 함께 지냈을 때처럼 주방 난롯가에서 그와 나란히 앉았다. 두 사람은 서로의 손을 잡고 아무 말 없이 있었다.

마침내 그가 입을 열었다. "도시, 여기 왜 온 거요? 다시는 나하고 말하지 않겠다고 하지 않았소?"

"내가 여기 왜 왔는지 당신도 알잖아요."

"나와 결혼하겠다는 말을 하려고?"

"네."

"도시, 나는 당신과 결혼할 수 없소. 그건 옳지 못한 일이오."

"옳지 못하다고요? 그게 무슨 말이에요? 결혼할 사이가 아니면 이렇게 손을 잡고 함께 있는 게 옳지 못하겠죠."

"아니, 그 얘기가 아니오. 도시, 당신은 내가 무섭다고 했소. 나는 당신이 무서워하는 것이 싫소. 또 당신은 불행할 것 같다고 했잖소. 나는 당신이 불행하기를 원치 않소."

"그건 작년 얘기죠. 이젠 당신이 무섭지 않아요, 스티븐."

"당신은 나를 모르오."

"아뇨, 나는 당신을 알아요. 지금 당신은 내가 없어서 아프고 굶주려 있죠. 당신 곁에는 당신을 돌봐줄 사람이 필요해요."

도시가 자리에서 일어났다.

"그만 가볼게요. 하지만 내일도, 그다음 날도 올 거예요."

내일도, 그다음 날도, 또 그다음 날도, 스티븐이 가장 두려워하는 초저녁만 되면 도시가 찾아왔다. 그녀는 날이 저물고 한참이 지나서까지 오래도록 그의 곁에 머물렀다.

스티븐은 도시가 옆에 있는 동안은 안전하다고 느꼈다. 하지만 그와 그녀가 함께 있는 순간에 그레이트헤드 씨가 불쑥 나타나 그녀가 그를 보게 되지는 않을까 두려웠다. 만일 스티븐이 환영에 시달리고 있다는 것을 도시가 알게 된다면, 그녀는 이유를 궁금해할 것이다. 혹은 그레이트헤드 씨가 끔찍하게 피를 흘리며 나타난다거나 토막 난 채로 등장해 그녀에게 자신이 죽은 이유를 암시할지도 몰랐다. 생전에 스티븐과 도시 사이를 방해했던 그레이트헤드 씨가 죽어서까지 둘 사이를 방해하는 것만 같았다.

두 사람은 난롯가 근처의 원형 테이블에 앉아 있었다. 램프가 주위를 밝혔고, 도시는 고개를 숙인 채 바느질을 하고 있었다. 갑자기 그녀가 고개를 들어 갸웃하더니 유심히 귀를 기울였다. 저 멀리 판석이 깔린 현관 앞 복도에서부터 '슥슥'하는 발걸음 소리가 들려왔다. 도시는 긴장한 눈치였다. 그런데 어쩐지 스티븐은 두렵지가 않았다.

"스티븐, 무슨 소리 안 들려요?"

"글쎄. 그냥 바람 소리려나."

그녀가 수상쩍은 표정으로 그를 한참 바라보았다. 그래도 그의 말에 그녀는 안심한 듯 보였다. "아. 바람인가 봐요." 그녀는 다시 바느질을 시작했다.

스티븐은 행여 환영이 나타나거든 도시를 지킬 요량으로 의자를 그녀에게로 바짝 붙였다. 두 사람의 몸은 거의 맞닿을 정도로 가까웠다.

자물쇠가 올라가더니 문이 열렸다. 걸어 들어온 인기척도 없이 별안간 그레이트헤드 씨가 두 사람 앞에 모습을 나타냈다.

환영의 하반신은 테이블에 가려져 있었지만, 상반신은 변함없이 견고하여 그의 진짜 육체와 끔찍하리만치 닮아 있었다.

스티븐은 도시를 바라보았다. 그녀는 순진무구하며 경탄하는 듯한 표정으로 환영을 보고 있었다. 그 표정에는 어떠한 공포도 깃들어 있지 않았다. 이번에는 그녀가 스티븐을 바라보았다. 걱정과 두려움이 섞인 표정으로 그녀는 그도 환영을 보았는지 살폈다.

도시는 스티븐에게도 그것이 보일까 봐, 그가 두려움에 시달리고 있을까 봐 걱정하고 있었다.

스티븐은 도시에게 다가가 그녀 어깨에 손을 얹었다. 그는 그녀가 몸을 피하리라 생각했다. 그가 환영에 시달리고 있음을 이제 그녀도 알았을 테니까. 하지만 오히려 도시는 스티븐의 손에 자신의 손을 포갠 뒤 그를 바라보며 웃었다.

바로 그 순간, 놀랍게도 환영이 두 사람을 향해 웃어 보였다. 조롱이 아니라 기묘하고 끔찍하게 상냥한 표정이었다. 환영의 얼굴이 아름답고 찬란한 빛을 받아 순식간에 환해지더니 사라졌다.

"스티븐, 방금 그분을 봤죠?"

"보았소."

"예전에도 본 적이 있어요?"

"예. 세 번 본 적이 있소."

"그것 때문에 겁에 질린 거예요?"

"내가 겁에 질렸다고 누가 그럽니까?"

"말 안 해도 알아요. 당신에게 일어나는 일을 내가 모를 수 없죠."

"당신 생각은 어떻소, 도시?"

"내 생각에는 무서워할 이유가 없어요. 그분은 착한 유령이에요. 뭔지는 몰라도 당신한테 해를 입히진 않을 거예요. 생전에도 나쁜 일은 모르는 신사셨고요."

"그 사람이 그랬다고요? 그 사람이? 그자는 나와 당신 사이를 갈라놓는 만행을 저질렀소."

"왜 그렇게 생각해요?"

"생각이 아니오. 나는 알고 있소."

"아니요, 당신은 몰라요."

"그 사람 짓이오. 그 사람이 그랬단 말이오."

"그렇게 말하지 말아요." 도시가 울먹였다. "스티븐, 정말 그렇게 말해서는 안 돼요."

"왜요?"

"사람들이 수군댈 거예요."

"그자들이 뭘 알고?"

"만일 사람들이 당신이 했던 말을 기억하게 된다면."

"내가 뭐라 말했길래?"

"누구든 당신과 나 사이를 방해하면 그자를 죽이겠다고 했잖아요."

"진심으로 한 말이 아니었소. 맹세코."

"사람들은 그렇게 않을 거예요." 그녀가 말했다.

"당신은? 내가 진심이 아니란 것을 당신은 알고 있소?"

"네, 알고 있어요, 스티븐."

"그럼, 내가 무섭지 않소, 도시? 이제 내가 무섭지 않은 것이오?"

"맞아요. 내가 당신을 너무 많이 사랑하네요. 더는 당신이 무섭지 않아요. 무서웠으면 왜 여기 왔겠어요?"

"이제는 무서워질 것이오."

"뭘 무서워해야 하는데요?"

"그 사람을."

"그 사람이요? 당신이 여기서 그분과 단둘이 있을 생각을 하니 그게 더 무섭네요. 내려가서 고모네에서 주무실래요?"

"그러고 싶지만, 언덕길 너머까지만 당신을 데려다주는

게 좋겠소."

스티븐은 도시와 함께 언덕길을 지나 이스트스웨이트로 이어지는 대로를 따라 걸었다. 그러다 마을 불빛이 보이는 갈림길에서 헤어졌다.

스티븐이 언덕을 되돌아가는 길에 달이 떠올랐다. 길가의 물푸레나무가 회색빛 수풀과 대조를 이루는 검은색 굽은 가지들을 뻗은 채 선명하게 모습을 드러냈다. 움푹 파인 바퀴 자국이 회색 길 위에 검은색 줄을 남겼다. 집은 진입로의 어둠에 묻혀 검회색으로 보였다. 긴 벽에서 유일하게 불이 켜진 서재 창가만이 황금색의 사각형으로 도드라졌다.

스티븐은 잠들기 전 서재 램프를 끄러 가야 했다. 초조했지만 처음에 시달리던 때처럼 속이 울렁거리거나 식은땀이 날 만큼 겁이 나지는 않았다. 그가 이 상황에 익숙해졌거나, 그에게 무언가가 일어난 것이었다.

스티븐은 덧문을 닫은 후 램프를 껐다. 그가 들고 온 촛불은 방 한가운데에서 테이블 주위로 고리 모양의 빛을 발하고 있었다. 촛대를 집어 들고 떠나려던 순간 그의 이름을 부르는 가냘픈 목소리가 들렸다. "스티븐." 스티븐은 고개를 들어 귀를 기울였다. 가냘픈 목소리는 저 멀리 바깥에서, 언덕길 끄트머리에서 들려오는 듯했다.

"스티븐, 스티븐—"

이번에는 그 소리가 틀림없이 그의 머리 안에서, 귓속을 간지럽히는 바람처럼 들려왔다.

"스티븐—"

스티븐은 이제야 목소리의 주인을 깨달았다. 그는 스티븐의 뒤에 있었다. 뒤돌아 보니 그레이트헤드 씨의 환영이 생전에 그랬던 것처럼 난롯가 안락의자에 앉아 있었다. 환영은 촛불 고리 바깥에 있어 형체가 어두웠다. 스티븐은 얼른 촛대를 들어 그와 환영 사이를 비추었다. 그렇게 하면 불빛이 환영을 사라지게 만들리라 기대하며. 하지만 환영의 형체는 사라지기는커녕 더욱 선명하고 견고해져 검은 브로드 천과 흰색 리넨의 옷을 입은 실제 사람과 분간할 수 없을 정도가 되었다. 푸른 크리스털처럼 투명하게 반짝이는 환영의 두 눈은 고요하고 자비로운 눈빛으로 스티븐을 뚫어질 듯 바라보았다. 작고 좁은 입은 입꼬리를 올린 채 웃고 있었다.

환영이 입을 열었다.

"무서워할 것 없네."

목소리는 지극히 자연스러웠고, 조용하고 침착했으며, 미세하게 떨리고 있었다. 환영의 목소리는 스티븐을 겁주기보다 그를 달래고 진정시켰다.

스티븐은 뒤편에 있는 테이블에 촛대를 내려놓은 뒤 매료된 채로 환영 앞에 섰다.

"왜 무서워하지?" 환영이 물었다.

스티븐은 대답할 수 없었다. 그는 넋이 나간 듯한 눈을 반짝이며 우두커니 서서 눈앞의 존재를 빤히 바라보기만 했다.

"내가 이 세상 존재가 아니라 유령이라고 생각해 겁에 질

스티븐은 이제야 목소리의 주인을 깨달았다.

린 게로군. 자네는 자네 손으로 나를 죽였다고 생각하지. 그리고 내가 자네에게 잘못을 저질렀다고 생각해서 내게 끔찍한 복수를 한 것이고. 그래서 이번에는 내가 내 원한을 풀러 돌아왔다고 생각하고 있을 거야. 그런데 말이지, 스티븐 자네 생각은 전부 다 틀렸네. 나는 실제로 존재한다네. 지금 나의 존재는 이 방 사물들의 존재만큼이나, 아니, 자네가 이해할지는 모르겠지만, 그것들보다도 더 자연스럽고 현실적이지. 자네는 나를 죽이지 않았어. 보다시피 나는 지금 여기에 자네보다 더 쌩쌩하게 살아 있으니까. 자네의 복수는 나를 견디기 힘든 상태에서 상상 이상으로 좋은 상태로 옮겨놓았어. 스티븐, 사실 나는 심한 생활고를 겪고 있었다네. (자네에게는 잘된 일이었지. 그게 내 실종에 그럴싸한 이유가 되었으니까). 그러니까 이게 복수라고 한다면 철저히 실패라고 봐야겠지. 자네는 오히려 나의 은인일세. 방법이 조금 거칠기는 했어. 내가 죽기 전 자네가 내게 한 짓은 분명 무례했지. 하지만 이미 류머티즘 관절염을 앓고 있었으니 자네 손에 죽는 것이 자연의 섭리에 따르는 것보다 다행이었다고 생각하네. 그리고 내가 죽고 난 후 자네의 대응은 말이지, 스티븐, 정말 자랑스럽더군. 아주 냉철하고 현명했어. 나는 늘 자네가 어떠한 위기에도 잘 대처하고 어떤 곤경도 똑똑하게 헤쳐나갈 거라고 말했었지. 자네는 경악스럽고 위험천만한 범죄를 저질렀어. 모든 범죄를 통틀어 감추기 가장 어려운 범죄이기도 하지. 하지만 용케 그걸 숨겼고 앞으로 들통날 일도 없을걸세. 물론 자네가 저지른 범죄는 자네가 생각하기에 극도로 끔찍하고 역겨울 테지. 끔찍하고 역겨울수록 자네는 그걸 완벽하게 해치웠다는 사실이 불쾌할 거야. 그래도 나는 자네가 한 일을 스스로 싫어하지 않았으면 하네. 처음 해본 사람치고는 칭찬받을 만해. 칭찬받을 만하고말고. 확실히 말해두겠는데, 그런 일들이 끔찍하고 역겹다는 생각은 전부 착각일 뿐일세. 생각하기 나름이랄까. 지금 나는 자네의 지성에 말을 건네고 있는 거야. 내 시신을 깔끔하게 처리한 잔꾀를 얘기하는 게 아니라네. 내가 말하는 지성은, 말 그대로 지성일세. 자네가 저지른 짓은 물질의 재분배였어. 타락하지 않은 존재들이 느끼기에 물질은 자네가 자주 느끼던 것만큼 불쾌한 형태를 띠지는 않아. 자연은 자네가 저지른 실험을 아무나 하지 못하도록 죽음에 대한 공포와 거부감을 진화시켰지. 하지만 이런 것들이 영원히 의미 있을 것으로 생각하지는 말게. 자네가 우주를 감화시켰다고 들뜨지도 말고. 육신을 벗어난 존재들이 보기에는 말이지, 자네가 그렇게나 자랑스러워하는 끔찍한 살육도 다 부질없다네. 붉은 잉크를 흩뿌리거나 조각 퍼즐을 맞추는 것만큼도 섬뜩하지 않다 이 말이야. 이 모든 걸 겪어보고 나니 확실히 말할 수 있는 건, 그때 내가 굉장한 즐거움을 느꼈다는 걸세. 스티븐, 그때 자네 얼굴은 말도 안 되게 심각했었지. 도끼를 들고 있을 때 자네 표정이 어땠는지 자네는 모를 거야. 자네는 놀라 나자빠졌겠지만 나는 그때 자네 앞에 나타나서 그렇게 말해줄 수도 있었어. 커다란 실수가 하나 더 있지. 자네는 내가 원한을 품고 자네를 쫓아다니면서 겁준다고 생각하고 있지 않은가. 스티븐, 내가 자네를 겁줄 생각이었으면 지금과 전혀 다른 모습으로 나타났을 걸세. 그 모습이 어떤 것일지는 굳이 말 안 해도 알겠지. 내가 뭐 하러 자네에게 왔다고 생각하는가?"

"모르겠습니다." 스티븐이 쉰 목소리로 중얼거렸다. "말해주십시오."

"나는 자네를 용서하러 왔네. 그리고 언젠가 느끼게 될 공포로부터 자네를 구해주려고 왔어. 자네가 더는 죄를 저지르지 않았으면 하네."

"그러실 필요 없습니다." 스티븐이 말했다. "더는 그럴 일 없으니까요. 다시는 사람을 죽이지 않을 겁니다."

"아직도 이해를 못 했군. 지금 내가 그 시시한 살인을 가지고 이야기하는 것 같은가? 나는 자네가 저지른 진짜 죄를 이야기하는 거라네. 자네의 진짜 죄는, 자네가 나를 끔찍이도 싫어했다는 것이지. 그리고 그건 자네의 실수였어, 스티븐. 자네는 내가 하지도 않은 일로 나를 싫어했으니까."

"그럼 대체 뭘 하신 겁니까? 말해주십시오."

"자네는 내가 자네와 자네 연인을 갈라놓았다고 생각하지. 도시가 날 찾아온 날 밤에 내가 그 아이에게 자네를 떠나라고 말한 줄 알고 있지 않은가?"

"맞습니다. 그게 아니면 뭐라 말씀하셨죠?"

"나는 그 아이에게 자네 곁에 붙어 있으라고 말했네. 그

아이를 도망치게 만든 건 자네였어, 스티븐. 자네가 그 아이를 겁준 거라고. 그 아이는 자네와 함께 살기가 무섭다고 했네. 자네가 그 딱한 남자아이를 반쯤 죽여 놓았기 때문이 아니었어. 그러기 전 자네 얼굴에 비친 표정 때문이었다네. 혐오의 표정 말일세, 스티븐. 나는 그 아이에게 자네를 무서워하지 말라고 말했다네. 네가 그렇게 떠나버리면 스티븐이 악마가 되어버릴지도 모른다고, 그러면 스티븐이 저지를 범죄에 너의 책임도 있는 거라고 말렸지. 만약 네가 결혼해서 정성을 다해 스티븐을 사랑해준다면 스티븐이 잘못될 일은 없다고도 말해주었어. 하지만 그 아이는 겁에 단단히 질려서 내 말을 귀담아듣지 않더군. 나는 뭐든 결정 내리기 전에 내가 한 말을 잘 생각해보라고 당부했지. 자네가 들은 말은 바로 이 마지막 부분이었고."

"맞습니다. 바로 그 부분이었어요. 저는 몰랐어요. 전혀 몰랐습니다. 저는 선생님 때문에 도시가 제게서 도망친 줄로만 알았습니다."

"내 말을 못 믿겠으면 그 아이에게 직접 물어보게, 스티븐."

"전날 밤에 도시도 그렇게 말했습니다. 선생님이 나와 자기 사이를 방해한 게 아니라고요. 절대 그렇지 않았다고요."

"아니고말고." 환영이 말했다. "그럼 이제 나를 미워하지 않겠구먼."

"그럼요. 그럴 리가요. 저는 절대 선생님을 미워하지 않습니다. 일찍이 알았더라면, 선생님의 손끝 하나 건드리지 않앗을 겁니다."

"날 건드리고 말고의 문제가 아닐세. 자네 안의 혐오가 문제지. 그게 사라졌으면 된 거야."

"그렇습니까? 정말 그렇다고요? 만약 이 사실이 알려지면 저는 교수형을 당할 겁니다. 제가 처벌을 면할 수 있을까요? 말해주세요, 처벌을 면할 수 있을까요?"

"그걸 내가 정해주길 바라는 건 아니겠지?"

"아. 가지 마세요. 떠나지 마세요."

그레이트헤드 씨의 환영이 금방이라도 사라질 것처럼 희미해졌다. 스티븐은 그동안 그레이트헤드 씨의 환영이 사라지길 바라던 마음이 무색하도록 그의 환영이 계속 남아 자신을 도와주기를 간절히 바랐다.

"스티븐, 어떤 인간은 당장 내일이라도 자네를 교수형에 처해야 한다고 말할 걸세. 그게 자네가 온당히 치러야 할 대가라고 말하면서 말이야. 내가 사는 세상에도 못되고 원한을 품은 존재들이 있어. 그들도 똑같은 말을 하지. 그건 그자들이 죽음의 무게를 무겁게 생각해서가 아니라, 자네가 그렇게 생각한다는 걸 알고 자네에게 복수하려는 거라네. 하지만 나는 그렇지 않아. 나는 이 사소한 사건이 철저히 우리 사이에서만 일어난 일이라고 생각하네. 인간 중에 이걸 이해하고 심판하지 않을 자는 없어. 그들은 죽음의 무게를 너무 무겁게 생각하거든."

"그럼 이제 저는 뭘 하면 좋을까요? 하라는 대로 하겠습니다! 제발 말해주세요!"

스티븐은 울부짖었다. 하지만 그레이트헤드 씨의 환영은 점점 더 희미해져 줄어들더니 꺼져가는 불빛처럼 일렁였다. 이제 환영의 목소리는 바깥 어딘가에서, 언덕길의 반대편 끄트머리에서 들려왔다.

"계속 살아가게. 도시와 결혼하고." 환영이 말했다.

"그럴 수 없어요. 도시는 제가 선생님을 죽인 줄 모릅니다."

"아, 알고 있다네." 환영이 부드럽고 짓궂게 눈을 깜빡였다. "그 아이는 알고 있어. 처음부터 쭉 그랬지."

이 말을 끝으로 환영은 사라졌다.

절대적 세계의 발견

poco
a
poco

1

    스폴딩 씨는 평화를 찾으러 정원으로 나갔으나 평화를 찾지 못했다. 처진 어깨에 고개를 푹 숙인 그는 봄 햇살을 받으며 낙담한 채로 자리에 앉았다.

    검은 고양이 제리가 놀자며 그를 꾀었다. 제리는 뒷다리로 서서 이리저리 춤을 추고 옆으로 발라당 누워 앞다리를 날개처럼 휘휘 저었다. 평소였다면 그 몸짓에 마음을 빼앗겼을 테지만 지금 스폴딩 씨는 제리에게 눈길조차 주지 않았다. 그는 극심한 불행에 빠져 있었다.

    스폴딩 씨는 불행해하며 잠을 청했다. 불행한 밤을 보내고 눈을 떴을 때는 더더욱 불행해졌다. 그렇게 사흘 밤낮을

꼬박 보냈다. 그가 불행에 빠진 것은 당연했다. 그의 젊은 아내 엘리자베스가 이미지즘* 시인 폴 제퍼슨과 달아나버렸기 때문만은 아니었다. 엘리자베스라는 허점 말고도 그는 자신의 형이상학 체계에서 치명적 오류를 발견한 터였다. 엘리자베스를 향한 그의 믿음이 무너진 것처럼 절대絶對를 향한 그의 믿음도 무너진 것이다.

　두 가지 일은 동시에 벌어져 그를 무척이나 낙담시켰다. 그는 두 가지 일이 아주 관련 없지 않다는 사실을 마지못해 인정해야 했다. 스폴딩 씨는 생각했다. '만약 내가 나의 신을 섬기듯 아내에게 정성을 다했다면 아내가 날 버리고 폴 제퍼슨에게 가는 일은 없었으리라.' 그가 형이상학 체계에 몰두하지만 않았어도 엘리자베스가 한눈을 팔지 않았으리라고 그는 생각했다. 그러니까 아내의 행동에 대한 책임은 오롯이 그에게 있었다.

　아내가 어차피 도망칠 운명이었고 그래서 다른 누군가와 도망쳤더라면, 아마도 그는 그녀를 용서했을 것이다. 자기 자신도 스스로 용서했을 것이다. 하지만 결국 엘리자베스가 택한 것은 불행이었다. 폴 제퍼슨은 천재였다. 스폴딩 씨도 그 사실을 부인하지 않았다. 폴 제퍼슨은 불멸의 천재였지만 도덕이랄 게 없었다. 그는 음주를 즐기고 마약에 손을 댔다. 스폴딩 씨의 점잖은 표현대로, 그는 하면 안 되는 일을 모조리

---

*　1910년대 영국과 미국에서 일어난 시 운동. 이미지를 표현 기법의 주요 항목으로 인식하며 창작에 반영했다.

하고 사는 사람이었다.

　이 어마어마한 비극이 나머지 문제를 압도하리라 생각하겠지만, 아니다. 스폴딩 씨는 균형 잡힌 마음의 소유자였다. 그는 아내를 잃은 것과 절대의 상실을 똑같은 무게로 안타까워했다. 형이상학 체계 안의 오류쯤이야 여러분에게는 사소한 문제겠으나, 스폴딩 씨의 경우는 생각이란 것을 할 수 있게 된 이후로 형이상학적 진리를 향한 굶주림과 목마름을 느껴왔음을 유념해두길 바란다. 그는 우리가 믿어야 한다고 배운 신의 존재도 나 몰라라 했는데, 그 신의 존재가 자신의 도덕관념과 맞지 않기도 했거니와 자신이 보기에 충분히 형이상학적이지 못했기 때문이었다. 딱한 스폴딩 씨는 자나 깨나 형이상학에 대한 걱정뿐이었다. 그는 모든 체계를 헤집으며 진리를, 실재를, 결코 없을 지상 최고의 지적 만족을 추구했다. 한때 그는 자신이 세운 절대적 범신론 체계에서 그것을 발견했다고 생각했었다. 하지만, 스폴딩 씨가 세운 범신론은 물론이요 다른 이가 세운 범신론도 밑바닥까지 파헤쳐보면 전혀 이치에 맞지 않았다. 절대에 대한 관념은 절대적으로 만들려 할수록 자꾸만 더 허술해졌다.

　스폴딩 씨의 이론만 놓고 보더라도 절대적 세계 외에는 어느 무엇도 실재하지 않는다. 무언가가 실재하는 단 하나의 이유는 그것이 절대적 세계 안에 있기 때문에, 말하자면 절대적 세계가 곧 그것이기 때문이다. 스폴딩 씨는 자신의 의식과 엘리자베스의 의식과 폴 제퍼슨의 의식이 절대적 세계 안에 변함없는 상태로 존재한다고 생각했다. 그 내부에 있으면서 그들이 변화를 겪는다면 그들 현재 모습의 근원이 절대적 세계 바깥 어딘가에 있다는 말이 되었고, 이는 스폴딩 씨에게는 신성 모독과도 같았다. 그런데 정말 엘리자베스와 폴 제퍼슨이 절대적 세계 안에 변함없는 상태로 존재한다면, 두 사람의 불륜 또한 그 안에 변함없이 존재해야 했다. 절대적 세계에 불륜이 존재하다니, 이는 스폴딩 씨가 어린 시절 신에 관해 들었던 말만큼이나 그의 도덕관념과 맞지 않았다. 이상한 점은 엘리자베스가 도망쳐 불륜을 저지르기 전까지 그는 단 한 번도 이런 생각을 해본 적이 없다는 사실이었다. 그는 범신론의 윤리보다 그것의 형이상학에 훨씬 더 관심이 갔다. 이제는 그것 말고는 다른 생각이 들지 않았다.

문제는 엘리자베스와 그녀가 저지른 부정만이 아니었다. 그의 주변에는 참아주기 힘든 사람들 천지였다. 못되고 비열한 부류의 전형이라 할 수 있는 심즈 삼촌, 바보 천치 같은 에밀리 고모, 음탕한 얼간이인 사촌 톰 럼볼드가 그러했다. 그의 이론에 따르면 삼촌의 못된 비열함, 고모의 어리석음, 사촌의 음탕함 모두 절대적 세계 안에 변함없는 상태로 존재해야 옳았다.

우리가 보고 듣는 것들은 또 어떠한가. 푸르른 하늘이 신의 눈으로 볼 때도 푸르를까, 아니면 불가지한 무엇일까? 소음과 음악은? 내가 그랜드 오페라를 듣는 동안 당신은 레스토랑에서 재즈 밴드의 연주를 듣는다고 쳐보자. 범신론의 신은 둘 모두를 듣는 동시에 우주에서 나는 모든 소리를 한꺼번에 듣는다. 마치 그 자신이 피아노 앞에 앉은 연주자인 것처럼. 스폴딩 씨에게는 엘리자베스가 저지른 잘못보다도 이런 생각이 훨씬 더 충격적이었다.

세월이 흘렀다. 폴 제퍼슨은 술에 절어 살다 세상을 떴다. 시름에 잠긴 엘리자베스는 감기가 폐렴으로 번지는 바람에 죽고 말았다. 스폴딩 씨는 좀처럼 정리되지 않는 형이상학 이론을 걱정하느라 하루하루를 보냈다.

그리고 끝내 그도 죽어가는 처지가 되었다.

그때부터 스폴딩 씨는 다른 것들을 걱정하기 시작했다. 그의 표현을 빌리자면, 엘리자베스를 만나기 전 젊은 시절에 '일어났던' 것들에 관하여, 또 그녀에게 버림받은 후에 일어난 한 가지 일에 관하여. 그는 그것들을 단순한 사건 정도로 생각했다. 그의 의지와 무관하게 그에게 일어난 사건. 차분하게 철학적 사색에 잠길 때면 그는 그런 일들이 어떻게 자신에게 일어날 수 있었는지 의아해했다. 이를테면 자신이 코니 라킨스 같은 여자를 참고 만났었다는 게 믿기지 않았다. 사건들은 모두 짧게 끝이 났는데, 스폴딩 씨가 생각하기에 합쳐져서는 안 되었을 것들을 갈라놓으려고 매번 지루함과 역겨움이 한꺼번에 도진 까닭이었다. 짧고 하찮은 일들이었지만 죽어가는 스폴딩 씨는 그것들을 되돌아보며 걱정했다. 만약 그것들이 보기와 달리 중요하다면? 영원한 의미를 품고 있으며 사후 세계에 어마어마하게 영향을 미치는 거라면? 인간의 존재가 지워지고 마는 것이 아니라 정말로 사후 세계로 가는 거라면? 반대편 세계가 곧 지옥이라면?

스폴딩 씨에게는 그런 사건들을 영원히 되풀이하며 지루함과 역겨움을 무한히 반복하는 것이야말로 가장 끔찍한 지옥이었다. 코니 라킨스를 향한 욕망이 영원히 이어지고 그녀에게서 벗어날 길이 전혀 없으며 이 모든 것을 끝없이 반복해야 하는 운명이라면…… 절대라는 것이 정말 존재하고 실재와 진실도 존재하지만 그것들을 결코 알 수 없고 영원히 그것과 단절되어야 한다면…….

"더러운 자는 계속 더럽게."

그것이 지옥이었다. 더러운 상태에 계속 머무르는 것.

선함이란 것이 과연 중요할까, 다음 세계라는 것이 정말 있기는 할까, 스폴딩 씨는 의심을 품었다. 다음 세계에서 그에게 벌어질 일을 생각하면 몹시도 불안해졌다.

그는 그렇게 의문을 품은 채 죽었다.

2

처음 든 생각은 이것이었다. 흠, 아직 멀쩡한걸. 없어지지 않았어. 다음으로는 자신이 죽지 않았다는 생각이 들었다. 스폴딩 씨는 잠들어 꿈을 꾸고 있는 것이었다. 그는 동요하지도 놀라지도 않았다.

그는 회색의 광활한 공간에 덩그러니 있었다. 분별할 수 있는 것은 자기 자신뿐이었다. 그는 자신의 몸이 공간의 일부임을 인식했다. 그의 몸은 기묘하고 가느다랗고 희끄무레해져 있었다. 이상한 점은 텅 비어 있는 이 공간이 어쩐 일이지 아래서 그를 단단히 떠받들고 있다는 것이었다. 그는 몸을 뻗은 채 누워 그 위를 떠다녔다. 깊은 물의 부력 같은 것이 그의 몸을 지탱했다. 그의 몸은 여전히 공간의 일부로 그 안에 들어가 있었다.

두 형체의 인기척이 느껴졌다. 두 형체는 제자리에서 헤엄을 치는 듯한 모습으로 그에게 다가와 섰다. 그의 양옆에 선 두 형체는 다름 아닌 엘리자베스와 폴 제퍼슨이었다.

그제야 스폴딩 씨는 자신이 정말로 죽었음을 깨달았다. 엘리자베스와 제퍼슨처럼, 그 또한 죽은 것이었다. (그리고 그들이 있는 것으로 보아) 그가 있는 곳은 지옥이었다.

엘리자베스가 뭐라 말하기 시작했다. 그녀의 목소리는 달콤하고 상냥했다. 그럼에도 그는 여전히 자신이 지옥에 있다는 생각을 거두지 않았다.

"괜찮아요. 처음에는 어색하겠지만 곧 익숙해질 거예요. 우리가 당신을 보러왔는데 괜찮죠?"

스폴딩 씨는 상관하지 않는다고, 어차피 모두 같은 처지에 있으니 그녀를 비난할 생각도 없다고, 우리 셋은 마땅한 벌을 받는 것이라고 대답했다.

"벌?" (제퍼슨이 끼어들었다). "지금 여기를 어디라 생각하는 것이오?"

"지옥 아니오? 그야—"

"우리가 여기 있으니 지옥이라 이 말인가?"

"제퍼슨, 안 좋은 기억을 굳이 끄집어내고 싶지 않소만, 그때 그 일도 있었으니, 내가 이렇게 말하는 것을 용서하시게. 내가 달리 어떻게 생각할 수 있겠소?"

제퍼슨은 웃었다. 진심에서 우러나온 웃음이었다.

"엘리자베스, 당신이 이 사람에게 말하겠소? 아니면 내가 말해야 할까?"

"당신이 말하도록 해요. 저 사람은 늘 당신의 지성을 존경했답니다."

"이 친구야, 자네가 어디에 있는지 궁금하다면 내가 말해주지. 자네는 천국에 있네."

"그럴 리가?"

"정말 그렇다네. 아마도 왜 우리가 여기에 있는지 궁금한 거겠지?"

"엘리자베스야 그렇다 쳐도. 솔직히 말해 제퍼슨 자네는……."

"내가 뭘?"

"자네 과거를 생각하면, 자네는 나보다도 여기에 올 자격이 없어 보이는데."

"그런가? 하긴 내가 흥청망청 돈을 쓰긴 했어. 술을 마시고 마약에도 손을 댔지. 안 해본 게 없다니까. 그런 내가 여기 어떻게 들어왔는지 아시오? 자네는 짐작도 못 할걸."

"그래. 전혀 모르겠군."

"아름다움을 사랑했기 때문이라네. 자네는 그렇게 생각하지 않겠지만, 여기 영원의 세계에서는 그런 걸 정말로 인정해주더군."

"그러면 엘리자베스는 여기에 어떻게 들어온 거요?"

"나를 사랑했으니까."

스폴딩 씨가 말했다. "그렇다면, 천국이야말로 가장 비도덕적인 곳이로군."

"오, 아니라네. 자네의 편협한 도덕성이 여기서 통하지 않는 것뿐이라오. 왜 그러냐고? 그야 모든 게 상대적이니까. 유한한 시공간의 사회 체계에 따라 달라지고, 지상의 유기체들과 함께 멈춘 우리의 생물학적 외형에 따라 달라지지. 절대적이고 영원한 것은 없어. 하지만 아름다움, 아름다움은 영원하고 절대적이지. 그리고 나는 명예보다도 아름다움을 더 사랑했다네. 술과 마약, 여자, 심지어 엘리자베스보다도 아름다움을 더 사랑했다 이 말일세. 결국에 영원한 것은 사랑이야. 그리고 엘리자베스는 나를 사랑했지. 자네보다도 더, 체면과 평화와 안정, 행복한 삶보다도 더 말이야."

"잘 알겠네, 제퍼슨. 엘리자베스에게도 잘되었고. 회개한 마리아 막달레나가 된 게로군. '퀴아-물툼-아마빗*'같은 것이지. 하지만 자네 같은 망나니가 천국에 이렇게나 쉽게 굴러들

---

* quia multum amavit. 라틴어로 '너무나 사랑하였기에'라는 뜻.

어오다니, 우리가 알던 윤리는 어디로 갔단 말인가?"

"스폴딩, 자네가 알던 윤리는 늘 있던 자리에, 그러니까 여기가 아니라 자네가 떠나온 그곳에 있네. 그리고 설령 내가 세상 사람들 말처럼 막돼먹은 인간이고 못된 지상의 유기체일지 몰라도 시인으로서는 아주 대단하다네. 자네는 내가 여기에 쉽게 굴러들어왔다고 했지만 시인 되기가 어디 쉬운 줄 아나? 친구여, 시인이 되려면 우직하고 순수하고 단련된 정신, 그런 정신이 있어야 한다오. 자네가 그런 걸 알 리 없지만. 장담하건대 자네는 정신을 그렇게 열등하고 부차적인 것으로 여길 사람이 결코 아니지. 어쨌거나 결과는 내가 천국에, 그것도 가장 좋은 천국에 들어왔다는 것이라네. 제일로 고결한 영혼을 가진 자들만이 들어올 수 있는 천국에 말이야."

스폴딩 씨가 말했다. "우리가 천국에 있는 거라면 지옥에는 누가 있소?"

"모르오. 그런데 질문이 잘못되었군. 누가 세상으로 돌아갔을까? 하고 물어야지."

"내가 여기서 심즈 삼촌이나 에밀리 고모, 아니면 톰 럼볼드를 만나게 될까? 엘리자베스, 그 사람들을 기억하오?"

"아, 물론 기억하죠. 그 사람들은 틀림없이 되돌아갔을 거예요. 그 사람들은 영원한 것들과 어울리지 않아요. 비열하고 어리석고 추잡한 것은 영원과 무관하니까요."

"그러면 이제 그 사람들은 어떻게 되는 것이오?"

"당신은 어떻게 생각해요, 폴?" 엘리자베스가 제퍼슨에게 되물었다.

"내 생각에 그들은 심오한 의미나 지성, 혹은 품위를 갖게 되기 전까지 지독하게 고통받을 것 같소."

"에밀리 고모에게는 안된 일이로군. 그분은 천국에 들어가는 데 어리석음은 하등 문제가 되지 않는 줄 알고 살았을 텐데."

제퍼슨이 말했다. "많은 사람이 그럴 거라네. 이스트민스터의 주임 사제인 내 부친만 해도 그렇지. 그 양반은 자신이 당연히 천국에 들어가는 줄 알고 있지만, 천국은 그분을 받아주지 않을 걸세. 왜냐고? 딱하게도 내 시의 아름다움에 눈을 뜨지 못했거든. 그렇다고 내 부친에게 희망이 없는 것은 아니라네. 만일 부친이 누군가에게 열정을 쏟았거나 형이상학적 진실에 조금이라도 관심을 가졌다면 말이지. 스폴딩 당신이 좇던 진실 같은 것을 그분도 좇았다면."

"세상에, 우리가 알던 것들이 전부 엉터리였나 보군."

"그렇네. 나 역시 이럴 줄은 미처 예상하지 못했어. 그런데 말일세, 바로 그것 덕분에 자네가 여기 들어올 수 있었다네. 진실을 향한 열정 덕분에. 그건 아름다움을 향한 나의 열정과도 같아."

"그런데 제퍼슨, 자네는 자네 아버지가 안타깝지 않은가?"

"아, 전혀. 그분도 언젠가는 다른 천국에 들어가게 될 거야. 그분도 열정을 쏟을 누군가를 발견하게 될지도 모르지. 그때가 되면 그분도 괜찮아질 걸세. 그건 그렇고, 좀 둘러보겠나?"

"딱히 구경할 것도 없어 보이는데. 당신네 천국은 조금 휑해 보이는군."

"그야 자네가 도착 상태에 있어서 그런 것이네."

"도착 뭐?"

"상태. 예전에는 장소라고 불렀었지. 알다시피 여기서 시간과 공간은 상태라네. 정신의 상태."

스폴딩 씨가 신이 나 벌떡 일어났다. "내가 늘 말하던 게 바로 그거였어. 나와 칸트가 말이야."

"뭐, 그럼 그 선생과 대화해보아도 좋겠군."

"대화를? 내가 칸트를 볼 수 있다는 말인가?"

"엘리자베스, 이 사람을 좀 봐요. 이제야 정신을 차리는구먼. 자네가 자신의 공간, 그러니까 상태에 들어가기만 하면 당연히 그 사람을 볼 수 있지. 그러지 말고 일어나 우리와 함께 가보시게. 우리가 구경을 시켜주지."

스폴딩 씨가 일어나 두 사람과 나란히 걸었다. 두 사람 사이에서 그는 반밖에 보이지 않지만 완벽하게 견고해 보이는, 그가 생각하기에는 어이없게도 압축된 공간처럼 느껴지는 땅 위를 거닐며 어마어마한 회색 공간을 헤쳐 나아갔다. 보이는 것이라고는 엘리자베스와 제퍼슨의 형체뿐이었다. 반밖에 보이지 않지만 분명 감지할 수 있는 그의 발아래 바닥은, 걷고 싶다는 욕망이 그의 안에서 일어나면 아무것도 없는 상태에서 저절로 생겨나는 듯했다. 그는 어떠한 흥미도 호

"엘리자베스, 이 사람을 좀 봐요. 이제야 정신을 차리는구먼."

기심도 동하지 않았으나, 걸을수록 무언가를 보고 싶다는 욕망이 점점 더 강렬해지고 있음을 스스로 인식했다. 그는 보게 될 것이다. 보아야만 했다. 그는 사방에 보아야 하는 것들이 무한히 존재함을 느꼈다. 그의 정신은 전면의 시야에 온 초점을 맞췄다.

그리고 느닷없이 그는 보게 되었다.

그가 본 풍경은 상상 이상으로 아름다웠다. 제퍼슨 말로는 그 풍경이 피렌체와 시에나 중간에 있는 우산 소나무가 무성한 지방과 무척 흡사하다고 했다. 넓은 커브 길을 돌아 나가자 정면으로 서쪽 하늘이 펼쳐졌다. 남쪽으로는 거대한 붉은 절벽이 깎여 있고 그 너머로 푸른 바다가 반짝였다. 제퍼슨의 말처럼 그곳은 꼭 리비에라 해안이나 에스테렐 산 같았다. 서쪽과 북쪽으로 소나무가 빽빽한 푸른 언덕이 굽이굽이 이어져 짙푸르고 거대한 성곽을 이루었다. 그토록 짙푸른 성곽을 스폴딩 씨는 다트무어를 향해 있는 시드머스 언덕 위에서 본 적이 있었다. 하지만 선과 색채가 우아하고 조화로워 절대적 아름다움에 이른 것은 여기뿐이었다. 그 위로는 평화롭고 묘한 빛이 깔려 있었다.

언덕에 오른 세 사람 앞에 아기자기한 흰색, 금색, 붉은색의 마을이 보였다.

"믿기 힘들겠지만 이 아름다움은 모두 내가 만든 것이라오. 엘리자베스와 내가 함께 만들었지."

"자네가?"

"내가."

"어떻게?"

"생각하고, 바라고, 상상했다네."

"하지만, 대체 무슨 수로?"

"나도 모른다네. 딱히 관심도 없고. 이곳 과학자들은 우리가 물질을 구성하는 궁극의 성분으로 이것을 만들었다고 말할 테지. 무형의 물질은 오직 우리를 위해 궁극의 성분으로 존재한다네. 전자電子의 전자의 전자랄까. 말하자면 우리는 이 물질의 그물망, 바다, 혹은 대기 속을 떠다니는 셈이지. 이 물질은 우리의 상상력과 의지에 따라 자유자재로 변한다네. 무형의 상태에서는 감지할 수 없지만, 우리의 정신이 그것을 다듬기 시작하면 조금씩 눈에 드러나고 손에 잡히고 말지. 우리는 우리의 몸은 물론이고 뭐든 원하는 대로 만들 수 있다네. 다만, 우리의 상상력은 기억의 영역에 머물러 있어서 우리가 상상해 만든 것들은 지상의 것들과 유사한 모습이지. 엘리자베스와 내가 지상에서보다 훨씬 더 아름다워 보인다는 것을 자네도 눈치챘을 것이라 생각하네." (스폴딩 씨는 정말로 눈치챌 수 있었다). "왜냐면 우리가 아름다운 모습을 바랐기 때문이라네. 그렇지만 우리가 여전히 폴과 엘리자베스로 보이는 것은 우리의 상상력이 기억의 지배를 받기 때문이지. 자네는 우리가 알던 것보다 젊어 보이긴 하네만 예전 모습 그대로일세. 자네가 가진 상상력은 자네의 기억이 전부인가 보군. 어쩌면 자네가 여기서 만드는 것들은 자네 기억 속에 있는 지상 것들의 복제품일지도 모르겠군."

"만약 내가 이제껏 본 적 없는 새롭고 아름다운 무언가를 원한다면, 그것을 가질 수는 없나?"

"당연히 가질 수 있지. 다만, 자네는 상상력을 먼저 키워야 하네. 그전까지는 내게 부탁하거나, 터너 아니면 미켈란젤로에게 대신 만들어달라고 청하게."

"자네와 터너 그리고 미켈란젤로가 날 위해 만들어주는 것들은 영속적인가?"

"물론. 우리가 그것들을 파괴하지 않는 한 말이야. 그리고 우리가 자네 허락 없이 그것들을 파괴할 수는 없을 게야. 자신의 작품을 스스로 파괴할 수는 있어도 남의 것을 파괴할 수는 없거든. 그걸 궁극의 성분으로 되돌릴 수 없다는 말일세. 무엇보다 그런 마음을 먹을 일도 없고."

"왜지?"

"이전에 우리를 부추기던 동기들이 여기서는 통하지 않으니까. 질투와 탐욕, 절도, 강탈, 살인 같은 파괴의 행위가 여기서는 일어나지 않는다네. 있을 수 없는 일이지. 여기서는 오직 정신만이 물질을 변화시키지. 그리고 아무리 내가 자네 몸이 조각나기를 바란다 해도 자네 스스로 온전한 몸을 바란다면 내 바람은 이뤄지지 않는다네. 또 자네는 자네가 만든 것들을 스스로 파괴할 수는 있어도 자네 자신을 파괴할 수는 없어. 다른 것들에 대한 자네의 욕구보다 자기 자신에 대한 자네의 욕구가 더 강력하니까. 똑같은 이유로 우리는 여기서 무언가를 훔치고 빼앗을 수 없다네. 우리에게 속한 것은 우리의 정신 상태에 속해 있으니 거기서 무언가를 떼어낼 수는 없는 것이지. 마찬가지로 다른 사람의 상태에 속한 것을 가져다 우리의 것으로 만들 수도 없고. 설령 그럴 수 있다 해도, 굳이 그것을 원할 이유가 없기도 하네. 우리는 원하는 것을 언제든 가질 수 있으니까. 만약 내가 자네의 집이나 풍경을 가지고 싶으면 그것과 똑 닮은 것을 스스로 만들면 되는 거야. 하지만 우리는 그런 행동을 하지 않지. 여기서는 다들 각자의 개성을 자랑스러워하고 똑같은 것보다는 다른 것을 가지려고 하거든. 그건 그렇고, 지금 자네는 풍경은 고사하고 집도 짓지 못했으니 당분간 우리의 집에 머무르시게."

"고맙네." 스폴딩 씨가 말했다. 그는 옥스퍼드를 생각하고 있었다. 옥스퍼드 대학교, 밸리올 컬리지의 조용하던 방들을. 따라서 그는 머뭇거리는 듯 보였다.

"마지막으로 말하지만, 스폴딩, 옛날 생각에 꿍해 있을 거면 나도 더는 아쉬워하지 않을 거야. 하나도 아쉽지 않아. 엘리자베스를 자네에게서 떼어놓을 수 있으니 오히려 기쁘고말고. 그녀는 지상에 있을 때도 나와 함께일 때 더 행복해했다네. 그리고 그녀를 천국으로 데려온 사람이 자네가 아니라 나라는 점도 잊지 말게. 만약 그녀가 자네와 계속 살면서 자네를 미워했다면 이곳에 오지 못했을 거야."

"그걸 생각하는 것이 아닐세." 스폴딩 씨가 말했다. "나는 내 풍경을 둘 장소를 생각하고 있었어."

"'장소'라니 그게 무슨 말인가?"

"풍경을 둘 곳이 있어야 하지 않은가. 남들이 만든 풍경을 방해하지 않으려면."

"무슨 수로 그걸 방해할 수 있겠는가? 자네가 풍경을 둘 '장소'는 자네만의 시공간에 있는걸." 각자만의 시공간이라니, 스폴딩 씨는 더욱더 신이 났다.

"하지만, 무슨 수로?"

"아, 그건 설명할 수 없어. 그냥 일어나거든."

"하지만 나는 이해하고 싶네. 나는, 나는 이해해야만 해."

"폴, 그냥 넘어가려고 해봤자 소용없어요. 저이는 뭐든 머리로 이해하고 싶어 하거든요." 엘리자베스가 말했다.

"하지만 나도 그걸 이해 못 하는데……."

"칸트나 헤겔에게 데려가지 그래요."

"칸트면 더 좋겠소." 스폴딩 씨가 말했다.

"그러면 칸트로 하지. 일단 자네가 그의 상태로 들어가야 하네."

"어떻게 해야 하는가?"

"아주 간단하네. 그 사람을 떠올린 다음에 그 사람에게 들어가도 되느냐고 물어보아야 해."

엘리자베스가 끼어들었다. "누군가에게 전화를 걸어서 건너가도 되느냐고 물어본다고 생각해요."

"하지만 그 사람이 날 받아주지 않으면."

"받아줄 거라고 믿어야 하오. 물론 못 들어갈 수도 있소.

그 사람이 거부한다면."

"거부할 수도 있는가?"

"그렇다네. 그게 자신을 보호하는 방법이야. 그렇지 않으면 이곳에서의 삶은 견디기 힘들어질 테니까. 이제 좀 조용히 해보겠나?"

잠시 깊은 침묵이 이어졌다. 이내 제퍼슨이 입을 뗐다. "이제 되었네."

스폴딩 씨는 새하얀 방에 있었다. 휑한 방에는 책장 세 칸, 필기용 책상 하나, 알 수 없는 도구들이 늘어진 책상 하나뿐이었다. 갓을 씌운 램프가 필기용 책상 위에서 빛을 발했다. 스폴딩 씨가 우산 소나무의 지방을 떠나올 때는 태양 빛이 이글거렸으나, 지금 칸트의 공간에서 시간은 밤 열 시쯤된 듯했다. 커다란 창문 바깥으로 별이 수놓인 검푸른 밤하늘이 훤히 내다보였다.

왜소한 중년의 남자가 필기용 책상 앞에 앉아 있었다. 18세기 사람처럼 차려입은 남자는 머리를 뒤로 묶은 가발을 쓰고 있었다. 스폴딩 씨를 올려다보는 남자의 얼굴은 홀쭉하고 무미건조했다. 굳게 닫힌 입에 두 눈은 숨이 턱 막히게 심오한 지성의 냉철함으로 반짝였다. 스폴딩 씨는 바로 그가 이마누엘 칸트임을 깨달았다.

"자네가 나를 생각한 건가?"

"용서해주십시오. 저는 철학도 제임스 스폴딩입니다. 선생님께서 제가 도착한 아주 특별한 세계의 원리를 설명해주

실지도 모른다는 말을 들어서 그만."

"스폴딩, 어디 한번 물어보지. 자네가 나의 철학을 알고 있기는 한가?"

"선생님, 저는 누구보다 열성적으로 당신의 가르침을 따랐습니다. 선생님께서 쓰신 『순수이성비판』 이후로는 철학 발전이 별 볼 일 없었다고 믿는 사람인걸요."

"쯧쯧. 내 후배 헤겔이 철학을 얼마나 발전시켰다고. 혹여 헤겔을 간과한 거라면……."

"그럴 리가요. 저는 한때 헤겔 선생의 열성적인 제자이기도 했습니다. 그분의 변증법은 정말 환상적이지요. 하지만 저는 선생님의 논리가 더 안전하고 합리적인 체계라는 결론을 내렸습니다. 결국에 철학의 사조는 선생님의 사상으로 되돌아가야 한다고도 생각하고요."

"그 사상과 함께 진보한다고 말하는 편이 나을 것일세. 자네가 진정 나의 제자라면 이 세계가 딱히 특별하게 느껴지는 않을 텐데."

"선생님의 시공간 이론을 증명해주는 특별한 세계 같던걸요."

"그야 그렇지. 그렇고말고. 하지만 이 세계는 내 상상을 훨씬 뛰어넘었네. 알다시피 나는 인간의 의지에 순수하게 윤리적이고 실용적인 역할을 부여했네만, 스폴딩 자네와 나 같은 개개인의 의지와 상상력이 각자의 시공간을 만들고 그 안에다 각자의 객체를 만들어야 한다고까지 생각한 적은 없네.

나는 이러한 시공간의 다중성을 기대한 적이 없어. 내가 살던 시절에는 모두에게 단 하나의 시공간만이 존재했거든. 물론 이 세계는 내 철학을 아주 훌륭하게 증명한다네. 그리고 스폴딩 자네도 짐작했겠지만, 나는 처음 여기 도착했을 때 모두가 시공간을 정확히 이해하고 이야기한다는 사실에 기뻤다네. 여기 사람들은 장소라 부르던 것을 의식의 상태로 이해하여 간단히 상태라고 부르더군. 마찬가지로 시간을 의식의 상태로 이해하여 시간의 상태에 관해 이야기들을 하지. 자네도 곧 알게 되겠지만 현재 내 상태는 정확히 열 시 십 분을 가리키고 있네. 이게 나의 의식이야. 나의 의식은 자동으로 시간을 기억하지. 남들이 아니라 나만의 시간을 말일세."

"하지만 그러면 너무 번거롭지 않습니까? 선생님의 시간이 남들의 시간과 같지 않다면 이 세상에서, 아니, 이 천상에서 무슨 수로 약속을 지킬 수 있지요? 약속을 어떻게 잡는다는 말입니까?"

"우리는 예전에 하던 그대로 약속을 잡고 지킨다네. 다만 전적으로 자의적인 체계를 따르지. 우리는 공간과 사건, 시공에서의 움직임으로 시간을 측정한다네. 지상에서는 모두에게 단 하나의 대지와 태양, 낮과 밤이 주어지는 것에 반해, 여기서는 모두가 각자의 대지와 태양, 낮과 밤을 갖는다네. 따라서 우리는 이상적인 대지와 태양, 이상적인 낮과 밤을 임의로 정해둘 필요가 있지. 그것들의 흐름을 측정하는 방법은 지상에서와 똑같아. 분과 시를 표시하는 눈금판 위 바늘의 움직임으로 측정하지. 다만 우리가 이용하는 공중 시계는 분과 시에다 주, 달, 연도의 흐름까지 표시하는 다섯 개의 바늘을 가지고 있다네. 그게 우리의 표준시가 되고, 그것에 맞춰 모든 약속이 정해지고 과학적 계산이 이뤄지지. 천상과 지상의 유일한 차이점은, 공공의 시공간이 비현실적이고 자의적이며 인공적인 법칙임을 모두가 인정한다는 것일세. 우리는 절대적인 시공간이 없다는 것을 알고 있어. 철학적 사색이나 수학적 추론이 아니라, 우리 의식의 일상적 경험을 통해 말이야. 실재하는 시공간이라고 말하지는 않겠네만, 여기 천상에서는 의식의 상태가 이런 식으로 나름의 현실을 만들고 있다네. 그리고 그 시공간의 상태는 다른 것과 마찬가지로 실재하지. 물론, 자의적인 공공의 시공간과 공중 시계 없이 개개인의 의식 상태들이 조화를 이룰 수는 없어. 예를 들어 자네는 제퍼슨의 집에서 정오일 때 내가 있는 밤 열 시의 시공간으로 곧장 들어왔지. 하지만 저기 바깥 거리에 있는 공중 시계는—우리가 지금 있는 곳은 쾨니히스베르크라네. 나는 시각적 상상력이 전혀 없어서 내가 본 풍경의 기억에 전적으로 의지해야 했어—, 여덟 시가 되기 십오 분 전을 가리키고 있다네. 만약 내가 제퍼슨에게 오늘 밤 만나자고 청한다면 그 시간은 공공의 시간으로 여덟 시가 되겠지만, 그자는 내 시간으로 열 시일 때 나를 만나게 될 걸세. 스폴딩, 자네에 이 말을 하고 싶군. 이런 식의 시공간 개념이 보기보다 그리 새롭지 않을 수 있다고 말이야. 기억할는지 모르겠지만, 지상 세계에서는 모두가 단

하나의 대지와 태양, 낮과 밤을 갖는다고 내가 말했었지. 하지만 실제로 사람들은 다들 자신만의 사적인 시공간을 갖고 있지 않은가. 그리고 그 시공간에다 자신만의 사적인 세계를 만들지. 그런 사적인 시공간을 잘 조율하여 하나의 우주를 구성하려면, 수학적이고 대부분은 기하학적인 법칙으로 구성된 자의적 체계를 따르는 수밖에 없네. 공공의 시간은 수학적으로 결정된 공공의 장소에서 일어나는 물체의 공전에 따라 정해지니, 천상에서처럼 지상에서도 법칙적이고 상대적인 셈이지. 우리 개개인의 의식은 지금과 마찬가지로 그때도 저마다의 시간을 자동으로 기억했다네. 이를테면 내면에서 벌어지는 사건의 흐름으로 말일세. 그 사건들이 빠르게 흘러가면 우리의 사적인 시간은 시계 시간보다 빠르게 지나가지. 사건들이 느리게 흘러가면 사적인 시간도 느려지는 것이고. 따라서 꿈속에서는 현실과 달리 단 1초 만에 여러 사건이 벌어지기도 하고 우리의 의식은 하나하나 일어나는 사건들로 시간을 기억하지. 그러니 누군가 우리를 깨우러 방문을 두드리는 찰나의 순간에 우리는 꿈속에서 압축된 시간과 나날을 살 수 있는 것이야. 그렇다고 한다면, 우리가 이중의 시간 체계 속에서 살아가지 않는다고 말할 수 없는 것이라네."

"맞습니다. 또—" 스폴딩 씨가 신이 나서 거들었다.

"아인슈타인 선생은 공공의 시공간에서 일어나는 움직임이 순전히 상대적이고 자의적임을 증명했습니다. 각각 다른 환경에서 움직이는 광선의 속도나 시간 가치가 상수임을 증명하기도 했고요. 절대적인 시간과 움직임에 관한 이론에서 그것은 무조건 변수여야 하는데 말입니다."

"예상했던 바네."

"선생님은 표준 시공간의 인위성이 지상에서는 인정되지 않고 천상에서만 인정되는 것이 지상과 천상의 유일한 차이점이라고 말씀하셨지요. 하지만 제가 볼 때 가장 극명한 차이는 이렇습니다. 일단 천상에서는 우리의 경험이 상상력과 의지에 의해 만들어지지만, 지상에서는 선생님 표현대로 그저 '주어진다'는 점입니다. 두 번째로 천상에서 우리의 상태는 지상에서와 마찬가지로 닫혀 있지 않으나 지상에서와 달리 누구나 서로의 상태에 들어갈 수 있다는 겁니다. 제게는 이러한 차이들이 어마어마해서 지상에서의 어떠한 경험도 능가하는 듯합니다."

"자네 생각만큼 그리 대단한 것은 아닐세." 칸트가 말했다. "자네는 이미 꿈속에서 자신만의 시공간에다 스스로 만들어 놓은 세상을 경험하지 않았는가. 그 세상은 일상적인 시공간의 환경을 초월하지. 또 텔레파시나 투시로 다른 누군가의 상태에 들어가는 것이 가능하기도 하고."

스폴딩 씨가 말했다. "하지만, 지상에서 저의 의식은 바깥세상에 의존했습니다. 아마도 신의 의식에서 제 것이 생겨났을 테지요. 저의 몸은 그걸 드러내는 수단일 뿐이었고요. 하지만 여기서는 전혀 다릅니다. 저의 의식이 제 세상을 만들었고 그 세상이 바로 제 안에 있습니다. 이제 저의 몸은 수단이라기보다 장신구에 가깝다고 할까요."

"그래서 자네가 추론한 결론은 무엇인가, 스폴딩?"

"글쎄요, 저는 오히려 천상보다 지상에서 신과 더 가까웠고 신에게 더 의존했습니다. 지금은 저 스스로 신이 된 것만 같아요."

"스스로 신이 된 것 같다는 느낌이 실은 신에 더 가까워진 거라고 생각하지는 않는가? 자네의 상상력과 우주를 만들 수 있는 의지의 자유 덕에, 신도 자네의 의식이 제한되고 가로막혀 있던 지상에서보다 더 수월하게 자신의 길을 만들어가고 있는 것 아닐까?"

"저한테는 바로 그 부분이 걸립니다. 지상의 형편없는 삶과 그곳에서의 고통, 그 끔찍한 고통과 사악함, 우매함, 피비린내 나는 끝없는 투쟁 그리고 패배를 생각하노라면, 어째서 그러한 것들이 절대적 세계 안에 존재할 수 있는 것인지, 어째서 절대적 존재가 처음부터 이러한 천상의 상태에 우리를 두지 않는 것인지—혹은 선생님 표현처럼, 우리를 그 상태로 생각해내지 않는 것인지—의아하기만 합니다."

"유한한 지성과 의지를 가진 인간에게 우리가 여기서 갖게 된 힘을 무턱대고 맡길 수 있다고 생각하는 건가? 지상의 악과 맞서며 의지를 단련하고 지상의 문제들을 고민하며 지성을 갈고닦은 자만이 우주를 만들 수 있다네. 생전에 내가 도덕률이니 정언명령이니 하는 것에 매달렸던 것을 기억하겠지? 지금도 여전해. 도덕률은 지금도 지상에서 유효하고 앞으로도 그럴 것이야. 그런데 지금 와 생각해보면 그것 자체가 목적이 아닐세. 그것은 지금 이 힘과 자유에 이르는 수단에 불과하지. 그렇기에 절대적 세계에도 고통과 악은 존재하는 것이라네. 물론 그것들이 지상의 유기체들의 상태에 완전히 비례하는 식으로 존재할 수는 없지만 말일세. 비교적 자유 의지를 가진 지상의 유기체들이 고통과 악을 만들어낼 수 있는 이유가 바로 여기에 있기도 하고. 절대적 세계에서 그런 것들이 제 모습 그대로 변함없이 존재한다고 말하는 것이라면, 자네 말은 엉터리일세. 자네는 일차원적 시간과 삼차원적 공간에서 고통과 악을 생각하고 있어. 거기서 고통과 악은 무한히 중식하지."

"일차원적 시간이라고요?"

"선형적으로 확장하는 시간, 그러니까 과거, 현재, 미래로만 이어지는 시간을 말한다네. 자네는 고통과 악이 공간으로 무한히 뻗어 나가고 시간에서 무한히 반복된다고 생각하지. 하지만 영원의 형태인 관념 안에서 고통과 악은 아무리 최악의 상태일지라도 하나이지 그 이상은 아냐."

"그렇다고 견딜 만해지지는 않는걸요."

"그런 얘기를 하는 것이 아닐세. 지금 나는 그것들이 영원에 있어서 갖는 중요성이랄지 절대적 세계에서 갖는 의미에 대해 말하려는 것이야. 자네가 그것 때문에 괴롭다고 했으니. 나를 따라 삼차원적 시간의 상태에 들어가면 자네 두 눈으로 직접 볼 수 있을 걸세."

"그게 뭡니까?" 스폴딩 씨가 호기심에 가득 차 물었다.

칸트가 대답했다. "그건 말이지, 선형적이지 않고 두 번 꺾여 과거와 미래가 다시 현재로 돌아가는 시간을 말한다네. 점이 반복되면 직선이 생기는 것처럼, 순간이 반복되면 과거, 현재, 미래로 된 선형적 시간이 만들어지지. 또 일차원적 선이 직각으로 꺾여 이차원적 평면이 되는 것처럼, 선형적인, 즉 일차원적인 시간이 꺾이면 이차원적 시간, 이를테면 과거-현재, 또는 현재-미래가 생기지. 다시 그 면이 꺾여 입체가 되는 것처럼, 과거-현재와 현재-미래가 서로 겹쳐져 만나게 되면 입체적 시간, 즉 과거-현재-미래가 동시에 만들어지는 걸세. 우리는 바로 그 삼차원적 의식의 상태로 들어가 생각해야 한다네."

"우리가 그 상태에 들어가면 우주의 수수께끼를 풀 수 있는 겁니까?"

"그건 아니야. 이 우주는 어마어마하게 복잡한 조각 퍼즐과 같다네. 만일 신이 우리가 계속해서 영원에 감탄하기를 바란 거라면, 이보다 더 나은 걸 생각해낼 수는 없었을 거야. 우리는 과거-현재-미래의 시간에 오래 머무를 수도, 그걸 한꺼번에 받아들일 수도 없어. 그렇지만 입체적 시간이 무엇인지를 깨달을 만큼은 그걸 경험할 수 있지. 먼저 자네는 작은 입체의 영역에 들어가게 될 걸세. 그러다 점점 그게 커지면 한 번에 감당할 수 있을 만큼의 입체적 시간을 경험하게 될 거야. 창밖을 보게나. 저기 거리에서 마차가 오는 것이 보이지. 저 마차는 슈미트 씨네 집 건너편과 '프로이센 병사' 술집 앞을 지날 거고 식료품점과 시계탑을 지나 교회로 갈 걸세. 이제는 자네가 직접 볼 차례야."

3

스폴딩 씨가 본 것은 갑자기 멈춰선 마차가 정거장마다 동시에 서 있는 모습이었다. 마차는 슈미트 씨네 집과 술집과 식료품점과 시계탑과 교회 그리고 아직 돌지 않은 골목 어귀에 멈춰 서 있었다.

눈앞 시야에서 단단한 물체들이 투명해져 스폴딩 씨는 집들 너머에 있는 골목을 볼 수 있었다. 마찬가지 방법으로 그는 마차가 지나는 다음 정거장들이 메르카토르 투영 도법*을 따른 것처럼 공간에 퍼져 있는 것을 보았고, 마차가 마구간과 건초더미 사이 농가 뜰에 도착하는 것을 보았다. 또 그는 현재의 순간에 마을 사람들이 자기들 집을 드나들고 식사하고 담배를 피우고 침대에 눕는 모습을, 소작농들이 농가와 오두막에서 생활하는 모습을, 백작 가족이 성에서 살아가는 모습을 한꺼번에 보았다. 그가 이 대단한 체험을 하는 동안 모든 형체는 제자리를 지켰다.

장면이 확대되었다. 눈앞 풍경이 쾨니히스베르크 전체가 되었고, 프로이센 전체가 되었고, 유럽 전체가 되었다. 스폴딩 씨는 옆머리에도 뒤통수에도 눈이 달린 것처럼 사방을 볼 수 있었다. 시간이 어마어마한 입체적 공간처럼 그의 사방에서 일어났다. 그는 프랑스 혁명과 나폴레옹 전쟁, 프로이센-프랑스 전쟁, 프랑스 공화국의 수립, 보어 전쟁, 빅토리아 여왕의 죽음, 에드워드 7세의 즉위와 사망, 조지 5세의 즉위, 제1차 세계대전, 러시아와 독일 혁명, 아일랜드 공화국의 발흥, 인도 공화국, 영국 혁명, 영국 공화국, 미국의 일본 정복, 유럽과 미국 연합체와 같은 사건들을 동시에 인식했다.

장면은 더욱 확대되었지만 스폴딩 씨가 보는 모든 사물은 처음 나타난 모습 그대로 그의 눈앞에 펼쳐져 있었다. 이제 그는 지질 연대의 광활한 시간에 눈을 떴다. 과거에서 매

---

* 지구상에서 방위가 일정한 선을 모두 직선으로 표시하는 지도 투영법. 일반적인 벽 지도를 제작할 때 흔히 쓰임.

머드와 원시인을 보았고 미래에서 대서양이 북해를 덮치는 모습과 링컨서, 케임브리지서, 노퍽, 서픽, 에식스, 켄트의 평지가 물에 잠기는 모습을 보았다. 거대한 양치식물을 보았고, 옛 습지대와 바닷가를 활보하는 거대 파충류를 보았다. 무시무시한 익룡이 하늘을 뒤덮었다. 극지에서 떨어져 나온 빙하가 기후가 온화한 유럽으로, 아메리카로, 오스트랄라시아*로 천천히 이동했다. 그에 앞서 적도 지대에 터를 잡은 인류와 동물을 그는 보았다.

이제 그는 더 깊숙이 가라앉아 모든 생명체를 관통하며 약동하는 흐름에 완전히 몸을 맡겼다. 그는 자신의 내면과 사방에서 울리는 진동을, 고동치는 신의 심장으로부터 솟구치는 그 울림을 느꼈다. 그는 나무들 안에 흐르는 수액을, 교미하는 짐승들의 쾌락을 느꼈다. 검은 고양이 제리가 뒷다리로 서서 이리저리 춤을 추고 옆으로 발라당 누워서 앞다리를 날개처럼 휘휘 저었을 때 느꼈을 기쁨도 느꼈다. 별들이 바이올린 줄이 당겨진 것 같은 소리를 내며 그를 지나쳤다. 그 틈 사이로 폴 제퍼슨의 노랫소리가 들려왔다. 또 그는 고통에 찢긴 어마어마하고 충만한 황홀경을 체험했다. 그러는 동시에 인생의 썰물에 휩쓸려 미지의 평화에 빠져들었다.

장면이 더욱 확대되었다. 이제 그는 시작이자 끝인 곳에 존재했다. 눈부시게 빛나는 지구가 태양에게서 멀어지는 것

---

* 뉴질랜드, 오스트레일리아, 태즈메이니아 및 그 부근의 남태평양 제도를 이르는 말.

을 그는 보았다. 지구는 다 쓰고 난 세계의 사체들이 흩뿌려진 하늘에 창백한 달처럼 걸려 있었다. 하지만 놀랍게도 주변은 전혀 어둡지 않았다. 그는 빛이 태양보다 먼저 존재하였으며, 빛이 태양으로부터 생겨난 것이 아니라 태양이 빛으로부터 생겨난 것임을 깨달았다. 온 우주가 계속해서 그의 주변을 휘감으며 미래를 과거가 있는 곳으로 되감아 보냈다.

그는 시간의 어마어마한 평면들이 교차하는 것을 보았다. 마치 한 공간의 평면들이 돌아가며 뒤섞이는 것과 같았다. 다른 시공간들이 일어났다가 쓰러지고, 둘러싸고 둘러싸였다. 그리고 거대한 장면 속 작디작은 부분에, 탄생부터 현재까지 이어진 자신의 삶이 곧 다가올 천상에서의 삶과 함께 담겨 있는 것을 보았다. 그 안에서 보면, 한때는 너무나도 가혹하고 참기 힘들었던 엘리자베스의 불륜도 사소하고 별것 아닌 사건이었다.

이제 우주는 물질을 구성하는 궁극의 성분으로, 전자의 전자의 전자로, 강렬하게 진동하며 모든 시공간으로 뻗어 나가는 보이지 않는 그물망으로 흩어졌다. 그는 우주가 공간의 공간, 시간의 시간으로, 신의 생각 안으로 빨려 들어가는 것을 보았다.

스폴딩 씨도 그 안으로 끌려 들어갔다. 그는 내재적 신과 초월적 삶을 지나 절대적 세계 안으로 들어갔다. 순간 그는 이것이 죽음이라고 생각했다. 이윽고 그의 온 존재가 말로도 생각으로도 표현할 수 없는 행복으로 충만해졌다.

절대적 세계의 발견

엘리자베스와 폴 제퍼슨의 영혼이 스폴딩 씨와 함께 엄청난 황홀경 속에서 진동했다. 그는 그들이, 혹은 자기 자신이 저지른 불륜을 더는 기억하지 않았다.

무아지경에서 빠져 나와 보니 신이 시공간에 물질의 그물망을 드리우면서 그의 생각을 다시 빙빙 돌리고 있었다.

이제 그는 어느 우주의 또 다른 조각 퍼즐을 맞추러 떠날 것이다.

옮긴이
송예슬

대학에서 영문학과 국제정치학을 공부했고 대학원에서
비교문학을 전공했다. 바른번역 소속 번역가로 활동
중이며, 계간지《뉴필로소퍼》번역진으로 참여하고 있다.
옮긴 책으로는『전설의 가위바위보』,『그들은 말을 쏘았다』,
『미국, 새로운 동아시아 질서를 꿈꾸는가』,『우먼즈헬스 요가
대백과』,『계란껍질 두개골 법칙』,『예스 민즈 예스』등이
있으며, 고양이 말리, 니나, 잎새와 살고 있다.

기이한 이야기

초판 1쇄 인쇄   2021년 2월 15일
초판 1쇄 발행   2021년 2월 25일

지은이   메이 싱클레어
그린이   장 드 보쉐르
옮긴이   송예슬
펴낸이   배다혜

편   집   만복당 편집부
디자인   윤지은, 배다혜
인   쇄   청산인쇄

펴낸곳   만복당
출판등록   2018년 6월 26일 제2018-000041호
주소   [05272] 서울시 강동구 상암로 251
전자우편   manbok-dang@naver.com
홈페이지   www.manbokdang.com
인스타그램   @manbokdang_booksta

15,000원
ISBN 979-11-964607-6-1 [03840]